CODE

Alexandre Weill

—

ŒUVRE POSTHUME

—

PARIS

SAUVAITRE, ÉDITEUR

72, Boulevard Haussmann, 72

—

1895

CODE

d'Alexandre Weill

CODE

d'Alexandre Weill

ŒUVRE POSTHUME

PARIS

SAUVAITRE, ÉDITEUR

72, Boulevard Haussmann, 72

1894

PRÉAVIS ESSENTIEL

Ce Code, que je médite depuis soixante ans, ne devait paraître qu'après ma mort que j'attends, en vain, depuis deux ans. Mais n'ayant pas d'héritiers directs, et mes héritiers collatéraux se souciant de mes idées et de ma renommée comme autant de carpes d'une pomme, sur le conseil de quelques bons amis, je me suis décidé à publier tous mes manuscrits, prose et vers, durant les jours de grâce que Dieu m'accorde. Mais quel qu'en soit le succès ou l'insuccès, qu'on les étouffe sous le silence, ou qu'on en parle, soit en bien, soit en mal, je me considère comme mort et m'engage à ne jamais me faire lire une ligne de critique, ni d'éloge, ni de blâme. (Car, hélas, je ne peux plus lire moi-même.)

En ce qui touche ce Code, je sais d'avance ce qu'on va me reprocher. On dira que je veux retourner trois mille ans en arrière, à la législation de Moïse.

Ce reproche aurait une apparence de raison, si l'on jugeait Moïse, d'après la rédaction du Pentateuque actuel, qui date de la réédification du second Temple et dont Esra et sa Grande Synagogue, composée de soixante-dix rabbins, sont les rédacteurs, comme le constate à plusieurs reprises le Talmud même.

Or, ce Pentateuque, non seulement est rempli depuis le commencement jusqu'au bout, de flagrantes contradictions, disant sur la même page, quelquefois dans la même ligne, le pour et le contre, le blanc et le noir, mais encore, il contient deux systèmes philosophiques, deux principes religieux, différant l'un de l'autre, comme le jour de la nuit, comme la vérité de l'erreur, comme la plus haute raison de la plus basse superstition, à tel point qu'il est impossible d'admettre un instant qu'un seul législateur, fût-ce Dieu en personne, en soit l'auteur!

Il est, en effet, impossible de croire qu'un législateur puisse faire des miracles et mettre la peine de mort sur l'homme qui en fait; qu'il condamne à mort l'homme qui fait un sacrifice humain à Dieu et ordonne, en même temps, qu'un homme voué à Dieu doive mourir sans pouvoir être racheté, ni gracié! Impossible encore, qu'un législateur qui a aboli l'esclavage, même pour l'étranger, en disant. « Tu auras la même loi et le même statut pour l'indigène comme pour l'étranger, » puisse, trois pages plus loin, rétablir l'esclavage par une nouvelle loi, si humaine qu'elle soit. Impossible encore qu'un chef de nation change sa loi sur l'intérêt de l'argent d'un chapitre à l'autre; qu'il dise sur la même page : « Il n'y aura pas de pauvres en Israël » et deux lignes plus loin : « Le pauvre ne disparaîtra pas du sein de ton pays. » Plus impossible encore qu'un législateur qui n'a jamais porté un sacrifice à son Dieu, ni après la grande victoire sur Pharaon et les Amalécites, ni après celle remportée sur les Midianites, sur les rois Sichon de Hechbon et Og de Bichan, ni même pour l'investissement d'Eléazar, comme remplaçant de son père Aron, en qualité de grand prêtre, puisse être l'auteur des lois de sacrifices, qui se trouvent dans le Lévitique et qui ont fait du second Temple un véritable abattoir; sacrifices contre lesquels fulminent, d'ailleurs, tous les prophètes mosaïstes du premier Temple! Impossible surtout que l'homme qui défend de manger n'importe quel sang de bête, en disant : « Tu le verseras comme l'eau dans la rue », puisse avoir dit « que Dieu aimait le parfum de ce sang ». Impossible qu'un législateur qui répète par trois fois « que « Dieu est la justice, n'ayant égard à aucun don de corruption, « ne pardonnant aucun crime prémédité et perpétré », ajoutant, « que tout en récompensant le bienfait jusqu'à la millième gé-« nération, l'expiation de chaque méfait s'arrête à la quatrième « génération; » loi morale basée sur la loi de nature (comme d'ailleurs toutes les lois réelles de Moïse) où toute maladie mortelle héréditaire s'arrête à la quatrième génération, puisse avoir institué une Fête de Pardon, dans laquelle le grand prêtre est obligé (car c'est une obligation) de pardonner tous les péchés d'Israël, après avoir envoyé au désert un bouc émissaire à Assas-El, qui n'est autre que le diable, surtout en proclamant en même temps « Que Yéhovah seul est Dieu et la Loi et qu'il n'admet aucune autre divinité à côté de lui ». Sans compter encore que le Pentateuque d'Esra ose raconter que Yéhooah avait formellement pardonné deux fois sur la demande réitérée de Moïse, lui, qui a fait tuer, en un seul jour, trois mille adorateurs du veau d'or, ce qui est plus qu'une fraude, ce qui est une odieuse calomnie. Impossible enfin, tout ce qu'il y a de plus impossible, d'admettre un instant que le même auteur disant : « que Yéhovah parla à Moïse bouche à bouche et face à face » dise quelques lignes plus loin, au nom de ce même Yéhovah : « Nul mortel ne peut me voir et vivre! »

Ces contradictions et bien d'autres encore, je les ai relevées, avec textes à l'appui, dans mon Moïse, Le Talmud et l'Évangile et dans mes Cinq Livres de Moïse.

L'histoire réelle des Zaducéens ne nous est pas connue. Josèphe qui était Pharisien les a certainement calomniés, comme, d'ailleurs, il a calomnié tous ses adversaires. Il est impossible d'expliquer une haine et une guerre d'extermination pareilles entre deux partis religieux pour de simples coutumes superstitieuses. La vérité probable est, que les Zaducéens, se tenant au texte primitif du Pentateuque, en rejetaient toute la partie frauduleuse, que les Pharisiens avaient mise dans la bouche de Moïse et qui était la source, la base de la théocratie esraïque du second Temple, contraire aux principes Mosaïstes. Et comme les Zaducéens représentaient la monarchie, qui est également une violation flagrante de la législation de Moïse (car la loi sur le monarque israélite date, ainsi que celle sur l'esclavage, de l'époque où la République instituée par Moïse et qui a durée des siècles, a été violemment transformée en monarchie, contre la volonté du prophète Samuel) les Pharisiens, à leur tour, haïssaient et persécutaient les Zaducéens, autant qu'ils étaient persécutés par eux. De là une atroce guerre spirituelle en permanence entre le grand prêtre Pharisien et le roi Zaducéen, et qui devait dégénérer en guerre civile, pendant laquelle les deux partis se dévoraient les uns les autres, comme autant de microbes humains. Ce qui arrivera forcément entre les catholiques idolâtres monarchistes et les athées républicains. Car toute guerre qui partage les âmes et les esprits d'une nation, finit toujours par dégénérer en une guerre de persécution et d'extermination.

Les auteurs de l'Évangile et saint Paul, le vrai Créateur du Christianisme, étaient tous d'anciens Pharisiens convertis à la nouvelle secte. Le dogme chrétien dans ses différentes phases est basé sur la religion pharisienne de la révélation surnaturelle du miracle et du pardon, moyennant dons et sacrifices, avec un Yehovah-homme ou un Homme-Dieu despotique et arbitraire, aimant ceux qui le flattent et réprouvant les autres qui lui disent des vérités. Mais il résulte des quelques lignes qui sont restées dans l'Évangile, que Jésus lui-même n'a jamais stigmatisé les Pharisiens, qu'il appelle des sépulcres blanchis, qu'au nom de Moïse, dont il vante, reconnaît et respecte les lois.

Philon avant Jésus, ne sachant pas l'hébreu, et ne connaissant le Pentateuque que par une mauvaise traduction grecque, essaye, mais en vain, d'aplanir les aspérités contradictoires de ce livre. Pendant le moyen-âge Eben-Esra ose timidement parler de ces contradictions. Maïmonide plus hardi, dans un Traité intitulé : Guide des Égarés, a osé discuter quelques principes surnaturels du Pentateuque, en essayant de les humaniser et de les expliquer par les lois de la nature. Un farouche pharisien français de Montpellier, qui, chose curieuse, s'appelait Rabbi Schalem (mot qui veut dire paix), a fait brûler ce livre sur la voie publique par les Dominicains qu'il appela à son secours, en leur prouvant que ce livre détruisait la base surnaturelle de la religion chrétienne. Maïmonide, heureusement pour lui, s'était enfui dans une ville musulmane. Il aurait été brûlé lui-même. Les Dominicains, prenant goût à ce moyen expéditif contre leurs adversaires, après avoir livré aux flammes le livre de Maïmonide, firent brûler tout le Talmud et finalement les Talmudistes eux-mêmes. On le voit, nul n'eût osé, sous peine de mort, nier l'authenticité surnaturelle du Pentateuque.

Arrive Spinoza, dont le père expulsé d'Espagne s'était établi à Amsterdam. Profitant de la liberté d'examen sur les questions religieuses et l'exégèse, grâce à Luther et à la Réforme, Spinoza, en citant des textes, osa établir que Moïse ne saurait être l'auteur de tout le Pentateuque, tel qu'il existe devant nous. Il fut forcé par les rabbins de faire amende honorable, et reçut devant la Synagogue portugaise d'Amsterdam le simulacre de quarante coups de courroie, en guise d'expiation. Le bedeau de cette Synagogue m'a montré la place de cette exécu-

tion, dans une visite que j'ai faite à ce Temple, qui, d'ailleurs, est un chef-d'œuvre d'architecture. Et quand Spinoza, relaps, résolut de quitter la Synagogue, en publiant son Traité de Théologie Politique, les rabbins d'Amsterdam firent sur lui une tentative d'assassinat.

Le Protestantisme étant devenu aussi orthodoxe que le Catholicisme papiste, il eût été dangereux de poursuivre ces études même dans un pays protestant.

Dans l'Introduction de mes Cinq livres de Moïse, j'ai fait l'histoire psychologique de ma découverte, qui n'a pas été l'œuvre d'un jour, mais de vastes recherches et de longues incubations [1].

Après des travaux préalables, tels que Moïse et le Talmud, publié par mon ami Amyot, qui sous l'Empire n'osa pas publier la dernière partie intitulée : Et l'Évangile, dans laquelle je prouve, avec des textes hébraïques et chaldéiques à l'appui, que les principes de l'Évangile sont les mêmes que ceux du Talmud, partie que je n'ai pu publier que sous la République, et suivie de Le Pentateuque selon Esra et selon Moïse et de La Vie authentique de Moïse; après avoir reculé pendant des années encore devant l'énorme travail de prendre corps à corps le Pentateuque, chapitre par chapitre, ligne par ligne (bien entendu dans le texte hébraïque, qui est pour moi une langue maternelle), je me suis enfin décidé, en travaillant nuit et jour sans relâche pendant quatre ans, au risque d'abréger ma vie et de perdre ma vue, à creuser le profond et vaste fossé de démarcation qui sépare les principes fondamentaux de Moïse, sur lesquels il a basé sa législation et sa religion; principes de raison, d'humanité et de civilisation pour toutes les nations de la terre, des principes idolâtres et superstitieux basés sur la révélation surnaturelle, sur le miracle, le pardon et le sacrifice; principes sortis de la religion persane, avec la dualité des dieux, l'un des Lumières et l'autre des Ténèbres (devenus Dieu et le

---

[1] *Chose curieuse! c'est le Talmud lui-même qui m'en a livré la clef, en disant : « qu'Esra avait changé dix-huit textes du Pentateuque »; disant encore ailleurs « qu'Esra, son chef, eût été aussi digne que Moïse pour recevoir la Thorah de la main même de Dieu » indiquant par là qu'Esra avait le pouvoir de se substituer à Moïse, en contradiction avec la dernière ligne du Deutéronome : « Il ne s'éleva plus en Israël un Nabi (prophète) comme Moïse. »*

*Diable), mis frauduleusement dans la bouche même de Moïse!
Et chose fatale! en y laissant, en toutes lettres, toutes les malédictions que Moïse a fulminées (on dirait en l'ayant pres-
senti) contre tous ceux qui oseraient violer et changer ses lois
fondamentales.*

*Je savais d'avance que ma découverte, fondée sur des textes
irréfutables (car je défie les prêtres et les soi-disant savants
de toutes les religions de m'en réfuter un seul) et qui détruit de
fond en comble la base frauduleuse des religions existantes,
Juive, Chrétienne et Musulmane, serait étouffée par le silence
universel. Vains efforts! Les racines que j'ai plantées, bien
qu'à une certaine profondeur de la terre, lèveront, pousseront,
germeront à fleur de terre et plus haut avec leurs fleurs et
leurs fruits.* ET CE SERA LA PLUS GRANDE RÉVOLUTION DANS
L'HISTOIRE DES RELIGIONS EXISTANTES, QUI TOUTES SONT SORTIES
DE LA RELIGION PHARISIENNE D'ESRA ET DE SON ÉCOLE.

*Si je me suis appesanti un peu plus longuement sur ces
détails, qui ne sont qu'une répétition de mes autres livres, c'est
pour faire préventivement à tous ceux qui me reprocheraient de
vouloir reculer jusqu'à Moïse, une réponse péremptoire. Elle
étonnera plus d'un lecteur. Elle n'en est pas moins conforme à
la stricte vérité.*

La voici :

Avec les textes de la législation de Moïse, tels que je les
ai rétablis dans toute leur pureté et dans toute leur logique,
en les dégageant et les affranchissant des falsifications, alté-
rations, interpolations et intercalations frauduleuses et impies
des Pharisiens, y compris les interpolations faites sous la
monarchie, sauf quelques modifications dans les conséquences
des lois du mariage, tous les livres, tous les écrits, en prose et
en vers, tous les traités, tous les principes de tous les penseurs,
philosophes, poètes et écrivains de toutes les nations de la terre,
disparaîtraient en un seul jour par un déluge universel, l'humanité et la civilisation créées par Moïse ne perdraient pas un
grain de vérité, ni une miette de liberté et d'égalité, ni un zeste
de progrès universel, même du socialisme le plus idéal et le plus
avancé. Le VRAI qu'ils ont exposé dans des millions de volumes se trouve dans quelques lignes de Moïse, parfois dans

quelques mots, et le Nouveau qu'ils croient avoir inventé, en dehors des vérités absolues de Moïse, n'est pas Vrai!

Tout cela dit à la gloire du plus grand législateur du monde, et tout en basant, comme lui, mon Code sur les Devoirs, et non sur les Droits de l'homme, j'ajoute que je n'ai pas songé un instant à faire une copie ou un décalque des lois de Moïse. Je ne travaille pas dans le vieux, pas plus que Dieu.

Ce n'est qu'après vingt années de méditations, et après avoir lu et relu, dans leurs langues maternelles, tous les grands penseurs, philosophes et poètes de toutes les nations civilisées, que j'ai pu synthétiser mes propres inspirations dans ma Parole Nouvelle et successivement dans d'autres méditations. C'est pendant que j'ai conçu et mis en état ces œuvres d'inspiration personnelle, que l'idée m'est venue d'en codifier les principes et de passer de la théorie à la pratique dans le Code qui suit.

UN DERNIER MOT D'OUTRE-TOMBE.

J'ai sacrifié à ma patrie de naissance, ce qu'il y a de plus cher pour un homme qui croit et qui vise à l'immortalité : La Gloire!

N'ayant trouvé en France ni instruction gratuite, ni livres pour m'instruire, ni hommes pour me soutenir, je suis allé en Allemagne, où j'ai trouvé tout cela chez mes coreligionnaires juifs de Francfort [1].

A l'âge de 25 ans j'étais connu dans toute l'Allemagne, comme

---

[1] *A l'âge de vingt-deux ans, un comité composé de deux sénateurs chrétiens, qui m'avaient entendu chanter dans la synagogue, du célèbre avocat Goldschmid, d'un membre de la famille Rothschild, M. Beyfus, et du docteur Wihl bien connu en France, après m'avoir fait chanter l'air du ténor de la Flûte enchantée, m'ont offert de consacrer la somme de six mille francs à mes études de chant, à condition de m'engager à vie comme premier ténor à l'Opéra de Francfort, à raison de dix mille florins par an. Je leur ai répondu : « Vous voulez que de la belle voix que Dieu m'a donnée, je flatte les oreilles de mes contemporains. J'aime mieux les leur faire tinter avec les vérités que ce même Dieu m'a inspirées. » Ils m'ont congédié, en me disant que j'étais un petit fou destiné à crever sur le fumier. Deux années plus tard, après avoir publié une brochure intitulée : Réponses aux questions vitales de la philosophie, dont il m'a été impossible depuis de retrouver un exemplaire, le même Dr Goldschmid, qui est resté mon ami jusqu'à sa mort, m'a écrit: « Vous aviez peut-être raison. »*

un écrivain original et un érudit de premier ordre. Dans un livre paru à Zurich chez Schabelitz, j'ai recueilli et publié soixante-douze lettres autographes de tous les hommes célèbres d'Allemagne de mon époque, qui tous me traitent comme leur pair, quelques-uns même m'appellent leur maître et me prédisent un avenir glorieux.

La critique littéraire allemande, du moins celle du temps de ma jeunesse, ne connaissait ni réclame, ni complaisance, ni camaraderie. Violente dans ses amours comme dans ses haines, elle est toujours spontanée et sans arrière-pensée. Les plus grands poètes allemands, Lessing, Schiller, Gœthe, ont débuté par la critique littéraire et ont continué de se critiquer les uns les autres ; ce mot, en allemand, n'a pas le sens déplaisant qu'il a en français.

J'ai sacrifié tout cela pour vouer ma science, mon talent, mon esprit et mon activité littéraire à ma patrie de naissance, qui, au nom des principes de 89 de Liberté, d'Égalité et de Fraternité, avait émancipé mon grand-père, un rabbin, tout en le persécutant pour l'observation du Sabath, en le déclarant citoyen français, égal à tous ses frères et concitoyens de n'importe quelle religion.

Sciemment ou inconsciemment ces principes ont été empruntés par les grands hommes de 89 aux principes fondamentaux de Moïse. Je défie tous les savants du monde entier de me trouver avant Moïse, chez tous les peuples de la terre, l'idée, pas même le mot du principe d'Egalité, encore moins celle de la Liberté. Platon a fondé sa République sur l'esclavage et la promiscuité des femmes. Outre l'Égalité et la Liberté, Moïse a proclamé la Solidarité de tous les êtres créés de la nature sans exception devant le Créateur-Un, auquel il a donné le nom de Yéhovah mot qui veut dire: l'Etre qui fut, est et sera toujours le même. en d'autres termes indiqués par lui, la Loi de la justice absolue; idée universelle que la Révolution a tronquée en Fraternité restreinte [1].

Ai-je réussi, à force d'études, de travail, d'honnêteté littéraire et de persévérance à travers des misères, à gagner le titre de citoyen dans la littérature française? Je l'ignore. Ce que je sais

____

[1] Voir mes Cinq Livres de Moïse.

pertinemment, c'est que toute littérature qui n'est pas universelle est éphémère et fugace. Ce qui n'est pas bien pensé ne sera jamais bien écrit dans aucune langue. Le français est écrit et bien écrit depuis longtemps. Le Vrai qui est éternel, n'a pas besoin d'être Nouveau, mais le Nouveau qui n'est pas Vrai, ne peut être qu'un fléau national.

Depuis Moïse, Josué, Samuel, Isaïe, Amos et Jésus (qui était un prophète Mosaïste) il n'y a pas eu, il ne pouvait pas y avoir un juif comme moi. Spinoza, tout en puisant ses principes dans Moïse, n'a pas compris ses vérités éternelles, à cause des falsifications pharisiennes qu'il n'a pu séparer pour les rejeter. Si un juif comme moi avait surgi, il y a seulement un siècle, il aurait été brûlé par les prêtres juifs et chrétiens, comme ils ont voulu le faire à Maïmonide, du moins envoyé aux galères.

J'ai expulsé de l'Ancien Testament les *fraudeurs de Moïse* et conséquemment du Nouveau Testament les *fraudeurs de Jésus*, qui en sont sortis. J'ai toujours eu la conscience de ma mission, même, je crois, dans le ventre de ma mère, même dans mes errements politiques. Comme à Moïse, Yéhovah m'a parlé dans mes songes. Je l'ai vu dans toute la splendeur de sa Loi immuable, conforme à la plus haute raison qui vient de lui, et qui ne vient que de lui.

Je n'ai pas le moindre espoir d'être compris par les générations actuelles de l'Europe. En France, je suis méconnu, en Allemagne que j'ai quittée, il y a cinquante-sept ans, inconnu. Les contemporains de ma jeunesse littéraire sont tous morts, et la jeune génération d'aujourd'hui me hait, à cause de mes attaques violentes (trop violentes peut-être) depuis vingt ans, en allemand et en français, contre Bismarck, que je considère comme le plus grand fléau-châtiment qui soit sorti de la race humaine; fléau qui lui-même est le dernier vomissement infernal du sophisme mensonger, liberticide et humanicide, contenu dans cette formule : Déclarations des Droits de l'homme, *sans Devoirs préalables,* car comme je vais le prouver dans mon Préambule, *il n'y a absolument pas un seul droit humain du faible, qui ne jaillisse d'un devoir préalable imposé au fort, soit par Vertu, qui est Justice volontaire, soit par Justice, qui est Vertu forcée.*

Je doute que la jeunesse actuelle, issue des pères empornayés *(selon le mot grec de l'Évangile) par une littérature pornographique de cinquante ans et par une polygamie universelle de prostituées légalisées, ait la conscience de sa corruption. Je doute qu'elle puisse produire jusqu'à la quatrième génération un homme de génie, ni dans les lettres, ni dans les arts, ni dans la philosophie, ni dans la science, car les hommes de génie sortent d'ordinaire de parents sains, vigoureux et vertueux, à la tête d'une nombreuse famille. Elle ne procréera probablement que des médiocrités pullulantes, ululantes et purulentes, qui, en se dévorant les unes les autres, sous les noms de Socialistes, Positivistes, Communistes, Collectivistes et Anarchistes (car il y a mille erreurs contre une vérité, comme il y a mille maladies contre une santé), couperont et rongeront, au nom des Droits, l'arbre social planté par les Devoirs, pour se gaver de ses fruits, sauf à crever de faim huit jours après.*

Cette ruine universelle ne viendra pas par un miracle décrété exprès par Dieu, mais par sa Loi naturelle des causes et des effets. Un pays sans hommes de VERTU *par Devoir volontaire et sans hommes de* JUSTICE *par Devoir forcé, s'effondre sur ses vices et ses crimes, comme le sol miné par la vase et des alluvions de boue. Les inventions les plus merveilleuses du dernier demi-siècle des Droits sans Devoirs, n'ont fait que centupler les vices et les crimes. Jamais l'humanité, qui retourne à pas accélérés vers le moyen-âge et même vers la barbarie sauvage, n'a été si* SPIRITUELLEMENT *aveuglée que depuis qu'elle est* MATÉRIELLEMENT *éclairée par l'électricité. A son tour, la vapeur, au lieu de transporter rapidement des vérités d'un peuple à l'autre, n'a servi, la plupart du temps, qu'à apporter aux peuples les plus éloignés, la fraude, la fourberie, le mensonge, au nom du Droit sans Devoir, qui partout et toujours devient le Droit du plus fort, du plus audacieusement vicieux et finalement l'art de la destruction et de la mort.*

Mais l'humanité ne saurait vivre un jour dans le néant! L'humanité est une émanation directe et naturelle de Dieu et conforme à sa Loi. Il n'y a pas, il n'y a jamais eu de miracle... Tout est naturel dans l'histoire humaine, qui est le Tribunal de Dieu sur terre.

Quand donc, après le cataclysme expiatoire et universel, l'humanité, marchant à pieds joints sur les erreurs morbifères du surnaturel, du miracle, du pardon et du sacrifice, retournera tout droit à la source pure de la Raison divine et humaine, aux lois du Devoir qui lie l'homme à Dieu et le rend immortel, en rejetant les fraudes intéressées et démentes du Rabbinisme, du Christianisme, du Mahométisme et de plusieurs autres ISMES, elle viendra puiser des vérités dans les canaux de raison que j'ai creusés dans ma Parole Nouvelle, dans mes Cinq Livres de Moïse, affranchis de toutes les scories humaines et finalement dans le Code qui suit. Car nul gouvernement ne pourra exister, en vertu des dogmes religieux, auxquels personne ne croit plus, ni ne saurait croire. Il importe peu dans cent ans, après l'expiation du rapt de l'Alsace-Lorraine par la force brutale contre tout devoir et tout droit, qu'on proclame ces vérités en allemand ou en français, ou dans les deux langues à la fois. On verra alors que ce n'est pas un pur hasard, que moi seul dans toute l'Europe, aie su à fond ces deux idiomes, comme deux langues maternelles [1], pour y formuler ma pensée, en prose et en vers, outre l'hébreu, qui est la langue mère de toutes les langues connues et qui restera le trésor inépuisable de la LOI UNE DE Dieu et de l'homme! L'allemand et le français sont les deux langues privilégiées du progrès humain. Elles seules ont popularisé les vérités éternelles de Moïse, enfouies sous les décombres des falsifications Esraïques, Talmudiques et Évangéliques; l'allemand par Luther, par sa traduction de la BIBLE et sa RÉFORME, et le français par la Révolution de 89! Le mouvement protestant de Luther a été arrêté et presque anéanti par le miracle conservé de la divinité de Jésus; miracle qui a fait retourner le protestantisme aux anciens vomissements cléricaux du papisme (car l'erreur a sa logique forcée comme la vérité). Et l'admirable Révolution de 89, prenant directement à Moïse les principes de Liberté, d'Égalité et de Solidarité, sous le mot de Fraternité; principes, qui n'ont jamais existé, ni à Athènes, ni à Rome, pays d'esclaves, d'incestes et d'hétaïres (Junon était la sœur et la femme de Jupiter), a été faussée et mise à néant par la Déclaration des Droits de l'homme sans Devoirs préalables, conduisant logiquement, inévitablement, inexorablement à l'Anarchie, dans laquelle nous vivons depuis un siècle et qui ne disparaîtra,

---

[1] *Mon dernier ouvrage posthume est intitulé : Épopée Alsacienne.*

toujours sanglante et agonisante, que par une autre Déclaration des Devoirs de l'homme.

Peu importe le nom sous lequel la nouvelle religion surgira et s'emparera de toutes les raisons. En ce jour on verra, comme dit David, « que la pierre dédaignée par les architectes est devenue la pierre angulaire de l'édifice social » Alors, quand, selon la parole du prophète, « le nom de Yéhovah, sous n'importe quel autre mot, désignant la Loi immuable de Justice, sera Un et Unique dans l'univers entier » on verra que Dieu m'avait créé et élu pour un des plus sincères et des plus dévoués serviteurs de l'humanité, à la fois divine et humaine! Car s'il n'est rien de divin sans être en même temps humain, il n'est rien non plus d'humain, qui ne soit en même temps divin!

ALEXANDRE WEILL.

PRÉAMBULE

Il n'y a pas de Droits de l'homme! Il n'y a que des Devoirs de l'homme!

Des Devoirs accomplis par soi ou par autrui, jaillissent naturellement les Droits, comme le fruit sort de l'arbre planté par soi ou par autrui. L'arbre lui-même est un fruit planté par un homme, qui aurait pu en jouir lui-même, mais qui s'en prive par *Devoir* pour le bien d'une génération à venir. De même, le *Devoir* accompli est une action de sacrifice et de privation personnelle, pour assurer les *Droits* d'une génération future. L'action volontaire d'un homme aux dépens de l'égoïsme, en faveur d'autrui, s'appelle : *Vertu.* C'est en général le sacrifice d'une force physique ou spirituelle, au profit d'une faiblesse. Quand cette action n'est pas volontaire, mais imposée par la société, elle s'appelle : *Justice.* Les *Droits* des faibles sortent donc des *Devoirs* accomplis des forts, soit par la *Vertu* qui est une Justice volontaire, soit par la *Justice* qui est une Vertu forcée. Si donc les faibles veulent jouir de leurs Droits, il faut absolument qu'il y ait des forts pour remplir leurs Devoirs ! De même, si l'on veut cueillir des fruits, il faut qu'il y ait toujours des arbres plantés et à planter. Que si pour jouir de plus de fruits sans travail et sans soins, on coupe l'arbre, pour n'avoir même pas besoin d'en escalader les hauteurs, on peut s'en gaver à l'aise, mais on est sûr de mourir de faim au bout de quelque temps. Il en est absolument de même des *Droits* et des *Devoirs!* Si les droitistes faibles réunis détruisent la force et l'action des hommes de *Devoir*, ils peuvent se vautrer pendant quelques jours, au milieu des fruits coupés et les livrer au pillage d'une foule affamée et affolée, mais ils risquent de périr quelques semaines plus tard d'inanition et de provoquer une guerre civile atroce, pendant laquelle les soi-disant vainqueurs s'entre-dévoreront, pour être finalement exterminés par un voisin envahisseur.

De tous les êtres qui peuplent la terre, l'homme en naissant est le plus faible. L'oiseau bipède gagne ses plumes en quelques jours. A l'homme il faut deux ans pour pouvoir se tenir debout et un grand nombre d'années pour voler, selon le dicton populaire, de ses propres ailes ; sans parler de sa raison qui est plus ou moins tardive. Avec la *Déclaration des Droits de l'homme*, on aurait beau inscrire sur une *charte* de parchemin que l'enfant a le droit de téter, en venant au monde, cette inscription serait lettre morte, si la mère se refusait au devoir de l'allaiter. Même avec la meilleure volonté, la mère ne pourrait accomplir son devoir, si son travail et celui de son mari n'étaient pas assurés contre le larcin d'un voleur plus fort qu'eux et si leur vie même n'était pas garantie contre un assassin plus fort qu'eux. Et cette assurance ne leur est donnée que par la société basée sur l'accomplissement des Devoirs volontaires ou forcés, pour garantir le droit des faibles.

Quand la mère n'allaite pas son enfant, on dit que la société peut et doit la remplacer par une nourrice payée ; que l'enfant, à défaut de famille, a le droit de réclamer à la société dans laquelle il a vu le jour, la vie et les moyens physiques et intellectuels pour arriver à l'âge viril, pour pouvoir se soutenir soi-même par son travail. Dans cette hypothèse l'enfant appartient à l'État.

Il y a eu dans l'antiquité une société pareille qu'on appelait *Sparte*. L'Etat élevait et nourrissait tous les enfants en commun, sans distinction de sexe. Mais comme l'État ne voulait, ni ne pouvait élever des non-valeurs, il commençait par l'inspection de tout enfant nouveau-né et au moindre petit défaut physique, sans consulter les parents, il jetait l'enfant à la rivière. Mais voici une considération plus sérieuse, *Sparte* avait des milliers d'esclaves qu'on appelait *Ilotes*, forcés d'exécuter tous les travaux manuels des champs et des maisons. Les enfants des citoyens ne travaillaient pas; on les exerçait seulement dans l'art de la guerre pour défendre la cité et au besoin pour ravager et piller les cités des voisins. On les exerçait même au vol et on donnait des primes au plus hardi voleur. Cette société ne pouvait durer et *Sparte* a disparu en très peu d'années. Mais sans les esclaves elle n'aurait pas duré un lustre! A *Sparte* tout était en commun. C'était le modèle de ce qu'on appelle aujourd'hui *Collectivisme* et que naguère encore on appelait le *Communisme*, comme à Munster en Westphalie, du temps de Luther et de Jean de Leyde, sous le nom d'*Anabaptistes* (1).

Or, dans une société collectiviste où tout le monde doit travailler pour le même salaire, il arrivera toujours que le fort, soit par force spirituelle, soit par force physique, ne travaillera pas plus que le faible et que le faible, assuré de sustention pour son existence, ne travaillera plus du tout! Cela est arrivé littéralement à Munster. Il y a plus. Toute société communiste, sur n'importe quelle base, périra par la guerre intérieure sur la question de la femme. Vous avez beau proclamer la communauté des biens, il y a biens et biens; qui aura les belles femmes et qui aura les laides? On a beau répondre que les femmes elles-mêmes choisiraient. Mais si l'homme dédaigné est plus fort que l'homme choisi, qui l'empêchera de se venger? Et que peut faire la communauté contre cette guerre intestine? A Munster, comme il y avait plus de femmes que d'hommes, par suite de la mise en liberté de milliers de nonnes, dans le but de sauvegarder le « droit à l'amour » de la femme, (droit équivalent à tous les autres sans devoir préalable), on a proclamé la polygamie et Jean de Leyde, devenu roi de Munster, (*la Nouvelle Jérusalem*), a pris pour femmes les dix-huit vierges les plus belles de la ville. Mais le droit de polygamie à peine proclamé, les femmes, à leur tour, réclamaient le droit de polyandrie, la femme du bourg-

____

(1) Voir ma *Guerre des Anabaptistes.*

mestre Knipperdolling en tête, qui avait donné toute sa fortune, composée de plusieurs millions à la communauté. Mal leur en prit ! On les décapita sur la place publique. Le prophète Jean, de sa main même, au milieu d'un festin commun, trancha la tête à une de ses femmes, Schneider de nom, qui l'avait appelé polisson, et valsa avec les autres autour du cadavre de sa victime. Au bout d'un mois la ville fut livrée par les femmes à l'ennemi assiégeant, soldats de l'Évêque, qui massacrèrent tous les habitants, hommes, femmes et jusqu'aux enfants. On connaît la fin horrible des chefs.

Il y a au cœur de la Saxe une confrérie communiste de quelques centaines de membres, hommes et femmes, qu'on appelle les *Frères Moraves*. Les mariages s'y font par loterie. Le numéro Un, homme épouse le numéro Un, femme et ainsi de suite. Mais outre que cette société n'accepte comme membres que de jeunes gens parfaitement sains, qui ont passé par la visite du médecin, l'homme ou la femme qui refuse d'agréer son conjoint, est forcé de quitter la société. Aussi cette confrérie, au début très nombreuse, a-t-elle vu ses membres diminuer de jour en jour et sans la société civilisée, à côté d'elle, il y a longtemps qu'elle aurait complètement disparu.

Les communistes les moins révolutionnaires prétendent que l'homme fort doit toutes ses forces au faible. Et puisque la société ordinaire, disent-ils, est basée sur la justice et que cette justice n'a pas d'autre but, que de forcer le fort à faire son devoir, afin de garantir les droits du faible, pourquoi ne pas le forcer de vouer tout son travail et toute son existence à ce même faible ?

Pourquoi ? *Parce que c'est contraire à toutes les lois de la nature !* Et comme il n'y a, ainsi que nous allons le prouver, *qu'une seule et unique loi* dans le Créateur et dans toutes les créatures de tous les univers, tout ce qui est contraire à la loi de la nature est en même temps contraire à la force créatrice, qu'on est convenu d'appeler Dieu, et ce qui est contraire à la nature et à Dieu ne saurait exister une heure sans troubles et sans catastrophes !

Il est des hommes, qui par vertu et par leur extraction angélique, vouent toutes leurs forces aux êtres inférieurs, hommes, bêtes et plantes qui les entourent. Mais ces hommes-là sont rares. Le Talmud les appelle les *Justes* et ajoute qu'il y en a toujours trente-six dans l'Univers. Mais, selon les lois de la nature, la grande majorité des hommes sont créés pour les travaux inférieurs du corps, guidés par une minorité d'esprits supérieurs, autant dire de contre-maîtres. Et comme il n'y a qu'une seule loi dans toute la nature, on peut dire, sans risquer de se tromper, que les esprits supérieurs représentent des chiffres et les esprits inférieurs des zéros, lesquels zéros ne comptent que *derrière* les chiffres dominés par eux! Mis *devant*, non seulement ils ne comptent plus, mais les chiffres agrandis par eux diminuent et c'est l'anarchie et le néant. Cet état de choses arrive partout où la *quantité* domine la *qualité*.

Or, avant d'établir le droit des faibles et le devoir des forts, il faut bien définir ceux qui dans la société doivent être considérés comme faibles et ceux qui sont censés être forts. C'est facile à constater.

Les faibles de la société sont d'abord les enfants, les vieillards, les infirmes, les veuves, les orphelins et les malades, tous, des êtres qui ne peuvent pas se sustenter par leur travail. Quelques penseurs y ont ajouté les femmes, inférieures en force physique aux hommes; d'aucuns ajoutent même en force spirituelle. Moïse compte l'étranger pour un faible vis-à-vis du citoyen indigène. Il est donc du devoir de la société de garantir la vie et l'existence de ces faibles par le travail des forts. Il en résulte que l'homme sain bien constitué ne peut jamais être considéré comme un faible et que loin d'exiger le *Droit au travail*, selon le jargon de nos sophistes en démence, en haut et en bas de la société, il a le *Devoir du travail*; c'est-à-dire que son premier devoir est de travailler et que le premier devoir de la société est de l'y forcer, n'importe par quels moyens et dans n'importe quel lieu, même au risque de le retrancher de la société!

Voyons maintenant les forts! Quelle que soit la société, même collective, il y aura toujours des faibles et des forts.

Qu'on répartisse aujourd'hui toute la fortune mobilière et immobilière de la France en portions égales entre tous les Français sans distinction, en huit jours il y aurait des riches et des pauvres. Le faible gaspillera son salaire dans des excès de table et de débauche, n'ayant pas le sentiment de l'ordre, ou par simple imprudence et légèreté de caractère. Le fort, frugal, ayant de l'ordre en tout, économisera une partie de son salaire, soit par prudence, soit pour faire quelque bien aux personnes qui lui sont chères, famille et amis, car tout bien est un sacrifice de soi-même en faveur d'autrui, comme tout mal est l'exploitation d'un autre au profit de soi-même, de ses intérêts ou de ses passions.

Or, ce qui distingue l'homme de tous les êtres de la terre, c'est *sa liberté de discerner le bien du mal, et d'opter librement pour l'un ou l'autre.* C'est un privilège divin! Il rend l'homme l'égal de Dieu, comme le dit la Bible sur sa première page : « Vous serez comme Dieu connaissant le bien et le mal. » L'homme, portant sur soi par sa liberté le sceau de Dieu, la préfère à tous les biens de la terre. Il la préfère même à la vie. S'il fait le bien il veut le faire librement, car cette liberté le rehausse dans sa conscience et l'égale à son Créateur. Par sa raison et le sentiment de son devoir, il vouera toujours une partie de ses forces au faible, non pas à son frère qui est devenu faible par ses vices, qu'il faudrait retrancher de la société, mais aux faibles naturels de cette société, tels que nous venons de les définir. Il sent très bien que faute d'accomplir ses devoirs, il perdrait ses droits et que sans ces sacrifices, la société ne pourrait pas exercer la Justice. Aussi le plus grand législateur du monde, Moïse, a-t-il ordonné que le dixième des revenus des riches fût voué à l'existence des faibles, sans compter l'abandon aux pauvres tous les sept ans, des produits spontanés de la terre, ainsi que tous les ans d'un coin des champs et des vignes avec le droit de glaner. Aujourd'hui il faudrait autre chose! Mais dès que l'on forcera tous les riches d'abandonner tous les produits de leur travail aux faibles et qu'ils ne pourront, grâce à l'égalité du salaire, faire quelque bien, ne fût-ce que pour prouver leur liberté, ils ne travailleront pas plus que le dernier des faibles et finiront par ne plus travailler du tout! Il y a un proverbe populaire qui dit : on peut conduire l'âne à la fontaine, mais on ne peut pas le forcer de boire. Non seulement en très peu de temps il n'y aurait plus de travail, mais le produit du peu de travail qui se ferait serait si mauvais, qu'on ne pourrait plus le placer. Il ne faudrait pas une année de cette société collectiviste, pour que les membres affamés, affolés, enragés, ne se mangeassent les uns les autres, comme sur le radeau de la *Méduse!*

Arrivons maintenant à l'autre extrême, aux hommes de Droits sans Devoirs préalablement accomplis. L'erreur a sa logique forcée, comme la vérité.

Avec la *déclaration des droits de l'homme*, sans devoirs préalables, on devait forcément arriver à la légitimation du droit du plus fort, à l'exercice plein et entier de toute force supérieure, matérielle et spirituelle, aux dépens des faibles. Il s'est donc formé une école qui ne reconnaît que la force et le droit de l'exercer envers et contre tous, sans aucun devoir préalable à remplir. Et comme pour toute erreur matérielle, il faut un prétexte spirituel (car les hommes les plus sophistes arrachent leurs aberrations sociales et terrestres à une idée spirituelle et céleste), cette école du droit du plus fort, qui domine l'Europe depuis cinquante ans, a cru trouver sa raison d'être dans la soi-disant loi de la nature, qui, à en croire la science inventée dans ce but, n'a créé les forts que pour dévorer les faibles, qui forment leur nourriture et leur subsistance, et les faibles sans exception pour être dévorés par les forts, que cette force soit spirituelle ou matérielle! Jamais mensonge plus odieux, plus infâme n'est sorti de la bouche d'un homme! Jamais erreur plus néfaste, plus morbifère, ni plus flagrante n'a affolé l'esprit humain! Dans la nature même, les forts ne sont créés que pour protéger les faibles. Voyons la mer. Il n'y a pas une force plus puissante que celle de la mer!! Rien ne saurait résister à sa force déchaînée et impétueuse! Vis à vis d'elle la terre est faible et pourtant cette force de la nature,

pour être bienfaisante s'arrête devant une petite falaise de
pierre, ou devant une grève de sable, et c'est elle, la mer,
qui donne la pluie et l'eau à tous les fleuves et à toutes les
rivières de la terre! A-t-on jamais vu un éléphant, un cheval, un bœuf dévorer un mouton, une chèvre ou un veau,
êtres plus faibles qu'eux? Bien au contraire! Les bêtes faibles ne pourraient exister sans les animaux forts. Il est
vrai qu'on cite les fauves, les serpents, les insectes; tous
les êtres de mal dans la nature. Mais on oublie une vérité
fondamentale, savoir : que tous les animaux malfaisants
sont des créations spontanées des vices et des crimes des
humains ! que là où les hommes font leurs devoirs les
uns envers les autres, les forts envers les faibles, tous les
animaux malfaisants disparaissent en peu de temps, sans
compter qu'un certain nombre de ces bêtes réputées sauvages, peuvent être apprivoisées et devenir les auxiliaires
de l'homme, à la troisième génération.

Il y a plus. Le désert même est une création de l'homme
manquant à tous ses devoirs, toujours en guerre avec son
prochain par ses vices et ses crimes. Là où il y a maintenant un désert de sable mouvant, il y avait la mer et
des rivières ; et en moins de cinquante ans, moyennant
la paix et de l'argent, on pourrait transformer ce désert
en un immense jardin. Les éléments mêmes sont dans la
main de l'homme, comme l'a déjà dit Moïse, le seul mortel qui ait pénétré la Loi de Dieu, identique à celle de la
nature. Par ses travaux l'homme peut changer le climat
d'une contrée, en tirer des fruits et des produits que l'on
croyait impossibles. Nous constaterons cette vérité plus
tard, avec des preuves à l'appui, si Dieu nous fait encore la grâce de quelques jours.

Le chef de cette École, un Anglais, Darwin, après avoir
proclamé que les faibles n'existent que pour être dévorés,
(ce qui ferait du Créateur quel qu'il soit, qu'il s'appelle
Dieu ou la Nature, un être impuissant et malfaisant), est
naturellement arrivé, par la logique du mensonge, à nier
toute supériorité dans la force créatrice et à faire sortir
les êtres forts des créatures plus faibles qu'eux. Puis,
poussé par la logique jusqu'à l'extrême, il fait sortir

l'homme du singe et plusieurs races supérieures de certaines races inférieures. Dans tous les livres de Darwin, devenus la Bible de presque tous les soi-disant savants de l'Europe et qui ont transformé la jeunesse studieuse en deux catégories : Crétins ou Gredins, *il n'y a pas une seule ligne énonçant du Nouveau qui soit Vrai !*

Outre que le dernier des paysans peut demander, puisque les races inférieures n'ont pas disparu tout à fait, comme celles des singes, d'où vient que ces singes toujours existants, ne produisent plus d'hommes ? S'il est vrai que le Temps suffise pour faire sortir un être supérieur d'un être inférieur (c'est une jeune fille qui m'a fait cette question), on aurait le droit d'espérer voir sortir des bottes en plantant des savates. C'est une plaisanterie, mais elle est très logique. Outre ces objections dont quelques-unes sont d'une sérieuse valeur, M. Darwin oublie ou ignore qu'il existe *une Loi absolue* de la nature, qui renverse de fond en comble tout son système sans exception.

Cette Loi, c'est moi le premier qui l'ai formulée. Je ne l'ai pas inventée. L'homme n'invente rien. Il trouve, soit par la logique de sa Raison divine, soit en pénétrant plus avant dans la loi de la nature et de Dieu. *La voici :*

Il n'est pas dans toute la nature une force qui puisse produire une autre force égale à elle. Pour la plupart des choses la force-effet n'est que la moitié de la force-cause et pour produire une certaine quantité de force vapeur, il faut le double de la force motrice.

Cette Loi est absolue sans aucune exception. Elle existe pour la créature comme pour le Créateur. Le Créateur lui-même ne saurait produire une force éternelle égale à lui. C'est pourquoi toute créature sans exception est composée d'esprit et de matière. C'est pourquoi encore l'homme par son art, ne peut produire un être libre égal à lui et pour créer un enfant il faut deux forces réunies dans toute la nature.

De là vient l'égalité de tous les êtres ! Tous les êtres, en effet, sans exception sont composés d'esprit et de matière.

La différence entre eux n'est pas dans la *qualité* de cet esprit et de cette matière, mais dans la *quantité*, l'un ayant beaucoup plus de matière que d'esprit et l'autre plus d'esprit que de matière. Il n'y a pas dans la nature une feuille d'arbre qui ressemble tout à fait à une autre, mais elles sont égales par la qualité d'essence qu'elles contiennent. De même les hommes. Ils sont égaux par la *qualité* de l'essence spirituelle et divine, que le Créateur a mise en eux et ne sont inégaux que par la *quantité* de cette dose. Ainsi de tous les êtres créés. *De là vient que pas un peuple antique et que pas un législateur, avant Moïse, n'a eu l'idée de l'égalité des hommes, à plus forte raison des autres existences de la nature.* Ils n'ont connu, ni la chose, ni même le mot. Le principe de l'Égalité, en effet, n'est pensable qu'avec un Créateur *Un et Unique*, qui dépose une parcelle, plus ou moins forte de son essence, dans toutes ses créatures. Il n'existe pas d'autre égalité dans la nature. De là aussi vient, que Moïse, le premier et le seul législateur, a proclamé la *Solidarité* de tous les êtres existant dans tous les Univers, visibles et invisibles; solidarité indéniable pour le bien comme pour le mal. Non seulement les maladies d'un peuple éloigné, produites par ses crimes et ses vices, se répandent avec une rapidité étonnante sur les autres nations, séparées d'eux par des mers et des déserts, mais celles des plantes se communiquent aux bêtes et celles des bêtes se communiquent aux hommes et *vice versa.* Ainsi pour le bien ! Mais le mal se répand plus vite que le bien ; une seule brebis galeuse contagie tout un troupeau, tandis que le bien ne se répand qu'avec les lumières de la vérité, provoquant des vertus volontaires et par l'exercice de la Justice, frappant le mal et le malfaiteur, pour que les hommes de bien puissent faire leurs Devoirs, qui seuls garantissent les Droits des faibles.

Or, puisqu'il n'existe pas de force, pouvant produire une autre force égale à elle, à plus forte raison il n'existe pas de force inférieure, d'où peut sortir une force supérieure.

C'est une loi absolue. Le système de Darwin et de ses adeptes croule donc de fond en comble ; il n'en reste pas une miette. Non seulement il n'est jamais sorti une race supérieure d'une race inférieure, mais loin que le fort dévore le faible dans la nature, il n'a été créé que pour le protéger et le faire vivre. C'est pourquoi dans l'énumération de la création, l'homme, l'être le plus fort par la plus grande quantité d'essence spirituelle et divine, que le Créateur a déposée en lui, a été créé le dernier et c'est à juste titre que la *Bible* dit « qu'il a été créé à l'image de Dieu » et non à l'image d'un singe, qui ne pourra jamais produire un homme de génie, cinquante millions de Darwin, dussent-ils faire des essais avec cinquante millions de singes !

Le droit du plus fort ne se trouve dans la nature et dans la société, que comme une violation flagrante de la Loi de Dieu, que comme un mal qui se dévore soi-même, comme l'incendie dévore la torche incendiaire. Ce que l'Évangile a déjà dit en une seule ligne: « *Ce qui est ac-quis par l'épée périra par l'épée.* »

BUT DE LA SOCIÉTÉ.

Depuis que l'on a proclamé *les Droits de l'homme* sans devoirs préalables, tous les écrivains politiques, philosophes, économistes, socialistes, tous les penseurs, qui depuis un siècle, en critiquant l'état de choses actuel et en imaginant une nouvelle société sous différents noms, ont pataugé dans un labyrinthe d'erreurs, pour arriver, après des détours plus ou moins longs à l'abîme, les uns de l'Anarchie, les autres du Despotisme du droit du plus fort, ce qui est la même chose, car le despotisme d'un seul ou de plusieurs, n'est que de la boue anarchique con-gelée. Vienne un coup de soleil et la boue endurcie se transforme en une mare de vase enlisante ! Tous ont cher-ché à améliorer moralement et physiquement le sort des hommes de mal, oubliant que la société, représentant la

Justice, reposant exclusivement sur la Justice, n'a qu'un but principal à la fois humain et divin. Savoir: Empêcher les forts d'abuser de leur force physique et spirituelle pour garantir les droits des faibles, pour frapper l'homme de mal et au besoin le retrancher, afin de garantir la vie et le travail de l'homme de bien ; en dernier lieu, obliger les forts de vouer une partie de leurs forces aux faibles, lesquels sacrifices leur garantissent à eux-mêmes les fruits de leurs devoirs accomplis. La justice humaine, sous n'importe quelle forme elle se manifeste, se modèle toujours sur l'idéal que les hommes se font de la Justice divine. Quoi que l'homme fasse, il se ressouvient toujours de son extraction céleste : Il ne fera pas un mouvement sans que ce mouvement ne soit un effet de sa volonté, et toute volonté est une émanation de l'esprit, et tout esprit est une parcelle divine, que le Créateur a mise dans toute créature, en doses plus ou moins fortes. Avant qu'une société ait établi sur la terre une Justice qui pardonne aux malfaiteurs, elle a toujours créé un ciel avec un ou plusieurs dieux, pardonnant les péchés et les crimes. Et ce dieu a toujours eu sur la terre un mortel qui le représentait, avec un pouvoir discrétionnaire de punir ou de pardonner.

Or, qu'est-ce que le Pardon ? Faire qu'une chose faite ne le soit plus et qu'un acte consommé soit considéré comme nul et non avenu. C'est absolument contraire à la loi de la nature, qui, nous le répétons, est identique à la Loi de Dieu. Cette annulation d'un fait accompli, évident, palpable, ne peut se penser que par un miracle, en d'autres termes, par la violation ou la suspension d'une loi de la nature.

Donc un Dieu qui pardonne un crime irréparable, ne peut le faire que par un miracle, en violant sa propre Loi, ou pour mieux dire, en se violant soi-même. On peut se demander alors ceci : S'il existe un Dieu qui puisse faire un miracle pour faire qu'une chose faite ne le soit plus, pour pardonner à un voleur et à un assassin, il ne lui serait pas plus difficile, par un autre miracle, de restituer le bien dérobé ou volé et de rappeler à la vie l'homme as-

sassins ! Ce miracle, d'après les adeptes de cette croyance,
a été exécuté par des prophètes juifs et par Jésus. Il y a
plus. S'il existe un Créateur avec le pouvoir de pardonner
à ses créatures, il serait le dernier des êtres, s'il ne pardonnait pas à toutes. Ce serait un être plein de passions
et de caprices, gouvernant le monde, en vertu de son pouvoir arbitraire, discrétionnaire, despotique, tyrannique,
sans raison ni logique, ni justice, ayant ses flatteurs, ses
favoris et ses chambellans, qui seuls, ont accès auprès
de lui (nos prêtres, rabbins et muftis), en un mot le dernier des pachas asiatiques. Le pardon qui se trouve dans
le *Pentateuque* n'est pas de Moïse.

Il est contraire à tous ses principes sur Dieu énoncés
dans le même livre. Par trois fois Moïse répète « Yéhovah, la justice absolue (qu'il appelle *Mischpat*), ne pardonne aucun crime irréparable jusqu'à la quatrième
génération, c'est-à-dire que l'expiation s'arrête à la quatrième génération. *Cette loi, comme toutes les lois de Moïse,
est basée sur la nature, dans laquelle toute maladie héréditaire s'éteint d'elle-même à la quatrième génération.* Autrement l'humanité aurait cessé d'exister. Moïse ajoute
« que la Justice de Dieu ne se laisse corrompre, ni par
des dons, ni par des prières, ni par des sacrifices, et qu'il
n'a égard à aucune figure ». Le pardon et la fête du *grand
pardon*, par le grand-prêtre dans le *Pentateuque*, sur lequel les Chrétiens ont établi le Pape et son pouvoir de
pardonner, est d'Esra et de ses soixante-dix rabbins, rédacteurs du Pentateuque actuel et qui ont fondé la religion du second Temple sur le Miracle et la Foi, sur un
Yéhovah-Homme avec toutes ses passions les plus sau-
grenues ; un dieu qui se met en colère, qui se repent, et
qui fait les choses les plus contradictoires. Sur ces erreurs Esra a créé la Théocratie, en flagrante contradiction avec toutes les lois fondamentales de Moïse,
comme je l'ai prouvé, textes à l'appui, d'une manière
irréfragable, dans mes *Cinq Livres de Moïse*.

De cette religion miraculaire et pardonnière, créée par
le médiocre scribe Esra et ses acolytes (religion qui a fait
et fait encore le malheur des Juifs), est sorti le christia-

nisme dogmatique, avec son Homme-Dieu pardonnant,
avec ses miracles, le fanatisme de la foi aveugle, et logiquement avec l'inquisition religieuse; inquisition qui déjà
a été pratiquée par les prêtres rabbiniques d'Esra et de
son école Talmudique!

Or, les hommes ont beau pardonner et se créer des
dieux qui pardonnent, rien, absolument rien n'est pardonné, ni dans la vie privée, ni dans la vie publique, ni
dans l'histoire, ni dans la nature! Nous avons vu que,
grâce à la solidarité de tous les êtres, les malheurs des
peuples, tels que maladies, famines, guerres civiles et in-
ternationales, le plus grand fléau des humains, ainsi que
l'existence des animaux et des insectes de mal, proviennent des vices et des crimes impunis des humains. S'il y
avait un pouvoir au ciel ou sur la terre pour pardonner,
tous les hommes seraient heureux, car la mort n'est pas
un malheur, c'est une transformation. C'est la seule
garantie de la liberté de l'homme. Sans la conscience de
la mort, seul privilège de l'homme, les faibles seraient les
esclaves des forts, et nul mortel humain, comme la bête,
ne pourrait refuser sa coopération à un vice ou à un
crime.

Le but de la société n'est donc pas de pardonner et
d'améliorer le sort des hommes de mal, abusant de leur
force pour exploiter une faiblesse, mais de frapper, au
nom de la justice, le malfaiteur manquant à tous ses
devoirs, afin de garantir le travail, la propriété et la vie
de l'homme de bien, car si minime que soit la dose spirituelle d'un homme, il a toujours le sentiment du juste et
de l'injuste, de ce qui est bien, de ce qui est mal et il sent
très bien, quand il fait du mal à son prochain, qu'il ne
voudrait pas que ce même mal lui fût fait. Il en est
de même des bêtes qui ont le sentiment du mal qu'elles
ont fait. Un seul voleur pardonné crée cent voleurs; un
seul assassin avec préméditation gracié provoque cinquante assassinats; un seul adultère frappé d'une peine
dérisoire engendre des milliers d'autres adultères, et une
seule prostituée tolérée détruit la vertu d'une quantité in-
nombrable de jeunes filles et femmes, à plus forte raison

la prostitution légalisée, qui, au bout de cinquante ans, détruit de fond en comble la famille, sur laquelle repose la cité, la patrie et l'humanité entière. Aucune nation n'existera à la longue, si l'inceste, les accouplements contre nature, l'avortement et l'infanticide ne sont pas frappés de mort! Ce n'est pas sur une menace directe de Dieu que Moïse a prédit la perte de sept peuples de Canaan, mais en vertu de la loi de la nature. Ces peuples, dit Moïse, qui pratiquent et tolèrent des vices, tels que l'inceste, l'adultère, la prostitution, vices qu'ils attribuaient même à leurs dieux, « leur pays les vomira »; ce sont là ses propres expressions. Il voulait dire qu'au bout de quelque temps ils n'auraient plus d'enfants, ni d'hommes assez vigoureux pour les défendre contre un ennemi étranger. En effet, plusieurs millions de ces peuples ont été vaincus et exterminés jusqu'au dernier homme, par deux cent mille guerriers israélites observant les lois de Moïse, commandés par Josué! *Il en sera ainsi de toutes les nations!*

Il n'y a pas d'autre loi de Dieu que la loi de la nature, et celle-là, qui est absolue, n'a pardonné, ni ne pardonnera jamais!

Quand on parcourt le Code pénal des peuples modernes, qui se disent civilisés, on croit rêver. On dirait que toutes ces lois ont été faites par un tas de brigands, de paillards et de futurs malfaiteurs, en faveur des voleurs, des assassins et des criminels d'amour! La démence universelle est allée si loin, qu'elle veut innocenter les crimes d'amour, sous le mot de *crimes passionnels*, comme si tout crime n'était pas le résultat d'une passion égarée et poussée à l'extrême. L'ivrognerie, l'avarice, le jeu et la vengeance sont des passions comme l'amour. Les passions de l'homme sont les forces motrices de la vie; mais, comme à la vapeur et à la locomotive, il leur faut des rails, des pistons d'arrêt et de recul, avec un prudent mécanicien; autrement elles conduisent forcément à l'abîme! L'homme de raison utilise ces passions pour le bien et se meut dans les rails voulus, c'est-à-dire dans les lois que la justice de la société lui impose pour sa conservation. C'est pourquoi le cerveau est au-dessus du cœur, en d'autres termes, c'est la raison qui doit dominer les passions et tout homme qui s'abandonne à ses passions, en abusant de sa force aux dépens d'une faiblesse, est un criminel qui doit être frappé et au besoin retranché sans miséricorde! C'est une gangrène humaine plus ou moins envahissante et toujours dangereuse à conserver.

Voyons d'abord les lois sur le vol. Rien de plus contraire à la raison et à la justice ne peut s'inventer, ni être inscrit dans le Code d'un peuple, qui tient à vivre honnêtement par son travail du présent et par son travail accumulé du passé, qu'on appelle propriété! Admettons un voleur qui a dérobé une centaine de mille francs à son voisin et qui a caché le produit de son vol; il n'a nullement besoin de fuir. Sur la plainte du volé ou même par le fait dénoncé à la Justice, il est arrêté, jugé et condamné à une détention plus ou moins longue dans une prison. Pendant ce temps il est vêtu, logé, chauffé, et nourri aux frais de l'État, c'est-à-dire aux frais du volé, car c'est moyennant son impôt que l'État entretient le voleur. Sorti de prison, le voleur jouit tranquillement du produit de son vol, pendant que le volé vit dans la misère.

Ce qu'il y a de plus odieusement ridicule encore, c'est que pendant la détention la société cherche à améliorer le futur sort du voleur, par une instruction choisie, sans compter que par son travail, ce misérable fait une concurrence déloyale et meurtrière au travailleur honnête, qui a résisté à la passion du vol. J'ai connu deux frères dont l'un était employé chez un agent de change en qualité de chef de titres, et dont l'autre déguisé en caporal, venait toutes les semaines prendre les titres au porteur, que son frère lui remettait pour être vendus à Londres. Au bout de trois mois le vol fut découvert. Il se montait à huit cent mille francs. L'employé se fit tranquillement arrêter et fut condamné à cinq ans de prison, c'est le maximum. Pendant ces cinq ans le voleur, qui au moment de son arrestation était maigre et chétif, engraissait et sortit en pleine santé. De plus, il avait appris l'anglais et à peine libéré il se rendit à Londres, où j'ai vu les deux frères en pleine prospérité et tenant un mont-de-piété. Quoi d'étonnant que le vol soit devenu un métier dont les ouvriers sont innombrables.

En lisant les lois sur le vol de tous les peuples modernes, qui toutes sont dirigées contre le malheureux volé en faveur du voleur, on ne peut assez admirer la sagesse des lois de Moïse contre le vol. Selon ces lois il n'y a pas de prison édictée comme peine. Le voleur est condamné à payer au volé le double ou le triple de la valeur dérobée, selon l'acte plus ou moins odieux du vol. En cas d'insolvabilité réelle ou fictive du voleur, ce dernier est condamné au travail forcé jusqu'à l'extinction de sa dette. Ce travail lui est payé comme à tout ouvrier et c'est après la défalcation de ses frais d'entretien prélevés par l'État, que le reste du produit de son travail appartient au volé et à l'État jusqu'à l'extinction de la dette. Cette dette payée, le délinquant rentre dans la société sans déshonneur pour lui et sa famille. En Angleterre, la justice est revenue à la peine du Cat pour des voleurs, qui ont commis des actes de cruauté sur la personne volée, sans que la mort en fût la suite. J'ai assisté à l'exécution de cette peine; je suis sûr que jamais le condamné n'aura plus la moindre tentation de recommencer. On y reviendra forcément partout.

Passons à l'assassinat. Strictement parlant, la justice n'a d'autre but que de se substituer à la victime, pour empêcher la loi du talion et l'homme de se rendre justice soi-même; loi qui partout où elle a existé, a dégénéré en très peu de temps en guerre civile en permanence et à l'ensauvagement du sol. C'est pour détruire la loi du talion que Moïse a édicté la peine de mort (la lapidation) contre tout assassin convaincu par deux témoins. Non seulement il fallait deux témoins, mais ces mêmes témoins étaient forcés de jeter les premières pierres sur le coupable. Un seul témoin ne suffisait pas pour obtenir la condamnation. En cas de faux témoignage, on faisait au faux témoin ce qu'il voulait qu'on fît à son accusé : on le lapidait. On voit les précautions que prenait le grand législateur

contre le danger de condamner un innocent. Mais une
fois convaincu et condamné, il faut que l'assassin meure!
Nul pouvoir ne peut le gracier! Chez les peuples païens
l'assassin, en cas qu'il pût atteindre un Temple et s'ac-
crocher à l'autel, ne pouvait être saisi par la justice; ce
qui a déjà provoqué l'indignation du grand poète Euripide (que j'ai cité dans mon *Moïse*), et qui s'écrie : « Les
Dieux des Grecs sont donc les Dieux protecteurs des
assassins ! »

Aussi Moïse dit-il en toutes lettres « Tu prendras l'assassin sur l'autel même. » Dans un autre passage, il
ajoute : « afin que le peuple effrayé n'imite pas son
exemple ». Dans un autre passage encore, il dit : « afin
que le pays ne soit pas souillé de sang! »

On le voit, le plus grand législateur du monde croyait
qu'un assassin gracié, en provoquant d'autres assassinats, finira par souiller le pays de sang, et à plusieurs
reprises il ajoute : « Tu n'auras aucune pitié de lui, il faut
qu'il meure! » Et Moïse avait raison. Un seul assassin
gracié compromet la vie d'une centaine d'honnêtes gens.
Ce qu'il y a d'étonnant, c'est qu'on n'ait point encore
exercé la loi du talion contre l'homme qui signe la grâce
d'un assassin condamné par la justice du pays.

Cela arrivera tôt ou tard, parce que c'est dans la nature
des choses. En outre ceux qui défendent la vie d'un meurtrier avéré, à moins qu'il n'ait tué par imprudence, et ceux
qui demandent l'abolition de la peine de mort contre le
meurtre et l'assassinat avec préméditation, sont aussi
coupables que le criminel lui-même.

Ce sont de vrais complices de tous les assassinats qui
se commettent. N'est-il pas curieux, ou plutôt triste de
voir ces mêmes hommes inventer des engins de mort
pour tuer cent mille honnêtes citoyens en une heure et
s'apitoyer sur la mort d'un gredin, dont la disparition est
un soulagement social! Et en regardant de près, il y a
très peu de différence entre les prêtres grecs et romains,
qui déclaraient l'assassin personne sacrée, dès qu'il attei-
gnait leurs temples et les prêtres chrétiens qui promettent

à l'assassin le pardon de Dieu et lui font l'honneur de l'accompagner à l'échafaud. Ce n'est pas de la bonté, mais de l'avachissement, toute bonté sans justice n'étant que faiblesse et ramollissement!

Jetons maintenant un coup d'œil sur les peines édictées dans nos Codes pour les crimes d'amour. Je dis un coup d'œil, parce que dans un Préambule on ne peut pas tout dire sur cette question de vie et de mort pour toute société. J'ai, d'ailleurs, publié un essai approfondi sur cette matière sous le titre DÉCRET DE L'AMOUR, que je reproduirai en partie en tête de la loi.

Pour s'assurer qu'un principe énoncé est faux, quelles qu'en soient les apparences de vérité, on n'a qu'à en tirer toutes les conséquences logiques pour arriver sûrement à l'absurde et au ridicule. C'est le cas des Droits de l'homme sans Devoirs préalables, appliqués aux Droits de la femme sans connexion avec ses Devoirs. Cette extension seule prouve à l'évidence que tout droit légitime et salutaire sort d'un devoir accompli par soi, ou par autrui, et les conséquences naturelles, tirées par les femmes, du principe des *Droits de l'homme* dont elles réclament le partage, prouvent, à leur tour, que ces prétendus droits ne sont, en réalité, que le droit au vice et au crime.

Constatons d'abord une vérité banale, bien qu'elle soit niée par un grand nombre de femmes *Droitistes*, prêchant le Droit absolu sans Devoir corrélatif, et qui confondent *l'Égalité* avec la *Parité*.

Certes, la femme est *l'égale* de l'homme, mais elle n'est pas *pareille* à l'homme!

La femme, comme l'homme, est un être composé de matière et d'esprit. Les hommes et les femmes ne diffèrent entre eux, que par la quantité d'essence spirituelle que le Créateur a mise en eux, et telle femme, par cette dose, est supérieure à tel homme moins bien spirituellement doué. Mais par sa nature la femme est tout à fait différente de l'homme, je ne dis pas inférieure, mais *autre*. Dans cette nature même il y a des dons supérieurs, mais qui ont leur ombres, et ces supériorités mêmes exigent des Devoirs supérieurs, avant que la femme puisse revendiquer un droit quelconque. Ces devoirs, indispensables à l'existence même des femmes, les ont, chez toutes les nations, soumises à des lois particulières dont l'homme est affranchi par sa nature même.

Mais avant d'édicter des lois conformes à la nature de la femme et au principe de la Justice, n'admettant aucun Droit sans Devoir, voyons où en est arrivée la société moderne, sous n'importe quelle forme de gouvernement, avec ses exigences des Droits de la femme, calqués sur les Droits de l'homme!

Puisque, selon les lois et les mœurs, disent les femmes égalitaires ou Droitistes, comme nous les appelons, qui poussent l'égalité de l'homme et de la femme jusqu'à ses extrêmes; puisque les lois et les mœurs permettent à l'homme des amours avant et en dehors du mariage, sans qu'ils soient ni déconsidérés, ni déshonorés, ni taxés d'avoir une tare sur leur personne, pourquoi ce droit à l'amour et même *aux amours* est-il dénié à la femme?

A cette question on répond tout d'abord : Ce n'est pas la même chose. La femme change de physique par un seul acte d'amour, tandis que l'homme n'en change pas; en termes vulgaires (puisqu'il faut appeler toute chose par son nom réel) : *la femme a une virginité et l'homme n'en a pas.*

Arrivons au cœur de la question, qui est à la fois historique et sociale. Le droit à la virginité pour l'époux avait une apparence de raison d'être chez les peuples où l'homme achetait la femme, où la femme était exclue de tout héritage. L'homme achetait une vierge et il ne voulait pas être frustré dans son contrat. En outre, chez les nations où régnait le droit d'aînesse, le père, voulant avoir la certitude que son premier enfant, fils ou fille, fût bien de lui, la virginité avait encore une certaine raison d'être; raison d'être qui a complètement disparu dans notre société où, non seulement les filles héritent à l'égal des fils, mais où, par la dot, les filles achètent des maris, la dot étant un véritable prix d'achat. Aussi Mme André Léo, une Droitiste absolue, prétend-elle que la femme aurait plutôt le droit d'exiger la virginité de l'homme. Et puisque le lendemain du mariage cette virginité n'existe plus, comme chez la veuve et la femme divorcée, et qu'elle n'est pas une preuve de la fidélité de l'épouse, elle ne doit pas entrer en compte. Elle n'est, comme m'a dit une autre femme émancipatrice, qu'un cadeau de noce, témoignage d'une richesse physique, mais qui n'est point d'une absolue nécessité pour le bonheur du mariage et la prospérité de la famille.

Les femmes ont certainement le droit d'exiger la chasteté de l'homme avant le mariage, car cette liberté ou ce libertinage les exposent à des dangers réels de maladies et de mort! Il est certain que presque toutes les maladies qui affligent les hommes et qui abrègent leur vie, proviennent des excès d'amour et de table. Les drogues que les hommes prennent ordonnées par nos médecins, sont encore plus dangereuses que les maladies mêmes. Les guérisons ne sont qu'apparentes et le mal, qui s'est jeté sur un organe vital, éclate mortellement au bout de quinze à vingt ans. Il est encore plus certain que la grande partie des maladies mortelles de nos femmes, leur ont été communiquées par leurs maris, même fidèles après le mariage, *grâce à leurs droits à l'amour pendant leur célibat avant le mariage.* La femme aurait donc le droit de dire : Puisque outre la dot, prix d'achat quelquefois exorbitant que je paye, je vous apporte encore une personne chaste, intacte et saine, je dois avoir au moins le droit d'exiger les mêmes qualités de chasteté et de santé dans la personne de mon mari!

Mais, lui répond-on, un seul acte d'amour illicite peut donner un enfant illégal à la femme et non à l'homme! A cela la femme émancipatrice répond ceci : Pour créer un enfant il faut être deux, et si c'est un crime pour la mère, c'en est aussi un pour le père; que si la maternité est facilement établie, la paternité n'en doit pas moins pouvoir être recherchée, à moins qu'il ne soit prouvé que la femme, mariée ou non mariée, a été infidèle. Ce soi-disant droit de l'homme à l'amour en dehors du mariage, conduit directement à l'infanticide et à l'avortement. Puisque l'homme, dit la femme, a le droit de prétendre qu'il peut consommer l'acte de l'amour sans engendrer un enfant (ce qui en réalité est un avortement, ou un assassinat préventif, et ce que toutes les religions condamnent avec la dernière sévérité) pourquoi la femme n'aurait-elle pas ce même droit à l'avortement et à l'assassinat d'un enfant? Il est vrai que par une loi salutaire de la nature, elle risque sa vie par ce crime, mais elle est bien libre de s'exposer à la mort et à toutes ses angoisses, la liberté de ne pas vivre étant un des privilèges divins de l'homme, à l'exclusion de tous les êtres créés qui existent sur la terre. Et puisque la société chrétienne tolère des maisons de prostitution pour les femmes, pourquoi n'en tolère-t-elle pas pour les hommes, comme chez certains peuples païens, où les prêtres et les prêtresses mêmes étaient voués à ces fonctions et dont le salaire faisait les revenus du Temple? (Moïse les désigne sous le nom de *Kadisch* et *Kadischah*, d'où vient le mot de catin). Et de fait, il y a autant de jeunes gens prostitués, vendant leurs amours que de jeunes filles, et on ne voit pas pour quelle raison le souteneur, qui en réalité est un soutenu, ne serait pas inscrit à la police, comme la prostituée.

Ce sont là des questions de vie et de mort et toute violation de lois de la nature, identiques à la loi de Dieu, conduit à l'abîme, à la destruction de la société et de la nation qui la tolère.

Dans la nature il naît autant de femmes que d'hommes. Elle indique donc, non seulement la monoandrie, mais aussi la monogamie, et toute société qui pratique la polygamie légitime ou illégitime, à plus forte raison la polyandrie, est destinée à périr. Témoins les Musulmans qui après avoir vaincu toute l'Europe, et sont allés jusqu'à Poitiers, jusqu'à Vienne, maîtres de l'Italie, ont été repoussés en Asie et finiront par disparaître. Les Chrétiens n'ont d'autres avantages sur eux que la monogamie, la polygamie légitime n'étant possible qu'avec l'esclavage de la femme, ce qui fait perdre la moitié des forces d'une nation, et l'eunuquage des hommes également esclaves.

Selon la loi de la nature la femme a certainement le droit à l'amour, aussi bien et peut-être encore à des titres plus sérieux que l'homme. Le célibat de la femme compromet sa santé et abrége sa vie de la moitié.

Mais ce droit, non seulement est subordonné à ses devoirs de mère et d'épouse, mais encore il ne peut être exercé que par l'accomplissement des devoirs de l'homme comme époux et père. Les devoirs et les droits des deux sexes sont connexes et ne peuvent être séparés. Pour me servir d'une admirable expression de la Bible « ils ne forment qu'une seule chair »; en termes plus saisissables et plus palpables, *pour qu'il n'y ait pas de femmes prostituées dans une société, il ne faut pas qu'il y ait d'hommes célibataires.*

On le voit, la tâche est difficile, dans une société où il y a une armée permanente de terre et de mer. Toutes nos lois sont contraires aux lois de la nature et à la conservation de la société !

Et ce ne sont pas les mœurs qui font les lois, comme le prétendent nos sophistes de vices et de crimes, mais les lois qui font les mœurs, et qui les ont toujours faites, chez toutes les nations.

Point n'est besoin de remonter à l'antiquité, aux Grecs et aux Romains, dont les mœurs libidineuses étaient calquées sur les idées qu'ils avaient de leurs idoles et de leurs dieux, pratiquant les mêmes vices au ciel. La France, depuis un siècle, ne prouve que trop que ses mœurs pourries sont les *effets* et non les *causes* de ses lois ramollies, créées par des esprits corrompus jusqu'à la moelle. Ces lois sont toutes en faveur de la prostitution, de l'adultère, de l'inceste, de l'avortement, de l'infanticide et des accouplements monstrueux entre les sexes. En dehors des lois inscrites dans le Code, certaines lois omises qui existent chez les autres peuples, ont encore contribué à la corruption des mœurs, entre autres les lois sur les faux ménages, qu'en termes populaires on appelle *collages* et sur la recherche de la paternité. En Allemagne il n'est pas permis à un homme et à une femme de cohabiter sous le même toit sans être dûment mariés. Dénoncés à la police,

tous deux sont expulsés de la ville, et comme ils ne sont
tolérés dans aucune autre ville, ils se réfugient d'ordinaire
en France ou en Belgique. Je crois que même en Amérique ces faux ménages, qu'en Allemagne on appelle *sau-*
vages, ne sont pas tolérés. En France, depuis près d'un
siècle, la prostitution n'est pas seulement tolérée, elle est
légalement constituée ; non seulement il y a des maisons
particulières marquées par un gros numéro pour inviter
les hommes mariés ou pas mariés à y entrer, mais encore
la police les surveille, pour que ceux qui les fréquentent
ne soient pas volés, et pour comble d'attraction, les pen-
sionnaires de ces maisons sont soumises deux fois par
semaine à des examens médicaux, on dirait pour assurer
la prospérité de ces établissements. Ce n'est point encore
assez. Comme le séjour de ce drôle de pensionnat pourrait paraître ennuyeux et désagréable à certaines pen-
sionnaires, la police leur permet, moyennant une carte
d'inscription, de choisir leur appartement dans n'importe quel quartier de la ville pour y exercer leur métier
de prostituées. Il y a, à Paris, de ces maisons dont les
tenants, d'ordinaire des femmes, se sont retirées, riches
de plusieurs millions, ayant hôtels dans la cité et villas
somptueuses à la campagne.

Une digression.

Moïse, dans une loi spéciale, dit : « Le salaire de la
prostitution, hommes ou femmes, n'entrera pas dans le
Temple. » C'est une allusion aux temples des peuples
païens dont, comme nous l'avons déjà dit, le gros des
revenus provenait de la prostitution de leurs prêtres et
prêtresses. Nos prêtres chrétiens, au mépris de la *Bible*,
acceptent très bien les dons provenant de la prostitution.
Non seulement ils ne dédaignent pas les riches charités
de nos prostituées, mais ils comblent les donatrices d'honneurs funéraires à leur mort. Je pourrais citer, à l'appui
de cette infamie, deux noms de fameuses entremetteuses
mortes dans leurs châteaux tout près de Paris, qui ont
légué, chacune une forte somme à l'Église et qui ont été
enterrées avec toutes les pompes que l'Église, moyennant
finances, accorde à toute femme honnête et millionnaire.

Il y a plus. Dans nos ventes de charité, ainsi que dans nos bals de bienfaisance, de notables prostituées des arts et du demi-monde, non seulement y sont admises à l'égal de nos duchesses, comtesses, marquises et bourgeoises (de qualité par leur argent), mais encore elles y jouent le premier rôle, en servant de réclames vivantes et prostituantes pour augmenter la recette. En vérité et en réalité, la loi qui enferme les prostituées dans certaines maisons est une vraie superfétation.

Il n'y a pas à Paris un café, un restaurant, un débit de vin, un bouchon sans cabinet particulier, de vrais *Buenretiros* pour la prostitution, protégés par la police. Tout homme, marié ou célibataire, peut y entrer avec n'importe quelle femme, pour y commettre impunément des crimes d'amour. Nul ne peut y pénétrer pour les surprendre, à moins que ça ne soit le commissaire de police, pour constater un flagrant délit d'adultère. La preuve que ces cabinets d'amour, ou plutôt ces *Aimoirs*, servent à des amours prohibées, c'est que le propriétaire fait payer un prix double et quelquefois triple du prix des salons communs et publics. Cela n'existe nulle part dans aucune ville d'Europe. Dans certaines villes il faut au propriétaire une licence particulière, comme à Londres, et la police a le droit d'y entrer à toute heure du jour et de la nuit. Aussi de toutes les parties de l'Univers, même de l'Asie et de l'Afrique, les riches paillards, n'y pouvant pas donner un libre cours à leurs vices et à leurs crimes d'amour, viennent-ils à Paris où personne ne les gêne; quelques-uns même accompagnés de leurs complices.

De même toute jeune fille ou toute jeune femme de toutes les parties du monde, désirant connaître la valeur de sa beauté vénale, vient-elle à Paris s'y installer librement: on dirait autant de chasseurs à l'affût d'un gibier. On peut affirmer sans se tromper, que plus de la moitié des catins de Paris, sous n'importe quel euphémisme, viennent de l'Étranger.

Paris est le pays de Cocagne, Montaigne aurait dit, et je le dis après lui, le *Bordel* de l'Europe.

Une fois la prostitution admise, par son institution

même, elle engage les jeunes gens à ne pas se marier, en pratiquant la polygamie au vu et au su, voire même à l'instigation de leurs parents, et ceux qui se marient, à se vendre pour une dot à n'importe quelle femme laide, bête ou tarée, en se disant : Ah bah ! avec l'argent que j'aurai je me paierai de jolies jeunes filles. Cette prostitution, ayant toute honte bue et même digérée, s'est étendue comme une épidémie contagieuse sur toute la nation.

D'abord les théâtres, devenus de véritables maisons de tolérance. On ne se gêne même plus. Non seulement toute jolie jeune personne se fait engager, parfois en payant le directeur, pour trouver un entreteneur, mais nos comédiennes et nos chanteuses les plus renommées, vivent ostensiblement dans un luxe effréné, qui ne peut venir que de la prostitution ; ce qui ne les empêche pas de faire l'ornement de nos salons et de nos établissements publics, où elles occupent les places d'honneur, avec les hétaïres du défunt *demi-monde*, qui s'est *chrysalidé* en papillon de *grand monde*. Quoi d'étonnant ! La littérature française, depuis cinquante ans, est devenue le livre d'or de la prostitution. Je mets en fait que depuis *la Dame aux Camélias*, remontons plus haut, depuis la résurrection de *Manon Lescaut*, pourrissant dans un charnier et qui a été galvanisée pour un chef-d'œuvre, il n'y a pas une pièce de théâtre qui ne roule sur la fornication, l'adultère, le viol, avec toutes les péripéties soi-disant dramatiques, qui découlent du vice et du crime, comme la sanie d'une plaie gangréneuse. Presque toutes ces histoires finissent, d'ailleurs, par un duel, ou pis encore, par la glorification du vice. Qu'est-ce au fond que *la Dame aux Camélias*, que Francisque Sarcey et Jules Lemaître, deux critiques dramatiques les plus réputés, ont proclamée un chef-d'œuvre de l'art français ? Une vulgaire *putain*, que l'auteur a introduite comme une héroïne d'amour sur la première scène française, et qui se réhabilite, en refusant le mariage avec un fils de bourgeois parvenu, bête à prendre patente, pour retourner, tête baissée, à ses anciens vomissements de *Phryné*, en guise d'expiation. Autant punir un brochet qui vous mord

le doigt en le jetant à la rivière. Ce n'est pas par cynisme
que je me sers de ce vilain mot, mais de parti pris, car,
comme dit Rousseau, plus la corruption s'étend, plus les
mots se composent, au point, ajoute-t-il, que la société
n'est plus chaste que d'un seul organe : *l'oreille !*

Aussi, à mesure que la prostitution s'est dépouillée de
la honte et de la déconsidération publique, on a *euphé-
misé* ses différents noms. On appelait d'abord ces créatures Lorettes, Cocottes, puis Vierges du demi-monde,
Dames aux Camélias, Horizontales. L'homme méprisable
même vivant de prostitution, que nos pères appelaient
maquereau (de l'hébreu *macar*, se vendre) Alexandre
Dumas fils, le protagoniste de la prostitution et de la
bâtardise, l'a débaptisé et l'a réhabilité sous le nom d'*Alphonse*, et Dumas passe pour être une des gloires nationales du théâtre.

On avait déjà essayé de désenlaidir ces créatures par
les mots : filles de joie et courtisanes, mais leur vrai nom
est celui que nos grands-pères leur ont donné : *Putains*
et *catins* ou *cateaux*. Les Allemands n'ont qu'un seul mot
générique, qu'ils ont conservé pour toute femme ou fille
qui viole ses devoirs de chasteté et d'amour légitime. Ils
l'appellent *Hure* (en anglais : *Hore*) mot qui vient de l'hébreu *Horah*, enceinte, en italien *puttana*. L'homme de
débauche s'appelle *Hurenvogel*, oiseau de putain, et plus
la chose est vilaine, plus il faut conserver le mot vilain.
Il y aurait beaucoup moins de Dames aux Camélias, si
on les appelait encore putains.

Autre exemple : Pour tous les littérateurs français,
Mme Bovary est un chef-d'œuvre et M. Flaubert un génie
littéraire. En réalité, Emma Bovary, surtout dans la première édition, expurgée depuis, est une banale *Hure*,
bourgeoise hystérique, et Flaubert un eunuque littéraire,
masquant son impuissance naturelle par des phrases arti-
ficielles : on dirait une femme en mal d'enfant, pour
laquelle on emploie les fers avec le chloroforme et qui
finalement ne met au monde qu'un nain monstrueux.

Quant à *Manon Lescaut*, c'est une roulure bordelière
qui mériterait d'être fouettée en plein public, en compa-

gnie de son auteur et de ses admirateurs, pour être enfermée à vie dans un cloître étroit, et forcée de travailler pour augmenter la dot d'une honnête fille.

Les citoyens qui ont fait les lois d'amour et ceux qui les pratiquent, non seulement n'ont pas le moindre sens moral, mais ils ne possèdent même pas les éléments rudimentaires de la justice. De tout temps et dans tous les pays la justice a été résumée en une seule maxime principale, savoir : « Ne fais pas à ton prochain ce que tu ne voudrais pas qu'on te fît. » Or, si bas que soit tombée une femme, elle est la fille, la sœur, ou l'épouse d'un prochain. Que dirait donc l'homme qui vient de commettre un tel acte, si on le commettait avec sa fille, sa sœur ou sa femme? Donc il est complice d'un crime Ah! répond-on, cette personne est bien libre, on ne lui fait aucune violence? Mais l'homme est bien libre de se tuer. Le tueriez-vous s'il vous demandait ce service? Ou bien, si cette personne libre vous priait de lui payer un compagnon d'amour autre que vous, le feriez-vous? Non! vous exploitez donc (vous qui représentez une force, car grâce à votre argent vous êtes une force), pour votre plaisir égoïste, une faiblesse (la pauvreté, la misère); donc vous êtes un vulgaire criminel!

Mais que messieurs les coureurs de filles, avant et pendant le mariage, ne chantent pas victoire sur leur liberté supérieure à celle de la femme! A défaut de la justice humaine, la justice absolue, qui règne et gouverne partout, ne chôme jamais! *Et son justicier s'appelle le Temps !*

Au bout de quelques années tous ceux qui ont pratiqué l'amour en dehors du mariage (et ils s'appellent légion) sont frappés de maladies mortelles, qui abrègent leur vie de la moitié et qui se communiquent à leur progéniture. Il n'y a point de remède contre les maladies d'amour, si insignifiantes qu'elles paraissent. Le remède est pire que le mal. Autrement l'humanité s'arrêterait.

Ce n'est pas pour rien que le plus grand des législateurs, Moïse, s'occupe de la gonorrhée et fait défense d'amour pendant la période impure de la femme!

Les drogues que l'homme prend contre ces maladies qu'il croit inoffensives, sont encore plus dangereuses que les maladies mêmes.

Le Créateur a voulu qu'il n'y eût point d'autre hygiène de santé et de longévité pour l'homme et la femme, qu'un mariage monogame fidèlement observé, et qu'il fût en même temps la seule garantie, pour produire des enfants vigoureux destinés à défendre la patrie contre l'ennemi étranger.

D'ailleurs, avec les jolies mœurs que nous ont faites les lois, sous lesquelles la prostituée avec différents noms règne et gouverne, à quoi sert la vertu de la femme? On a beau lui dire que la vertu se récompense elle-même, qu'elle ne doit jouir de ses droits qu'après avoir accompli ses devoirs, encore faut-il pouvoir les remplir, ces devoirs, et la femme ne peut les remplir, selon les lois de la nature, qu'en sa qualité d'épouse et de mère. Y a-t-il beaucoup de jeunes filles vertueuses *sans dot* qu'on épouse pour leur vertu? Pas même pour leur beauté! La beauté sans dot trouve bien un mari intermittent, un entreteneur avec un bail plus ou moins long, mais non un époux et un père! Il faut même une dot pour entrer dans un couvent, à moins de n'y être que domestique.

L'Académie a beau décerner des centaines et des milliers de prix de vertu, elle a même be augmenter ces prix, elle ne créera pas une seule vertu. *Nulle vertu n'est possible sans le vice frappé par la justice et frappé sans miséricorde!*

Il ne suffit pas au laboureur de semer des graines de blé dans son champ, il faut encore qu'il en arrache continuellement les mauvaises herbes, autrement l'ivraie envahissante dévorerait les épis sains avant la maturation! Encore faut-il que cette ivraie soit brûlée et retournée en fumier. Il ne suffit pas non plus de planter un arbre, même non fruitier; il faut continuellement l'écheniller et l'élaguer. Il en est de même de l'homme. On a beau planter des vertus, si on n'arrache pas continuellement les vices pour les retourner en fumier, les vices envahiront les vertus et les dévoreront en très peu de temps, ce qui vient à l'appui de ce que nous avons dit, savoir : *Que la justice sociale n'a pas d'autre but, ni d'autre moyen pour produire le bien que de frapper le mal.*

Le plus grand corrupteur de nos mœurs littéraires et sociales c'est Alexandre Dumas fils. Espèce de Circé masculine, qui a transformé tous les habitués de la scène française et tous ses lecteurs en prêtres et prêtresses de vices d'amour criminel, les uns initiateurs, les autres initiés. Toutes les pièces de Dumas sont des glorifications de *putaineries* et de *bâtardises*, qu'il fait avaler par des préfaces de morale, comme le pharmacien fait avaler du poison dans une pilule dorée [1].

Arrivons à l'adultère.

Rien de plus odieusement ridicule que nos lois sur l'adultère, on dirait des primes instituées en faveur du crime. Ces lois ont encore été viciées par l'institution du divorce. Accorder le divorce à l'homme ou à la femme adultère, même si ce divorce est prononcé contre le coupable, c'est une véritable provocation, une véritable invitation au crime.

[1] Depuis la proclamation de la propriété littéraire et des droits d'auteur, qui ramènera l'Europe aux ténèbres de l'Egypte, la littérature n'est plus qu'une vaste forêt de Bondy, et la scène une foire de bandits. Ils dépouillent d'abord les morts. Puis, ils se volent les uns les autres sans honte, ni vergogne et ne reculent même pas devant le meurtre et l'assassinat littéraires. Les pièces de théâtre qui rapportent le plus d'argent, ne sont plus qu'un perpétuel brigandage de vices, de viols, d'adultères, de crimes et de délits les plus infects et les plus invraisemblables. Dans deux pièces de théâtre qui ont eu un grand succès, il y a deux scènes dramatiques d'honnêtes gens. *Ce sont les seules.* ET CES DEUX SCÈNES M'ONT ÉTÉ VOLÉES AVEC EFFRACTION ET FAUSSES CLÉS. J'ai publié en 1874 un drame intitulé, *Un Monde Nouveau*, que je n'ai présenté à aucun directeur de théâtre. Le lecteur n'a qu'à parcourir ce drame pour être convaincu qu'un brigand littéraire, qui s'appelle Ohnet, dans son *Maître de Forges*, m'a volé *toute la scène de la nuit de noce. Je défie tous les littérateurs de l'Europe de trouver une scène pareille avant mon drame.* Dans toutes les pièces de Dumas il y a un seul jeune homme vertueux. C'est Gérard dans l'*Étrangère*. Ce jeune amoureux est un décalque de mon *Grandval* dans la même pièce « *Un Monde Nouveau* ». Je défie tous les critiques de théâtre, qui d'ordinaire sont des receleurs de plagiats, de trouver avant moi dans toute la littérature de l'Europe un jeune homme, qui refuse une femme mariée *qu'il aime*, parce qu'il ne pourrait pas estimer

Tout d'abord l'adultère, avec une jeune fille ou avec une femme mariée, sauf le divorce (qui est plutôt une récompense qu'une peine, puisque le coupable peut se remarier), n'existe pas dans nos lois pour l'homme.

Quant à la peine infligée à la femme adultère qui, après le divorce accordé au mari, peut également se remarier, elle est plus que dérisoire. Je l'ai déjà dit, c'est punir un poisson dangereux en le jetant à l'eau. Nos paysans alsaciens auraient dit : C'est mettre le pou dans la farine.

Selon la loi en vigueur l'adultère de la femme est puni de quinze jours, au maximum de trois mois de prison à Saint-Lazare. La femme sort de la prison la tête haute, sans honte et sans déconsidération populaire. On sait qu'en France les rieurs ne sont jamais du côté du mari trompé.

N'est-ce pas pour la femme une *véritable invitation à l'adultère* ? Il m'a toujours semblé, en passant devant Saint-Lazare, entendre le cri des vieilles marchandes de plaisir : Régalez-vous, mesdames, voilà le plaisir! Inutile d'ajouter que la femme adultère, après avoir subi cette peine, qui n'en est pas une, peut se remarier et recommencer sa danse avec accompagnement de trompettes des journaux, tandis qu'il ne devrait pas être permis à une femme adultère de se remarier, au moins pour quelques années. Cette peine devrait même être étendue sur l'homme. En cas de récidive homme et femme tombent dans la catégorie de la prostitution, dont les lois sont complètement à refaire.

Et comme l'impunité d'un seul crime en produit cinquante autres, cent fois plus odieux et plus dangereux, la loi sur l'adultère, qu'on peut considérer comme dérisoire, inefficace, est plutôt une prime promise au mal que le châtiment d'un crime, et a fait surgir des centaines d'as-

une femme qui violerait ses devoirs, *même avec lui* (car Joseph n'aimait pas Putiphar, ni Hippolyte, Phèdre). Notons encore : *Divorçons* de Sardou, qu'il m'a avoué devant témoins, avoir pris dans une histoire arrivée à moi-même et publiée dans *l'Événement*.

sassinats entre époux; assassinats que le Code ne légitime pas directement par une clause libellée, mais que le jury acquitte quatre-vingt-dix fois sur cent. Comme si dans une société civilisée, il devait être jamais permis à un membre de cette société de se rendre justice soi-même, à moins de légitime défense. Ces crimes *d'amour passionnel*, comme on les appelle, ne devraient jamais être soumis à un jury. Il y a gros à parier que dans un jury français, il y a peu de membres qui n'aient commis un adultère, au moins avant le mariage. Et comme il est dans la nature de l'homme, que plus il se sent morveux plus il mouche les autres, tout homme marié ou célibataire craint de se trouver dans le même cas que le prévenu, parce que dans son for intérieur il sent qu'il le mérite, ou qu'il le mériterait et il se dit : *hodie tibi cras mihi.*

En stricte justice, nul être humain ne doit avoir le droit de verser le sang de son semblable, sauf en cas de légitime défense.

Si donc en France il y a depuis un siècle des époux offensés dans leur amour (presque toujours un amour-propre) ou se croyant offensés, qui s'entre-tuent, et qui sont acquittés par un tribunal composé de leurs concitoyens, c'est que la justice officielle manque à tous ses devoirs et n'est que dérisoire. La justice, je ne puis assez le répéter, n'a pas d'autre but que de se mettre à la place de la victime, s'il s'agit de vie et de mort, et à la place du citoyen lésé, s'il s'agit de vol, ou d'honneur pour empêcher la loi du talion.

Même phénomène pour le délit de diffamation. Nos nombreux duels ne sont que des actes de justice personnelle, à défaut de justice sociale et officielle. Rien de plus dérisoirement odieux que nos lois sur la diffamation. On les dirait faites par une bande de malhonnêtes gens contre les honnêtes citoyens de leur pays. Voilà un homme qui vous diffame, qui veut vous ôter votre considération et votre honneur, et très souvent votre fortune. Il vous dénonce dans un journal, fût-ce une feuille de chou, comme *voleur, doleur, violeur,* en un mot, comme un malhonnête homme digne du mépris public, indigne d'une fonction sociale. Cette diffamation, comme une tache d'huile, se répand dans tout le pays et dans l'étranger, par d'autres journaux de scandale et de chantage. Admettons que le diffamé qui ne veut ou qui ne peut pas se rendre justice soi-même, porte plainte et traduise son diffamateur devant la justice. Celle-ci met au moins six mois pour rendre son jugement.

Pendant ce temps le diffamé passe généralement pour une canaille. Même ceux qui le défendent pensent qu'il n'y a pas de feu sans fumée. Enfin le jugement arrive, clopin-clopant. Le diffamateur, n'ayant pu exhiber des preuves convaincantes de sa diffamation, après de longs *Considérants* que personne ne lit, est condamné à vingt-cinq francs d'amende, au maximum à quelques centaines de francs de dommages-intérêts. Et comme la justice ne peut pas forcer ceux qui ont lu la diffamation à lire son jugement, le diffamé reste bel et bien diffamé pour la majorité de ses concitoyens. Quant au diffamateur il s'en lave les mains, il a exercé sa basse vengeance à très peu de frais, tout prêt à recommencer. Il y a plus. Le diffamateur qui, d'ordinaire, est une canaille fieffée, se sert de ce déni de justice pour faire chanter ses victimes.

Admirons la loi de Moïse sur la diffamation, sous le nom de *faux témoignage*. D'après cette loi, très simple et conforme au principe rudimentaire de la justice, on applique au faux témoin, c'est-à-dire au diffamateur, dès la constatation de la fausseté de son témoignage, la même peine qu'on aurait appliquée au diffamé, si la diffamation avait été conforme à la vérité, et cela séance tenante. Ainsi un faux témoin accusant un homme d'un meurtre est tué lui-même. S'il s'agit d'un vol, ou d'un dol, il est condamné à payer à sa victime la même somme, et en cas d'insolvabilité, au travail forcé jusqu'à l'extinction de la dette. Quant aux questions d'honneur, le faux témoin est encore plus sévèrement puni. Outre quarante coups de lanière qui peuvent être diminués, le jugement lui applique et colle sur le front toutes les injures dont il a accablé son ennemi.

On verra dans mon Code la loi sur la diffamation, que j'ai édictée dans *la Loi de la presse*. En tout cas tout procès de diffamation, quelle qu'en soit l'issue, doit être jugé le lendemain de la perpétration. De même tout délit de presse! En cas d'appel, il ne doit y avoir qu'un répit de trois jours. Si ce tribunal existait comme je l'établis, il n'y aurait plus jamais un duel, et il n'y a pas d'autres moyens pour l'abolir!

Il en est de même de la loi sur le viol et l'infanticide. Elle est faite en faveur des criminels contre les victimes. Si la personne violée n'a pas eu d'autres martyres à souffrir que le viol même, le criminel, quel qu'il soit, jeune ou vieux, doit être condamné à épouser sa victime, si celle ci y consent et s'il n'est pas marié, sans pouvoir jamais divorcer. C'est la loi de Moïse, toujours conforme à la raison. En cas de refus de la jeune fille, il faut que le criminel assure une dot à sa victime et, en cas d'insolvabilité, il doit être condamné au travail forcé jusqu'au payement de la somme fixée par le juge. Si la mort est la suite du viol, il faut que le meurtrier meure, sans pouvoir être gracié. Quant à l'infanticide, il faut que la justice se mette à la place de l'enfant assassiné. Il n'y a point de circonstances atténuantes possibles. La mère qui a tué son enfant doit mourir sur l'échafaud, comme l'a déjà dit le grand Schiller dans son poème *l'Infanticide*.

Nos législateurs modernes qui ont tant d'entrailles pour les criminels, au point qu'il ne leur en reste pas pour les honnêtes gens, sont aussi ridicules qu'odieux, et nos médecins, qui assassinent impunément tant de monde, sont presque tous de vrais complices de crimes. Ne voilà-t-il pas qu'ils innocentent des assassins avérés sous prétexte qu'ils sont *déséquilibrés*, comme si tout homme qui commet un crime n'était pas déséquilibré! Ce sont eux, les médecins et les juges qui les écoutent, qui sont déséquilibrés. Comme si le fou avéré qui a commis un meurtre, ne devait pas être tué par la main du bourreau! Ce n'est pas l'intention que la justice juge, mais l'acte. Et quant à l'assassiné, à la place duquel la justice doit se mettre, il lui est parfaitement égal qu'il soit tué par un fou ou par un sage. Il n'y a que le meurtre par imprudence pour lequel il y a des circonstances atténuantes, parce que la victime, si elle pouvait parler, n'exigerait peut-être pas la mort du maladroit. Mais elle ne pardonnerait, certes, pas à son meurtrier, si celui-ci disait : « J'étais fou ou ivre », sans compter que la justice absolue ne pardonne jamais. Le pardon de Dieu n'a été inventé que par une société de tyrans criminels, comme je l'ai prouvé dans ma *Parole Nouvelle*. La société n'a pas à s'occuper d'améliorer les criminels. On n'améliore pas l'ivraie, il faut l'extirper, ou s'en servir en guise de fumier. Ce n'est pas seulement le *Droit* de la justice de retrancher les criminels de la société, mais son *Devoir*, car par ce devoir accompli seul, elle empêche, comme dit la *Bible*, « que le pays entier ne soit souillé de sang et qu'il ne vomisse ses propres enfants! »

Il en est de même des lois de l'avortement. Pour ce crime infanticide la nature a pris ses précautions. La mère coupable risque sa vie et sa santé. Il est rare que la santé d'une de ces malheureuses ne soit pas compromise. Nombre de nos maladies de femmes proviennent de ce crime, extrêmement commun. A l'instant où j'écris ces lignes on m'assure, et c'est une personne digne de foi, qu'il existe à Paris une société de femmes, qui se font avorter dans le but de se stériliser. La même personne y a ajouté l'exclamation : Quand rétablira-t-on le bûcher? Mais il n'en est pas de même de ses complices. Moïse, auquel il faut toujours revenir, dit en une seule ligne : « Tu ne toléreras pas d'avorteuse au milieu de toi ». Les travaux forcés ne seraient pas une punition trop sévère pour ce crime atroce, et, en certains cas de récidive, il faudrait la peine de mort. Ce serait le seul moyen d'empêcher des médecins ou des sages-femmes d'accepter de fortes sommes pour ce service infâme. Deux mois, six mois, deux ans de prison même, pendant lesquels ces misérables sont logés et nourris aux frais de l'Etat, sont des peines dérisoires, parce que les médecins et les sages-femmes qui pratiquent ces métiers n'ont d'ordinaire pas d'autres clients et se font richement payer.

Constatons avec tristesse que notre armée, telle quelle est constituée et surtout depuis que tout le monde est soldat, est devenue une pépinière de débauches, de maladies et de corruption générale. Le jeune paysan innocent, qui rêve le mariage avec sa payse et qui lui promet constance et fidélité, est tout un autre homme quand il revient au village de l'armée.

A peine est-il entré dans les rangs d'une garnison que ses camarades, raillant son innocence et son ignorance, le débauchent. Des bandes de filles au rabais essaiment et voltigent autour de la ruche militaire. Il est très rare qu'elles ne communiquent pas des maladies d'amour à leurs complices, et il est encore plus rare qu'un soldat, riche ou pauvre, revienne indemne à la maison paternelle, après une année de service, car les riches paient pour les pauvres. Aussi son service fait, non-seulement le soldat paysan ne songe plus au mariage, fût-il amoureux, mais habitué à la polygamie, il quitte la campagne pour la ville, où il y a des filles, des médecins et des hôpitaux à discrétion.

Dans mes lois sur l'amour, le lecteur verra les mesures que j'ordonne pour extirper ce fléau national.

Récapitulons.

Les rédacteurs de notre Code actuel, en grande majorité athées, ayant considéré les lois d'amour de la *Bible* comme des lois exclusivement religieuses, les ont de prime abord repoussées comme exorbitantes et fanatiques.

La jeune France superficielle, parce que ignorante, regarde la *Bible* et les lois de Moïse comme lettres mortes[1]. Pour elle la civilisation de l'histoire ne commence qu'avec la Grèce, oubliant que bien des siècles avant la Grèce, la République juive créée par Moïse a duré plusieurs siècles, tandis que les républiques grecques n'ont

---

[1] Ce n'est pas le maître d'école qui nous a vaincus en 1870, c'est la *Landwehr* que le baron de Stein, comme il l'a proclamé lui-même, a pris dans les lois de Moïse.

duré que quelques lustres. La France doit déjà l'avortement de la Révolution de 89 à cette ignorance et à ce dédain, car sa devise : Liberté, Égalité, Fraternité, ne sortait pas de la Grèce où florissait l'esclavage le plus odieux, mais des principes fondamentaux des lois humanitaires de Moïse, qui seul et le premier, a créé la civilisation et même l'humanité pour toutes les nations et tous les siècles à venir.

Ces lois, nullement exclusivement religieuses, sont inspirées par la loi de la nature et le principe de la Justice absolue. Et ceux qui les ont méconnues ont été les plus cruels ennemis de leurs concitoyens et de leur patrie.

La grande majorité des Français d'aujourd'hui ignorent complètement la Bible qu'ils considèrent comme un amas d'erreurs naturelles et de stupidités scientifiques[1]. Eux qui considèrent *Manon Lescaut, la Dame aux Camélias, M*^me^ *Bovary* et autres œuvres putainesques comme des chefs-d'œuvre, regardent la Bible comme un livre pornographique, parce qu'elle contient l'histoire des filles de Lot, et celle de Juda et de Thamar. Or de l'inceste inconscient des filles de Lot, qui après la catastrophe de Sodôme, ont cru la fin du monde arrivée, et il y avait de quoi, sont sortis deux peuples : les Amonites et les Moabites, qui ont joué un très grand rôle dans l'histoire des Israélites. De même, des amours de Juda et de Thamar est sortie la famille de David *et, selon la généalogie de l'Evangile, Jésus lui-même*. L'histoire de Juda, du reste, nous prouve que déjà de son temps les Hébreux condamnaient la prostituée à être brûlée. La Bible ne pouvait pas omettre l'origine de ces familles, qui jouent un rôle si important dans l'histoire.

Moïse lui-même n'attache aucune idée religieuse à ces amours prohibées. De même qu'il dit pour l'assassinat : « *Tu tueras l'assassin, afin que le peuple voie et craigne et que le pays ne se remplisse pas de sang* », il ajoute pour ces amours à plusieurs reprises, le simple mot : « *C'est*

---

[1] Voir dans mes *Cinq Livres de Moïse* mon commentaire sur la Création où le mot Terre (*Erez* en hébreu) dit littéralement « *Ce qui court* », et les fables philosophiques de la *Genèse.*

une abomination ! » ou « *c'est une ordure !* » Ce n'est qu'à la fin de ses lois qu'il dit et qu'il répète : « Vous n'imiterez pas les horreurs de ces peuples » (c'est-à-dire les sept peuples de Canaan qui pratiquaient tous ces vices) « *afin que le pays ne vous vomisse, comme il vomira ces nations.* » En d'autres termes « afin que vous ayez des enfants sains et vigoureux pour vous défendre ». Les Cananéens, en effet, étaient sept fois plus nombreux que les Israélites, mais efféminés et lâches, ils ont été exterminés jusqu'au dernier homme par deux cent mille guerriers.

David Michaélis, recteur de l'université de Gœttingue, un des plus érudits et des plus profonds écrivains allemands du dix-huitième siècle, en même temps un des plus grands Hébraïsants du monde, a publié un chef-d'œuvre sous le titre *Le Droit de Moïse*; livre qui a été traduit dans toutes les langues excepté en français. Dans cette œuvre en cinq volumes, Michaélis qui était chrétien et qui jugeait les lois de Moïse sous le point de vue juridique, sans aucune arrière-pensée religieuse, a prouvé la supériorité de la législation de Moïse, *sous tous les rapports d'humanité et de civilisation*, à toutes les législations du passé et du présent. Dans un volume qu'il a voué aux lois d'amour de Moïse, il décrit en détail toutes les considérations sociales et hygiéniques en faveur de ces lois. Après les tableaux d'horribles promiscuités des peuples païens, il prouve que Moïse, le premier, dans les prohibitions d'amours consanguins, s'est révélé comme le plus grand législateur, à la fois divin et humain, pour le bien de l'humanité. Outre le désordre inévitable apporté dans les familles par les amours incestueux, compromettant la paix et la prospérité publique, il constate que tous les enfants issus de ces accouplements, même chez les bêtes, sont les uns incomplets, maladifs, crétins, et les autres vicieux, enclins au crime et à la folie.

Le philosophe allemand entre dans les détails de toutes les lois de défense de Moïse, telles que le *malthusisme*, l'avortement, l'approche de la femme pendant sa période d'impureté, l'adultère, la prostitution, toutes ces lois n'ayant d'autre but que de sauvegarder la santé des parents et des enfants, et de conserver à la patrie de vigoureux défenseurs contre tout ennemi du dehors.

Certes, Moïse menace son peuple des plus horribles fléaux de la terre pour le cas d'inobservation ou de violation de ses lois. Mais, ce n'est pas en vertu d'un miracle, ou d'un châtiment concerté et décrété au ciel. *C'est en vertu de la loi de la nature et de sa Justice.* Cette justice n'a pas d'autres justiciers que le *Temps et l'Espace.* Si la justice humaine et sociale ne retranche, ni n'extermine le criminel immédiatement après la perpétration du crime, ces criminels, *rien que par le Temps,* augmenteront et pulluleront, au point de dégénérer en fléau que *l'Espace* répandra sur tous ceux qui, de loin et de près les auront tolérés. Il en est du corps social comme du corps humain. Si un cancer ou une gangrène s'y déclare, il faut les retrancher n'importe par quel moyen, sous peine de voir par le Temps, le mal envahir le corps tout entier, le tuer, et se communiquer par l'Espace au prochain. Il en est de tout ainsi dans la vie. Quiconque ne sait pas éteindre une allumette chimique tombée sur des matières inflammables, sera forcé d'éteindre un incendie. Si, dès le premier jour, où des membres d'une société se déclarant *anarchistes* ont recommandé le vol et l'assassinat comme un devoir, la société leur avait dit : « Vous me mettez hors la Loi. Je vous fais ce que vous voulez me faire, je vous mets hors la Loi », et les eût fusillés, séance tenante, comme ç'eût été son devoir, il n'y aurait pas des centaines et des milliers d'anarchistes.

Au lieu de vingt qu'on aurait retranchés, on arrivera forcément, si cela continue, à une bataille rangée et au lieu de vingt victimes gangrenées, il y en aura des milliers de part et d'autres, aussi bien parmi les honnêtes que parmi les malhonnêtes citoyens d'une cité ou d'un pays. Il n'y a pas d'autres châtiments que ceux provoqués par les prévarications de la justice sociale, et il n'y a pas de vertu possible dans une société, qui ne frappe pas le vice avec la dernière rigueur. Ceux qui font grâce à un assassin avéré, plantent le germe de vingt autres assassi-

nats et sont coupables au premier chef. La justice absolue
ne leur pardonnera pas. Si on avait fusillé Louis-Napo-
léon qui a commis deux assassinats, l'un à Boulogne,
l'autre à Strasbourg, la France n'aurait pas perdu, au
bout de vingt-cinq ans, l'Alsace-Lorraine, cinq milliards
de francs et deux cent mille de ses meilleurs citoyens.

Depuis quelques années, des philosophes, des économistes, des hommes d'État et des écrivians de toute cou-
leur, de tout parti, et de toute école, poussent des gémisse-
ments sur la dépopulation de la France. Chacun croit
avoir un remède particulier contre le mal, mais tous
prennent les effets pour les causes et ont l'air de vouloir
couper des cors à une jambe pourrie.

Quoi que l'on fasse, que l'on soigne bien ou mal les enfants nouveau-nés, qu'on améliore ou non le sort de nos
mères nourrices, cette dépopulation ira croissant, aussi
longtemps que l'on ne changera pas nos lois dérisoires
et protectrices sur la prostitution, le célibat, l'adultère,
l'avortement, le malthusisme, l'inceste et l'infanticide.

On peut hardiment prétendre qu'il n'y a pas une famille
en France, où l'on ne pratique plus ou moins le malthusisme et l'avortement, crimes qui se commettent inaper-
çus et impunément. Dans aucun pays, la prostitution
légale et illégale ne s'étale avec tant de provocante imper-
tinence qu'en France. Nulle part il n'y a autant de faux
ménages, qui sont les sources impures où pullulent tous
ces crimes.

Aussi longtemps que ces causes ne seront pas anéan-
ties par le fer et le feu, il n'y aura pas d'espoir que la population augmente; même si par un miracle elle augmentait,
sous ces conditions elle serait frappée d'impuissance et
de dégénérescence dans le ventre des mères. Ce ne sont
pas les fils et les mères qui nous manquent, *mais les
pères*, qui sont à moitié pourris avant de se marier. Et
comme tout mal héréditaire ne s'éteint qu'à la quatrième
génération, il n'y a pas d'espoir qu'un sauveur de génie
surgisse de nos flancs malades d'ici à quelque temps!

Outre la refonte indispensable de nos lois sur les crimes
d'amour, pour arrêter la dépopulation, une autre réforme

de loi s'impose! C'est la réforme sur le partage égal des biens entre les enfants paternels et maternels! Réforme, sans laquelle toute loi coërcitive et répressive sur la famille est vaine et inefficace.

Le droit de l'enfant à l'héritage, sans ou malgré la volonté de ses parents, est un résultat qui a corrompu, détruit la famille, qui a mis les pères à la merci des enfants, qui a subordonné le devoir accompli au droit imaginaire, qui a sacrifié la vertu au vice et qui, au lieu de forcer l'homme d'accomplir son devoir au printemps et dans l'été, pour avoir un automne et un hiver assurés, permet que sans semailles, sans labour et sans travail, il puisse cueillir tous les fruits de l'automne au printemps de la vie, au risque de ne jamais voir un été!

Il est à remarquer que jamais législateur n'a ordonné aux parents de faire leur devoir envers leurs enfants, mais que tous ont ordonné aux enfants d'honorer et de nourrir père et mère. C'est qu'il est dans la nature des pères et des mères, même des animaux, de se sacrifier pour leur progéniture, jusqu'au moment où celle-ci est en état de se suffire à elle-même.

Il y a des exceptions, mais elles confirment la règle générale. Il n'y a qu'une condition à cela. C'est que le père fasse en même temps son devoir envers la mère. Jamais mère aimée ou respectée par le père ne commettra un infanticide. Il est donc dans la loi de la nature, que les parents accomplissent leurs devoirs envers leurs enfants, et faute de parents, c'est la société elle-même qui se charge de ces devoirs. Les parents les meilleurs et les mieux intentionnés, ne pourraient s'acquitter de ces devoirs, si la société, depuis qu'elle existe, n'avait pas fait les siens envers tous ses enfants, s'il n'y avait pas une cité, une patrie, une justice, une administration, une civilisation quelconque.

Les enfants, une fois grands et en état de gagner leur vie, n'ont aucun droit à réclamer, pas même de leurs parents, ces derniers fussent-ils millionnaires. Ils n'ont que des devoirs à accomplir; devoirs de travail, devoirs d'époux, d'épouse, de père et de mère, de citoyen, de citoyenne. Ils n'ont droit au partage des biens de leurs parents qu'à la condition qu'ils remplissent leurs devoirs. Il est vrai, que souvent ces parents eux-mêmes jouissent de leurs droits sans avoir accompli les leurs, mais cela regarde la société et l'État; cela ne durera pas longtemps. Car nulle part aucun mortel ne jouira longtemps de ses droits sans accomplir ses devoirs. En tout cas, les parents sont juges et maîtres de leur fortune, et si un enfant, manquant à ses devoirs, leur paraît indigne d'en jouir, ils doivent pouvoir le déshériter. Moïse, le Législateur le plus rationnel et le plus juste, n'a attaché à ce pouvoir qu'une seule condition, savoir : Que père et mère fussent d'accord à ce sujet. « Quand un fils, dit-il, est rebelle, ivrogne et débauché, et que *le père et la mère* le dénoncent aux *Anciens* de la Commune, ces juges le jugeront, et s'il est trouvé coupable, la Commune le lapidera. »

Il savait très bien, le grand homme, qu'il fallait qu'un fils fût le dernier des gueux, pour que sa mère consentît à le dénoncer et à le livrer à la mort. Aussi le père seul ne suffit-il pas pour faire condamner un fils ! Il faut que la mère y consente elle même, tandis qu'à Rome et à Athènes le père seul avait le droit de vie et de mort sur son fils et sa fille. Témoins Agamemnon et Brutus le vieux !

Il en est de même de l'héritage. Il ne faut pas qu'un jeune homme jouisse d'un droit quelconque détaché d'un devoir accompli. C'est un crime social, c'est une dissolution nationale, l'anarchie en permanence, quand des jeunes gens sont sûrs d'une certaine fortune, de tous les droits sociaux, qui en découlent, sans être astreints aux devoirs du travail, de l'honnêteté et de la considération de leurs concitoyens. Il faut que la loi sociale dise à la jeunesse : « Je t'ai assuré la vie, la croissance, la santé et la justice, pour faire de toi un homme ou une femme ; à ton tour maintenant, de faire ton devoir envers tes parents et envers moi. Après ces devoirs remplis, je te garantis de nouveau tes droits. »

Non seulement père et mère doivent avoir le droit de déshériter un enfant débauché, paresseux, prodigue, criminel, mais c'est leur devoir, et, à défaut des parents qui peuvent être trop faibles, c'est le devoir de la société de prononcer ce jugement et de vouer ces fils et ces filles, à la honte, à la misère, au travail forcé. Faute de cette loi, il n'y aura jamais dans la société, ni ordre, ni liberté. Il n'y aura ni discipline, ni travail, ni propriété assurée. Il n'y aura qu'anarchie et dissolution. Une nation qui permet à ses fils et à ses filles de jouir de tous leurs droits, sans accomplir préalablement tous leurs devoirs, se dissoudra en peu de temps dans une éternelle guerre civile.

Nous y allons.

Fond et forme du gouvernement.

De tout temps, depuis la création du monde et chez toutes les nations, les hommes ont modelé leur gouvernement terrestre sur l'idée qu'ils se faisaient du gouvernement céleste. L'homme a toujours été frappé d'admiration devant les forces supérieures de la nature qui le dominaient, sans en pouvoir pénétrer les lois. En réalité, il n'y a qu'une seule loi primordiale dans toute la nature et cette loi est identique avec la force créatrice, quelle qu'elle soit! L'homme à son tour, contient en soi toutes les lois subsidiaires de la nature, c'est-à-dire tous les rayons divergents au bout, mais qui tous convergent vers l'axe et le foyer central que nous appelons Dieu, ou le Créateur. Dans ce sens la Bible a dit « que l'homme est créé à l'image de Dieu ». L'homme donc n'invente rien, il trouve. De toutes les inventions la loi existe en lui. Mais les différents peuples de la terre, voyant plusieurs forces supérieures agir sur eux et les dominer, ont cru pendant des centaines de siècles à l'autonomie de chacune de ces forces, qu'ils ont adorées, sous le nom de dieux et de déesses! Ces mêmes nations, voyant les différents domaines de la nature s'absorber l'un l'autre, ont cru que les faibles étaient créés pour être sacrifiés aux forts. Ainsi, les minéraux, d'après ces principes, sont sacrifiés aux végétaux, les végétaux aux animaux, les animaux aux hommes, et poussés par la logique de l'erreur, ils ont sacrifié les hommes à leurs dieux. *Les sacrifices humains des anciens étaient donc une conséquence forcée et logique de leurs erreurs sur les lois de la nature.* En fait, il n'y a pas de progrès, ni dans la loi de la nature, ni dans celle du Créateur, ni dans celles de ses créatures! Elle a toujours été la même! Le progrès de l'humanité consiste dans la pénétration, plus ou moins vraie, de l'homme dans cette loi, ce qu'on appelle les lumières de la science. Plus l'homme s'approche de la vérité absolue de la loi, qui gouverne les univers de toutes les planètes, plus il s'approche de l'Idéal que Dieu a mis dans toutes les âmes humaines, de l'unité du genre humain, de la fraternité et de la prospérité universelle.

Dans le ciel des peuples païens, où chaque force de la nature est divinisée et personnifiée, les forces inférieures étaient subordonnées aux forces supérieures, selon le principe du droit du plus fort! Nulle trace de justice! Rien que la force! Jupiter ou Baal était le dieu le plus fort. Ce dieu régnait et gouvernait arbitrairement, selon ses volontés et ses caprices, n'ayant pour sceptre qu'un fouet d'or. Au dessous des grands dieux, il y avait des demi-dieux et des quarts de dieux et de déesses, ayant certains droits. Le reste était esclave. De même sur la terre! Il y avait un Roi ou un Dictateur avec des Patriciens, qui ne travaillaient pas, ne s'exerçant qu'à la guerre pour faire du butin et des esclaves dépouillés de tout droit, voués inexorablement aux travaux des champs et des maisons.

Moïse, le premier dans toute l'antiquité, a rompu en visière à ces principes et à leurs conséquences. Ce fut, c'est, et ce sera toujours le plus grand Révolutionnaire qui ait surgi dans l'humanité! Nul ne le dépassera, je dirai même, nul ne l'atteindra! Il n'admet tout d'abord qu'une seule force créatrice qu'il appelle *Justice absolue*, sous le nom de Yéhovah ; mot qu'il a créé et qui veut dire l'*Être immuable qui fut et sera toujours le même!* Toutes les forces de la nature sont créées par lui. Nulle d'entre elles n'est autonome. Elles sont toutes composées de matière et d'esprit. Elles sont égales entre elles, par la *qualité* de cet esprit déposé en elles que nous appelons la vie, mais inégales par la *quantité*, par la dose plus ou moins forte de cet esprit qu'elles contiennent. J'ai déjà indiqué cette révolution complète dans les idées que l'homme a conçues sur la loi de Dieu et de la nature, mais on ne peut assez la répéter : *Moïse donc le premier a proclamé l'Égalité, non seulement de toutes les existences de la terre, mais de tous les êtres de la création solidaires entre eux*[1].

Voici maintenant l'autre conséquence fondamentale du principe mosaïste. Ce principe, loin d'admettre que les faibles ne fussent créés que pour les forts, proclame hautement que le Créateur a créé les forts pour les faibles, les végétaux pour les minéraux, les animaux pour les végétaux, et l'homme, l'être le plus fort par sa plus grande dose spirituelle que Dieu a déposée en lui, en le créant à son image, pour toutes les autres créatures de la nature, plus faibles que lui et qui, sans lui, disparaîtraient en très peu de temps! Aussi, selon ce système, les forts ont-ils été créés après les faibles, et l'homme le plus fort a-t-il été créé le dernier. C'est donc par le devoir accompli des forts que les faibles jouissent de leurs droits. *Moïse n'énonce jamais un droit*, de peur qu'on n'arrive au droit du plus fort. Il n'édicte que des devoirs, au nom de la justice absolue, et sur cette justice divine il modèle la justice humaine et sociale! Il résume en deux mots tous les principes de l'humanité, car Moïse a toujours *synthétisé* en un seul mot des vérités absolues et universelles, que des centaines de penseurs après lui (et les plus forts) ont délayées et expliquées en des milliers de volumes! Ces deux mots, les voici : *Vertu et Justice! Vertu qui est justice volontaire et justice qui est vertu forcée!*

Cette révolution dans le ciel ne pouvait naturellement s'établir sans la révolution sur la terre.

---

[1] On trouvera l'exposé de ces principes et de toutes leurs conséquences sociales dans mes *Cinq Livres de Moïse*, affranchis des erreurs frauduleuses qu'Esra, le rédacteur du *Pentateuque* actuel, y a mises pour sa religion idolâtre du second Temple.

En vertu de ce même principe Moïse a réhabilité le travail. Chez les peuples païens, le patricien ne travaillait pas. Il ne faisait que s'exercer à la guerre pour faire du butin et des esclaves. Le travail regardé comme chose vile, était dévolu aux esclaves, avec le droit de vie et de mort sur eux par le citoyen.

Moïse qui a aboli l'esclavage, a logiquement réhabilité le travail, en disant au citoyen libre : « Six jours tu travailleras, mais le septième jour tu te reposeras! » Et comme, selon son principe, toutes les créatures sont égales et solidaires devant le Créateur, il a ajouté : « Ainsi que ton serviteur et ta servante et toutes tes bêtes, bœuf, âne et chameau! » Le Sabath de Moïse et son repos forcé était une loi fondamentale, logiquement conséquente et déduite de l'Unité du Créateur et de son immutabilité. La violer, c'eût été pour lui renier Yého-vah. De là l'extrême sévérité de sa loi contre tout violateur du Sabath.

Selon la loi de la nature Moïse a également établi un sabath pour la terre, tous les sept ans.

Aussi, grâce à son principe d'Égalité, Moïse proclame-t-il la République, c'est-à-dire le pouvoir électif. Plus de Patriciens! plus de Plébéiens, et plus d'esclaves! Rien que des citoyens égaux devant le Créateur et devant la justice qui en découle. *La République de Moïse est la première dans l'histoire humaine.* Avant lui aucun peuple n'a connu cette forme de gouvernement, parce que avant lui aucun peuple n'a connu le principe d'Égalité, qui n'est pensable qu'avec une seule force créatrice autonome. La République a pour but de mettre au pouvoir les citoyens de *Vertu et de Justice* élus par le peuple. Cette élection n'est pas un *droit* mais un *devoir*. Lui-même ne décrète la force de loi de son *Décalogue*, qu'après l'acceptation des délégués du peuple, disant : « Nous l'avons entendu et nous le ferons! » Ainsi pour ses défenses des lois d'amour.

Car Moïse ne dit pas au faible : tu jouiras de ta vie et de ta propriété, mais au fort : tu n'assassineras pas, tu ne voleras pas! Il assemble le peuple, hommes et femmes, qui acclame ces lois par le mot *Amen*, ce qui veut dire « approuvé ».

Selon la loi de Moïse la royauté despotique était considérée comme un crime de lèse-divinité. Sa République, la première dans l'histoire, a duré trois siècles. Une femme même, du nom de Déborah, en était la Présidente pendant de longues années. Quand les Israélites prièrent Gédéon, qui les avait conduits à la victoire, de régner sur eux comme Roi, celui-ci leur répondit : « Ce serait un crime de lèse-Yéhovah ! » « Dieu, ajouta-t-il, enverra toujours l'homme qu'il faudra ! »

Le prophète Samuel disait la même chose, mais en vain, à son peuple qui lui demandait un roi pour faire la guerre. De ce jour date la décadence du peuple d'Israël. Samuel avait beau mettre David à la place de Saül, David était un grand conquérant et un grand poète, mais encore un plus grand despote. Plus d'égalité, plus de liberté, et plus de justice ! Son fils Salomon, né d'une femme adultère, tout en conservant la paix pendant quarante ans, était un des rois les plus despotiques de son époque. Il a fini par élever des autels à des idoles égyptiennes et il est mort de débauche à cinquante-huit ans. Après lui, Israël se divise en deux petits royaumes et les lois de Moïse tombent en désuétude. Le roi d'Israël, pour maintenir sa séparation, retourne aux vomissements de l'idolâtrie égyptienne la plus abjecte, et disparaît finalement avec tout son royaume, comme engloutis par une catastrophe volcanique. Le royaume de Juda, grâce aux prophètes, fulminant contre l'idolâtrie des rois et tous leurs vices païens, se maintient encore quelque temps par des éclaircies mosaïstes. En vain ! Presque chaque roi mosaïste était suivi d'un fils idolâtre contempteur des lois de Moïse, et pratiquant tous les vices de Babylone et d'Égypte. Au bout de quelques années ce royaume disparut comme celui d'Israël. Mais comme les rares survivants de cette catastrophe, exilés à Babylone, avaient conservé les lois de Moïse, au bout de soixante-dix ans, Cyrus, roi très éclairé, leur permit de retourner à Jérusalem et de relever le Temple. Qua-

rante mille Juifs, conduits par Néhémie et Esra, remon-
tèrent à Jérusalem. Après la mort de Néhémie, Esra, son
secrétaire, imbu des principes religieux persans, les in-
troduisit dans la rédaction du *Pentateuque* actuel.

Il transforma le Yéhovah-Justice incorruptible de Moïse
en un Yéhovah-homme, changeant d'opinion moyennant
sacrifice et épices à ses prêtres, se mettant en colère, se
repentant, faisant des miracles, en violant ou en suspen-
dant sa loi. Il pardonne moyennant un bouc émissaire
chargé des péchés d'Israël, envoyé par le grand-prêtre au
diable au désert. En un mot, un Yéhovah-homme avec
toutes ses basses passions et ses hauts caprices! C'est
Esra qui a créé la Théocratie tyrannique et fanatique du
second Temple. Dès ce jour plus une heure de paix, ni
une lueur d'indépendance! Bientôt la royauté, surgissant
de nouveau, se trouve en guerre ouverte avec le grand-
prêtre. La Judée tombe de la dépendance des Grecs, sous
le despotisme de fer des Romains, jusqu'à la destruction
du Temple par Titus.

Heureusement à côté de ce Yéhovah-homme d'Esra
d'où est sorti le dogme chrétien, les principes fondamentaux de Moïse et de sa République ont été précieusement
conservés dans le Pentateuque[1].

C'est à ces principes d'éternelle vérité que les Juifs vaincus, exilés, persécutés, grâce à leurs Rabbins esraïques
et talmudiques ont dû et doivent encore leur conservation et leur inexterminabilité, car c'est la vérité absolue

---

[1] Dans toute l'histoire humaine il n'y a pas un second exemple,
pareil au retour du peuple mosaïste à Jérusalem. Mais dès le moment où, pour ce second temple, Esra et la grande syragogue ont
créé une nouvelle religion basée sur le miracle, le pardon et la foi
et sur un Yéhovah-homme, contrairement à toutes les lois fondamentales de Moïse, qu'ils ont frauduleusement mises dans la bouche
même de Moïse, non seulement les Judéens n'ont plus eu un jour
d'ordre et d'indépendance, malgré la stérile victoire des Machabées,
qui ne se sont soustraits au joug grec que pour tomber sous le joug
romain, mais encore, toutes les tentatives de restauration après la
destruction du Temple par Titus, sont restées et resteront vaines,
aussi longtemps que la religion païenne d'Esra ne sera pas retran-
chée, comme de viles scories, de la religion purement mosaïste;
fraude idolâtre que Moïse lui-même a stigmatisée de ses malédictions,
qui pèsent encore aujourd'hui sur les Juifs esraïques et rabbiniques.

de la loi de Dieu et celle de la nature et qui régnera, comme le dit le prophète Zacharie, « d'éternité en éternité! »

Jésus et ses apôtres, prêchant contre les Pharisiens, prêtres d'Esra, au nom de la loi de Moïse, étaient tous républicains et vivaient même en communauté de biens. Ayant aboli l'esclavage et proclamé l'émancipation de la femme, selon la loi de Moïse, ils conquirent en peu de temps tous les peuples païens, les femmes et les esclaves, qui en forment la grande majorité, ayant été pour eux.

Les *Ariens*, leurs évêques en tête, n'admettant pas la divinité de Jésus, étaient tous démocrates, ennemis du despotisme romain. Mais dès que l'Église s'incarna dans l'empire despotique, la divinité de Jésus devint le dogme principal du christianisme, ainsi que la virginité de Marie, sous le nom de *Reine du ciel;* divinité également connue des peuples païens et introduite à Jérusalem, contre laquelle Jérémie lançait déjà ses diatribes les plus fulminantes! Dès lors l'esclavage aboli se transforma en servage; la royauté avec tous ses vices, la noblesse avec tous ses odieux privilèges, fleurirent de nouveau et les *Ariens* furent massacrés par centaines de mille. Inutile de m'appesantir sur l'histoire du moyen-âge. C'est une longue nuit de plomb. Remarquons seulement que c'est après la proclamation de la divinité de Jésus par le concile de Nicée, que Mahomet, grâce à sa proclamation de l'unité de Dieu, traîna à sa remorque des millions et des millions d'hommes, qui devinrent les ennemis vengeurs du Christianisme idolâtré.

Avec Luther reparurent les lois de Moïse de l'Ancien Testament, dont la lecture était interdite à tous les catholiques. Avec l'Ancien Testament surgit de nouveau la République, à Mulhouse, à Munster, mais, malheureusement pour elle avec les idées communistes de Jésus, contrairement aux principes de Moïse. Elle périt en Allemagne mais ressuscita en Angleterre avec Cromwell, un Mosaïste pur, n'ayant lu que la Bible, comme il le dit lui-même, ennemi déclaré à la fois du catholicisme papiste et du communisme anabaptiste. Tout de suite après Luther, Gustave Vasa, grand ami de la Réforme, et voulant réconcilier le protestantisme avec la royauté, créa le *Régime constitutionnel*, c'est-à-dire l'hérédité monarchique, représentant l'ordre pour régner, et le pouvoir électif des Chambres élues pour gouverner. Cette alliance de la monarchie avec la République est une création naturelle et logique du Protestantisme, mi-partie chrétien et mi-partie mosaïste. Après la défaite des Stuarts, ce système fut introduit en Angleterre par les princes d'Orange et y existe encore.

De l'Angleterre la république *déiste* émigra en Amérique. En même temps, grâce à deux hommes de génie, Voltaire et Rousseau, dont le premier avait eu les loisirs d'étudier à Londres la philosophie et la littérature anglaises, le Déisme fut propagé et popularisé en France. A peine la République fut-elle proclamée en Amérique par des Déistes convaincus, que la Révolution de 89 éclata en France, en proclamant et renouvelant les principes fondamentaux de Moïse, d'*Egalité*, de *Liberté* et de *Fraternité*, ce dernier mot, principe rétréci de la Solidarité universelle de Moïse. Malheureusement, les Français, depuis la défaite des Huguenots, ignorent totalement la *Bible*. Le *Droit de Moïse* est lettre morte pour eux. Sa République n'a jamais existé pour les Français même Républicains. Ils ne connaissent que la République d'Athènes et celle de Rome avec leurs dictateurs, leurs hétaïres, leurs concubines, avec tous leurs vices les plus abjects officiellement tolérés et leurs millions d'esclaves, voire même avec leurs sacrifices humains, que les Grecs et les Romains ont pratiqués, comme le prouve, texte à l'appui l'écrivain Michaëlis déjà nommé.

Ces républiques païennes, d'ailleurs, n'ont duré que quelques années, agrémentées de guerres civiles et étrangères, tandis que la république de Moïse a duré trois siècles et que les Juifs, même idolâtres, ont toujours conservé le principe d'égalité; n'ayant jamais reconnu une noblesse quelconque avec des privilèges de naissance. C'est le peuple le plus égalitaire de la terre.

Si les hommes de 89 avaient franchement reconnu que leur devise : Égalité, Liberté, Solidarité, sous le mot de Fraternité, était empruntée aux lois de Moïse; si en suivant ces lois, ils eussent fondé leur démocratie sur les *Devoirs de l'homme*, sur les devoirs des forts, pratiqués, soit volontairement par *Vertu*, soit forcément par *Justice*, la France depuis un siècle ne serait pas continuellement tombée de l'anarchie dans le despotisme et du despotisme dans l'anarchie, ce qui est la même chose, comme je l'ai déjà dit. Mais les Républicains français, même ceux d'aujourd'hui, n'ont d'autre idéal que la république d'Alcibiade et d'Aspasie (deux catins Athéniennes) et de Périclès, chef de cette République, qui après avoir, selon Thucydide, dilapidé le trésor public avec les peintres, les sculpteurs et les putains de son pays, a suscité la *guerre du Péloponèse*, pour ne pas rendre ses comptes; guerre qui a détruit la république.

Avec la *Déclaration des Droits de l'homme sans Devoirs préalablement accomplis*, ce qui, comme nous l'avons prouvé, aboutit forcément au droit du plus fort, la République était détruite dans l'œuf, car aucune démocratie n'est possible que par la *Justice* et la Justice, c'est le *Devoir forcé* des forts pour garantir le droit des faibles. Et comme toute Justice sociale est calquée sur la Justice de la loi de Dieu, identique avec celle de la nature, *cette Loi est forcément la base spirituelle de la République*, comme l'a déjà dit Samuel à son peuple : « *Tu ne seras indépendant d'un homme, qui te prendra tes biens et tes enfants, qu'en étant et qu'en restant le serviteur dépendant de Dieu!* ». Ce que répètent encore *les Proverbes* disant : « Le commencement de toute sagesse est la crainte de Dieu! » Cette crainte seule, en effet, est le frein toujours présent, qui retient la jeunesse dans les liens de ses devoirs, même au détriment de ses droits. Malheur au pays où l'homme, pour être empêché de faire le mal présent, ne craint que le gendarme absent! En très peu de temps il faudrait un gendarme pour chaque citoyen et un mouchard pour chaque gendarme. Aucun budget ne suffirait.

La troisième République, après avoir passé par trois monarchies, en est là!

Ce principe de Justice est incompatible avec le catholicisme. Non seulement le dogme catholique, contraire à toute raison, à toute justice, ne repose que sur la foi aveugle et aveuglante de ses adhérents, n'admettant aucune liberté de croyance en disant : Hors de moi, point de salut! mais encore il ne peut durer que par la force et la violence. Si aujourd'hui il recouvrait le pouvoir séculier, demain il instituerait de nouveau l'Inquisition, car son amour de soi-même, ne repose que sur la haine d'autrui. Le vrai catholique n'est qu'un instrument muet de guerre et de mort, sans volonté, sans conscience, *un cadavre ambulant*, comme disent les Jésuites, obéissant à un chef infaillible et irresponsable. D'ailleurs, comment gouverner en vertu de la justice, avec un principe qui pardonne et absout tous les crimes, la plupart du temps moyennant finances et *épices*, selon l'ancien terme français? Le Pape, n'a-t-il pas absous les massacres de la Saint-Barthélemy! Bossuet, n'a-t-il pas applaudi aux dragonnades provoquées par un père Jésuite! Naguère encore l'archevêque de Paris, n'a-t-il pas absous Napoléon III qui, après son coup d'Etat, a fait fusiller 23,000 républicains français, pour rester le maître absolu de son pays, surtout de son budget pour ses débauches et celles de ses favoris! C'est encore le cas de s'écrier avec Euripide déjà cité : « Votre Dieu est donc le Dieu des voleurs et des assassins! »

Les Républicains d'aujourd'hui qui ne valent pas ceux de 48, encore moins ceux de 89, s'imaginent faire une guerre sérieuse au catholicisme en demandant la séparation de l'Église et de l'Etat. Puérilité! Duperie! Ils ressemblent à un général qui livre ses armes avant de livrer bataille. Le parti catholique n'en sera que plus puissant, comme il l'est devenu en Angleterre et en Amérique. Comme le Protestant actuel rejette des miracles, qui ne sont pas plus absurdes que ceux qu'il conserve, la plupart des Protestants riches, pour se débarrasser de leurs doutes spirituels et de leurs craintes matérielles, retournent au catholicisme qui leur assure leur fortune en disant : « que la clé de leur coffre-fort se trouve dans la sacristie papale et jésuitique. » Le catholicisme, en effet, est la religion la plus commode pour la grande majorité des hommes ignorants, médiocres et passionnés. Étant catholique, l'homme n'a plus besoin de penser, ni de raisonner, ni d'examiner quoi que ce soit. Il s'en rapporte à son curé. Il peut ensuite s'abandonner à ses passions, hautes et basses, sûr qu'il est de recevoir l'absolution dans cette vie et la promesse d'un paradis dans l'autre. Non seulement il faudrait que l'État payât mieux les curés, mais encore il faudrait que chaque commune eût le pouvoir de choisir le sien, et que tous les curés d'un département eussent le pouvoir d'élire leur évêque en coupant, d'un seul trait, le cable qui les lie à un dictateur absolu et irresponsable, qu'on appelle Pape, ce Pape fût-il même Français! Chaque Évêque aurait le droit de réformer le culte de sa religion conjointement avec ses curés. Point ne serait besoin d'user de violence, il n'y a pas d'autre force légitime et durable que celle de la raison, conforme à la loi de la na re!

Le règne de la justice est encore plus incompatible avec l'athéisme. La justice n'ayant plus de base spirituelle, innée dans toute âme humaine, ne reposant par conséquent que sur le droit du plus fort, que les Allemands appellent *le droit de la poigne*, conduit rapidement, inévitablement à l'anarchie, c'est-à-dire à la dissolution de tout principe d'ordre et de liberté; liberté qui, loin d'être la mère de l'ordre, n'en est que la fille légitime. L'anarchiste, en effet, ne tient pas un autre langage au juge qui le condamne. En vertu de quel principe me condamnestu? lui dit-il, moi, qui prêche le vol et l'assassinat par la force de mon bras. Étant athée comme moi, c'est-à-dire ne croyant à aucun principe spirituel et divin de justice, tu ne me condamnes que parce que tu es le plus fort. Mais vous avez beau être quatre contre un, quand j'aurai encore quatre compagnons avec moi (et je les aurai), nous serons cinq contre quatre et devenus plus forts que vous, nous vous condamnerons en vertu de ce même droit.

En effet, la force matérielle n'est jamais sûre de sa victoire, parce qu'elle change continuellement. *Seule la force spirituelle est immuable et reste toujours la même.* Sur elle seule, la justice humaine peut s'établir, pour tous les temps et toutes les nations. *Et cette force nous l'appelons Dieu.*

Aucune république n'est donc possible avec l'athéisme et ce n'est pas la franc-maçonnerie athée d'aujourd'hui, qui vaincra le catholicisme. Chaque athée crée cent catholiques. Tout peuple menacé de l'anarchie, demande un dictateur et un despote. On ne remplace une erreur que par une vérité et la nuit la plus étoilée ne vaut pas un rayon du jour; en d'autres termes, pour chasser la nuit d'une foi aveugle, il faut la lumière de la raison, et toute raison est divine. En termes populaires, on ne remplace pas une religion fausse par l'absence de toute religion, mais par une religion vraie, que tout le monde peut admettre comme vraie, selon sa conscience et son raisonnement.

Jamais le catholicisme, pas même sous la monarchie, n'a été si puissant en France que depuis que la peste de l'athéisme, sous le nom de *Positivisme,* a envahi les cerveaux loucheurs de la démocratie régnante. La France actuelle, divisée entre l'athéisme positiviste et le catholicisme idolâtre, ressemble littéralement à un homme, habitant une maison aux bords de la mer, menacée d'être incendiée par un feu dévorant; et qui pour se sauver saute à la mer, même s'il ne sait pas nager, au risque de se noyer!

PÉRORAISON DE MON PRÉAMBULE

L'homme du peuple, n'ayant lu que nos journaux, depuis sa sortie de l'école, qui jour et nuit lui cornent les oreilles de ses droits imprescriptibles, sans jamais lui parler de ses devoirs, en lisant ce préambule, pourrait croire, au premier abord, que mon Code sacrifie ses droits à ses devoirs, mais il serait dans une erreur profonde. *Loin de sacrifier ces droits je les consacre !* En effet, en mettant les droits avant les devoirs, on a mis littéralement la charrue devant les bœufs. On a beau crier les uns *hue !* les autres *dia !* on n'a absolument rien fait, car la déclaration des droits pour les faibles, ne sont que de vains mots, si la justice sociale ne peut forcer les forts de faire leurs devoirs envers eux.

Aucune réforme sociale sérieuse en faveur de la majorité du peuple, n'a été faite ni n'a pu se faire. Quand on perd son temps à discuter continuellement sur la fondation d'une maison et la forme de son toit, on n'a ni le temps, ni le loisir de s'occuper du mobilier nécessaire d'installation, encore moins du mobilier de luxe. Je dirai donc au peuple : Voilà cent ans qu'on déclare et qu'on redéclare tes droits. En es-tu devenu plus heureux ? Y a-t-il moins de pauvres et moins de riches ? Y a-t-il moins de vices ! moins de crimes, moins d'adultères, moins de prostituées, moins de souteneurs ? La population a-t-elle gagné en nombre, en force ? Le travail, le capital du présent, s'est-il réconcilié avec le capital, ce travail du passé pour vivre avec lui en parfait accord ? On a fait quelque chose pour l'instruction de l'enfance, mais a-t-on assuré son existence matérielle jusqu'à l'âge où elle puisse remplir ses devoirs d'homme et de citoyen ! A-t-on surtout assuré un morceau de pain aux vieillards, hommes et femmes de soixante ans, qui ont honnêtement rempli leurs devoirs de travail envers la société, sans lequel morceau de pain assuré, il n'y aura ni paix, ni honnêteté, ni travail, ni sûreté possibles dans un pays ! A-t-on dégrevé le pauvre de tout impôt ? car l'impôt n'a d'autre but que d'assurer l'exercice de la justice, et la justice n'a d'autre but que de frapper le mal et le crime dans la personne du malfaiteur et du criminel, pour protéger l'honnête travailleur dans l'exercice de ses devoirs de bien et de vertu. On n'a absolument rien fait, et *avec la Déclaration des droits de l'homme on ne peut rien faire, car on va droit à l'anarchie ou au despotisme.*

Mon Code de *Devoirs* assurera tous ces Droits, en très peu de temps. On me demande où je prendrai l'argent pour assurer tous ces droits aux faibles? Je le prendrai aux forts, en vertu des devoirs que ma justice leur impose, soit volontairement, soit forcément. Non seulement j'abolirai le partage égal de l'héritage, en donnant aux père et mère le droit de tester et de déshériter un fils prodigue, ivrogne, ou joueur (mais père et mère d'accord), et au besoin de l'envoyer au travail forcé, mais mon *Code* abolira encore tout héritage collatéral, qui appartiendra à l'État, sauf quelques legs limités par les testataires. Au delà d'une certaine somme fixée par la loi, l'État prendra vingt pour cent de la succession (Moïse n'en prenait que dix pour cent), et cette quotité pourra être augmentée selon les circonstances. Au delà d'une certaine fortune, fût-elle honnêtement gagnée (mettons-la considérable), l'impôt serait progressif, mais cet impôt progressif ne pourra être établi que sur le chiffre des affaires, en dégrevant les petits commerçants et boutiquiers aux dépens des grandes maisons d'accaparement. Non seulement j'assurerais l'existence de l'enfance, de l'infirme, du malade et des veuves pauvres non remariées, mais avant tout j'assurerais une rente suffisante pour vivre à tout invalide civil, hommes et femmes, qui n'a pas de dossier judiciaire.

Quant aux collectivistes, je les forcerai (je leur en donnerais même les moyens) d'établir une société communiste avec l'égalité du salaire, les repas en commun et tous les autres brimborions socialistes, qu'ils nous vantent dans leurs conciliabules et réunions. Ce serait une expérience *in anima vili;* expérience indispensable qui ne durerait pas longtemps, car ils se mangeraient les uns les autres avant trois mois. Mais il ne faudrait pas qu'ils eussent recours à la société des civilisés en dehors d'eux. Comme les araignées, il faudrait qu'ils filassent leurs tissus eux-mêmes pour attraper des mouches.

Mon Code n'admet ni hommes célibataires, ni femmes prostituées, par conséquent ni souteneurs, ni cocottes, ni faux ménages. Il frappe avec rigueur tous les crimes d'amour[1]. Il ne fait grâce à aucun assassin avéré, pas même à l'époux pour le flagrant délit. En très peu de temps un crime de cette sorte deviendrait une rareté. La population augmenterait rapidement et comme je forcerais tout homme valide à travailler pour gagner sa vie et faire son devoir, soit en France, soit dans une colonie, il n'y aurait pas de danger d'un trop-plein de population.

N'ayant plus de célibataires, j'assure à la femme le droit à l'amour; droit sacré qu'elle acquiert par ses devoirs accomplis d'épouse et de mère! Ce droit n'est possible autrement qu'en vertu de la loi de justice, privant les célibataires de tout droit civil et politique. La peine de prison est abolie, excepté pour les dépôts préventifs. Le voleur est condamné à payer le double, quelquefois le triple de la valeur dérobée, et s'il est insolvable il faut qu'il travaille, dût-il travailler toute sa vie, jusqu'à l'extinction de la dette! Il y a en France assez de canaux à creuser, assez de chemins de fer à établir, assez de sols stériles à cultiver, pour faire travailler les escrocs et les voleurs! S'ils veulent prendre la fuite, on aurait le droit de les tuer. Leur travail serait payé comme celui d'un honnête ouvrier, l'État en défalquerait les frais d'entretien, le reste appartiendrait à la victime et à l'État. La dette payée, le voleur, qui ne l'est plus, rentrerait dans la société sans déshonneur, ni pour lui ni pour ses enfants. S'il prenait la fuite à l'étranger, il serait mis hors la loi et livré à la *loi du talion* de la famille volée. Il y a bien encore d'autres réformes sociales et radicales dans mon *Code*.

Un grand philosophe de l'antiquité a dit : « Les hommes

---

[1] J'ai déjà dit que ce serait bien difficile avec notre armée de terre et de mer, et mon Code ne pourrait être appliqué qu'en partie jusqu'après une paix européenne assurée, soit après une guerre d'extermination universelle, soit après un tribunal européen *amphyctyonique* pour assurer la paix universelle et pour réduire l'armée en milices. Pourtant, dans ma loi, j'indique quelques moyens radicaux pour une armée de terre composée de jeunes époux et avec la réduction des années de service. Déjà en Allemagne on réduit les trois ans en deux ans. On finira par les réduire en une année.

ont l'ouïe si dure pour tout ce qui est bien, devoir et sacrifice, que pour se faire entendre d'eux il faudrait commencer par leur couper les oreilles. » Eh bien ! mon *Code* en coupera, ou ils se les couperont eux-mêmes les uns aux autres.

Un jour, à Athènes, dans une réunion populaire. où il était question d'un Temple à construire sur les ruines d'un autre à démolir, un jeune architecte, connu pour ses mauvaises mœurs et ses prodigalités, monta à la tribune et exposa dans un discours d'une heure ce qu'il faudrait faire. Après lui un vieil architecte monta à la même tribune et prononça seulement les paroles que voici : « Tout ce que cet homme vient de dire et qu'il ne ferait pas, moi je le ferai ! »

Mon *Code des Devoirs* peut dire la même chose aux adhérents du *Code des Droits* : Ils ne *feront jamais rien* !

CODE

———

JUSTICE UNIVERSELLE

Le peuple le plus heureux serait celui qui, n'ayant pas de lois écrites, aurait des juges sages, expérimentés et incorruptibles, jugeant promptement tous les cas qui se présenteraient. Si parfaite que soit une loi écrite, il faut que le juge soit meilleur que la loi, car la lettre tue, l'esprit seul vivifie, et plus un peuple a de lois, plus il est corrompu, plus ces lois sont contradictoires!

Mais de même qu'il n'y a qu'une seule et unique Loi dans toutes les créatures, loi identique avec celle du Créateur, de même il y a une Justice Universelle pour tous les Univers, pour toutes les nations et pour tous les pays. Il y a plus! Toute Justice qui n'est pas universelle, appliquée seulement à une seule nation, ou à un seul pays, est fausse et éphémère.

Moïse, déjà a essayé de résumer en quelques mots les principes de la Justice Universelle. Citons-en quelques-uns. Il dit : « *Tu n'auras qu'une seule loi, qu'un seul statut pour tous, pour l'indigène comme pour l'étranger. Tu aimeras ton prochain comme toi-même! Tu aimeras l'étranger.* » Puis encore : « *Tu ne jugeras pas ton frère sans avoir entendu les deux parties.* » Puis encore : « *Justice! Justice! cours après la Justice, car Dieu c'est la Justice.* » Puis enfin : « *Tu n'accepteras aucun don de corruption, car la corruption aveugle les Voyants et fausse les paroles des Justes.*

Le célèbre Hillel, longtemps avant Jésus, à un païen qui lui demanda d'expliquer toute la Loi pendant qu'un coq se tiendrait sur une seule jambe, a fait la réponse que voici : « *Ce que tu ne veux pas qu'on te fasse, ne le fais pas à ton prochain !* Voilà toute la loi ! Le reste n'est que commentaire ! » Cette définition se retrouve également dans l'Évangile.

Autre Loi de Justice Universelle : « A celui, ayant voulu faire du mal à son prochain, en le dénonçant ou en portant contre lui un faux témoignage, tu appliqueras la même peine que la justice aurait appliquée au prévenu, s'il avait été reconnu coupable ».

Mais malgré ces principes de Justice Universelle, l'homme n'est pas toujours sûr du bien ou du mal que produira l'action qu'il va faire.

Pour ces cas de doutes, le célèbre philosophe Kant a trouvé une pierre de touche infaillible. Il dit : « Si tu doutes que l'action que tu vas faire ne soit un acte de bien ou de mal, tu n'as qu'à universaliser le même acte et qu'à te poser la question que voici : *Si tout le monde faisait ce que je vais faire, que deviendrait la maison, la famille, la cité, la patrie et l'humanité?* Si l'effet en est bienfaisant, soit dans le présent, soit dans l'avenir pour tout le monde, fais-le hardiment sans sourciller, tu peux être sûr d'accomplir un devoir. Sinon, tu ne dois le faire à aucun prix, au risque de ta fortune et de ta vie! C'est une action criminelle et si tout le monde t'imitait, il n'y aurait bientôt plus, ni maison, ni famille, ni cité, ni patrie, ni humanité. »

A ces maximes de Justice universelle, j'ajoute deux vérités absolues dont je suis l'auteur, que j'ai déjà énoncées dans mon *Préambule*, et qui peuvent servir de guides aux juges philosophes, car, comme l'a dit Platon : Sans philosophie point de Justice! Ces vérités, les voici : On ne saurait jamais assez les répéter. *Nulle force ne produit une autre force égale à elle!* Vérité mathématique absolue. A plus forte raison : *Nulle force inférieure ne saurait produire une force supérieure!* Cette seule vérité suffit pour confondre tous les systèmes panthéistes, athéistes et positivistes.

Voici maintenant la seconde vérité : *Il n'y a pas de*

corps simple! Tous les corps créés, existants sont composés de matière et d'esprit [1]. La différence entre eux n'existe que dans la *quantité* plus ou moins forte de matière ou d'esprit qu'ils contiennent. Il n'y a qu'un seul corps simple, égal dans toutes ses parties, se voyant sous toutes ses faces. *C'est la force créatrice que nous appelons Dieu.* Mais elle non plus *ne saurait créer une autre force égale à elle!* Si donc il y a quelque part dans une planète supérieure des êtres contenant une dose plus spirituelle que l'homme, des êtres avec des ailes que nous appelons *anges,* il se peut qu'ils vivent beaucoup plus longtemps que l'homme, mais ils sont mortels comme lui, car la force créatrice éternelle et immortelle ne saurait créer une autre force immortelle égale à elle, tout au plus la moitié de sa force. C'est une loi absolue, et Dieu c'est, ou la loi absolue qui ne se viole jamais, ou il n'est pas! Il est, ce qu'il fut, ce qu'il sera, ou il n'est pas!

L'homme, par ses vertus divines, peut *spiritualiser* sa matière : et par ses passions il peut *matérialiser* son esprit. Il peut s'agrandir, ou se diminuer. Il est plus que probable qu'il renaît dans l'état où il meurt, mais il ne saurait jamais être entièrement immortel.

Il se peut encore que sa partie immortelle rentre dans la source divine d'où elle est sortie. Ce fut là l'espoir des grands hommes de génie, mais il est certain que par la vertu et la justice, l'homme, et par conséquent un peuple entier, peut agrandir son immortalité spirituelle et fonder son bonheur matériel, car il n'y a pas d'autre bonheur réel que dans la matière spiritualisée. C'est là l'idée fondamentale de tous les grands philosophes et législateurs.

L'Evangile dit : « Soyez parfaits comme votre père céleste. » Moïse avant lui a déjà dit : « Soyez saints comme Yéhovah ». Et un autre philosophe juif, Spinosa, dans un livre inachevé, *l'Éthique,* tend à prouver, que la santé du corps est dans la sainteté de l'esprit.

---

[1] Cette vérité est confirmée par Lavoisier.

II

LOI ÉLECTORALE

Ayant déjà dit qu'il faut, si excellente que soit une loi, que les juges soient au-dessus d'elle par l'esprit, la droiture et l'expérience, le premier devoir du citoyen est par conséquent de mettre à la tête du pouvoir politique et judiciaire, les hommes, les meilleurs à sa connaissance et selon son jugement, (ce que les Anciens appelaient ARISTOCRATIE).

Le vote politique et social est donc plutôt un devoir (et parfois un devoir pénible) qu'un droit!

Le législateur le plus sage ne pourra jamais que tracer les grands linéaments d'une loi, en laissant aux hommes, les meilleurs, le pouvoir d'en appliquer toutes les conséquences pour les différents cas et domaines de la politique, selon les différentes conjonctures et les divers climats d'un pays.

Mon plan n'est donc pas de formuler une nouvelle Constitution politique et sociale.

Il me suffit d'avoir prouvé que la logique de la Loi absolue de Dieu et de la nature, en vertu de laquelle tous les êtres créés sont égaux devant le Créateur, exige le Pouvoir électif, sauf à laisser aux citoyens le choix d'organiser ce pouvoir, selon leurs besoins spirituels et matériels et de le combiner avec leurs idées d'ordre et de stabilité nationale.

Il me suffit encore de tracer la ligne de démarcation entre la loi électorale actuelle de toutes les nations et la mienne.

Voici les traits principaux de ma loi.

Tout Français, né ou nationalisé, âgé de vingt-cinq ans, marié, ayant ou ayant eu des enfants, comptant cinq années de domicile dans une commune, n'ayant aucune condamnation prononcée contre lui, ni pour adultère, ni pour divorce, ni pour aucun crime d'amour (comme par exemple pour avoir été le complice d'une prostituée) choisira deux candidats, l'un de son canton, ou de son département, l'autre pris dans toute la France en dehors de son département.

A l'âge de trente ans, il en élira trois, toujours un dans son département et les deux autres en dehors.

A quarante ans il en élira quatre, deux du département et deux du dehors.

A cinquante ans et au delà, il en élira cinq à sa volonté.

Comme, selon moi, trois cent cinquante députés suffisent pour fonder un Parlement répondant à tous les besoins d'un pays, la Commune dénombrera les voix de chaque élu pour envoyer le résultat au Canton. Le Canton ayant supputé toutes les voix, en enverra le résultat au département et finalement, une commission centrale proclamera les noms des candidats et le nombre des voix de chacun! Les trois cent cinquante noms qui auront obtenu le plus haut chiffre des votes seront proclamés députés! S'il y a deux candidats ayant obtenu le même nombre de voix, le plus âgé sera élu, à moins que ceux qui suivent soient encore élus, alors tous les deux seront admis.

Le citoyen ayant obtenu le plus grand nombre de voix est proclamé Président de la chambre. Ceux qui suivent de près, Vice-Présidents, et ainsi de suite jusqu'aux secrétaires d'un âge limité.

Pour être éligible, il faut avoir au moins trente ans avec les mêmes conditions que l'électeur. Comme, selon mon Code, le célibataire est exclu de tout droit politique et civil, à moins qu'il ne soit convaincu d'impuissance, ou de maladie héréditaire mortelle, l'homme et la femme mariés ne font qu'un seul être et l'épouse ne doit pas pouvoir émettre un vote à part. Mais la veuve, ayant rempli ses devoirs d'épouse et de mère, est électrice à l'âge de vingt-cinq ans aux mêmes conditions que l'homme. Pourtant la femme peut être éligible à l'âge de cinquante ans, élue pour sa sagesse et son esprit et devenue l'égale de l'homme, par l'affranchissement de ses inconvénients de sexe.

Mêmes conditions pour le Sénat que j'appellerai *le Corps des Anciens*; institution qui a existé chez tous les peuples. Deux cent cinquante membres y suffisent largement! Il faudrait l'âge de quarante ans pour y être admis. Ce Corps pourrait être élu dans les mêmes conditions que le Sénat de la République, par les conseillers municipaux, mais toujours avec le pouvoir pour chaque électeur de nommer plusieurs candidats d'après son âge. Les candidats ayant obtenu le plus grand nombre de voix, seront proclamés membres du *Corps*, et celui qui vient en tête sera nommé *Président des Anciens*, ainsi de suite pour les *Vice-Présidents* et les autres fonctionnaires.

J'allouerai vingt-cinq mille francs par an au député et trente mille francs au sénateur. Nul mandataire ne peut s'abstenir de voter, à moins le cas de force majeure ou par congé. Trois abstentions volontaires encourent l'invalidation du mandat par incapacité du mandataire.

Les Conseils municipaux seront élus par les mêmes procédés, mais il faudrait absolument que les maires, les adjoints et la police municipale fussent nommés par le Préfet et le Gouvernement.

Nulle commune ne saurait prospérer un jour, sans la justice indépendante de toute élection du pays entier! Il n'y a pas une rivière qui coulerait librement dans une commune, s'il était permis à la commune au-dessus d'elle de se l'approprier pour elle seule. Nul ordre, nulle liberté possibles dans une commune dont le maire et la police dépendent des électeurs. L'homme est libre de suivre la loi, ou de la violer à ses risques et périls. Mais la loi même, qui laisse la liberté à l'homme, doit être fixe, stable, immuable, au-dessus de toute élection, car c'est la loi de Dieu qui dans toute société s'appelle la Justice !

Il s'entend de soi que les deux Chambres sont maîtresses de leur règlement intérieur, chacune souveraine absolue pour citer à sa barre un membre, pour le déclarer indigne de siéger, et s'il y a lieu, de l'expulser et même de l'exiler.

Nulle loi n'a force de loi, si elle n'est votée par les deux Chambres. S'il y a divergence d'opinion entre les deux Chambres sur une loi, les deux Corps législatifs se réuniront, *illico*, et la loi sera votée ou rejetée ou amendée par la majorité des membres réunis.

Ces deux Chambres sont également souveraines pour le mode d'élection du Président de la République, ainsi que pour ses attributions, ses prérogatives et ses émoluments, mais en aucun cas il n'est admissible qu'un fonctionnaire élu, en haut ou en bas de la société, puisse n'être pas responsable de ses actes; et ne puisse être cité à la barre des deux Chambres réunies avec toutes les conséquences judiciaires [1] !

---

[1] C'est cependant le cas du Président de la République actuelle. M. Grévy ne put être forcé de donner sa démission que parce qu'il ne trouvait plus de Ministère qui voulût gouverner en son nom. Il ne pouvait pas être cité directement comme coupable de félonie. N'est-ce pas étrange que le Président actuel, auquel on refuse tout droit d'immixtion dans les discussions des lois par les Chambres, et que l'on considère, selon le terme voulu, comme un Président *fainéant*, ait pu négocier une alliance avec le Pape et avec l'Empereur de Russie, sans avoir préalablement consulté les Chambres et sans être forcé de leur rendre compte de ces négociations?

III

CULTE IDÉAL UNIVERSEL

Comme les peuples modèlent et ont toujours modelé leur culte sur la conception qu'ils ont de la force créatrice, que nous appelons Dieu, le législateur peut bien décréter des lois, défendant des cultes qui lui paraissent basés sur des erreurs spirituelles et produisant des horreurs matérielles (car toute erreur produit des horreurs), mais il lui est beaucoup plus difficile de créer un culte fondé sur ce qu'il croit être la vérité, car si absolue qu'il croie cette vérité, et si conforme à la raison qu'elle lui paraisse, il y aura toujours des hommes de bonne foi qui en doutent, ou qui la nient! C'est ce qu'on appelle : *Liberté de conscience*, et toute loi qui empiète sur cette liberté est une loi de tyrannie et d'inquisition.

Dans l'histoire de l'humanité à nous connue, il y a quatre phases, bien distinctes l'une de l'autre. La première c'est la phase de l'anthropophagie où le vainqueur rôtissait le vaincu pour le manger. C'est l'extrême abus du droit du plus fort.

Dans la seconde, le vainqueur se contentait de faire du vaincu son esclave. Cet état de choses a duré pendant des siècles.

Dans la troisième, l'esclave s'est transformé en serf, auquel on a accordé quelques bribes de libertés humaines. Dans la quatrième phase enfin, tous les hommes étant créés égaux, ne diffèrent entre eux que par la quantité de force spirituelle; et les forts sont astreints à accomplir leurs devoirs, pour assurer les droits des faibles.

Ces quatre phases répondent à quatre différentes conceptions des forces supérieures ; en d'autres termes, la terre s'est toujours modelée sur l'idée que ses habitants se faisaient du ciel.

La première phase, c'est celle de la guerre des Dieux, ou l'époque titanesque. Différentes forces autonomes et créatrices qui se guerroient et se détruisent les unes les autres. La Bible appelle cela l'époque des *Néphilimes*, détruits par le déluge. La seconde phase est celle de l'*Olympe*, connu sous d'autres noms chez les peuples idolâtres prédécesseurs et contemporains des Grecs. Dans ce ciel, les dieux sont déjà plus humains. Il y a bien un Dieu supérieur qui règne et gouverne selon son bon plaisir, mais il ne dévore plus ses vaincus, il en fait des esclaves. C'est contre ce ciel, que le grand poète *Eschyle* a écrit son *Prométhée*, chef-d'œuvre d'Égalité et de Liberté humaine, qui n'a été dépassé, ni même égalé par aucun écrivain postérieur [1]

Dans la troisième phase il y a toujours au ciel un homme-Dieu supérieur, mais il n'a plus d'esclaves, rien que des êtres privilégiés élus qu'il comble de ses grâces et d'autres qui sont ses réprouvés. Ce Dieu est toujours arbitraire. Il fait des miracles, il pardonne, mais on peut obtenir ses grâces par ses intermédiaires élus, moyennant dons, prières et repentir.

Dans la quatrième phase enfin, Dieu ou la force créatrice *c'est la Loi qui suit toujours sa loi*, qu'il ne viole, ni ne suspend jamais, devant qui tous les êtres créés sont égaux et solidaires, qui a créé les forts pour les faibles, et non les faibles pour les forts.

Mais il ne faut pas croire qu'il y ait eu un progrès dans la loi du Créateur même, ni dans celle de ses créatures. Il y a toujours eu, dès la création du monde, des hommes de génie supérieurs qui ont entrevu et proclamé la justice absolue de Dieu et la liberté de l'homme. Seulement

----

[1] Voir mon *Job et Prométhée* dans ma *Parole Nouvelle*.

ils n'ont trouvé que peu d'adeptes; quelques esprits d'élite seulement qui se sont rangés autour d'eux, fondant des écoles et des sectes. La grande masse des humains, ignorant les lois de la nature et accablés de travaux manuels, se sont accrochés aux idoles créées par eux-mêmes, égarés, d'ailleurs, par leurs prêtres vivant de ces erreurs, et maintenant leur pouvoir par ces mensonges sacrés.

Le progrès de l'humanité consiste dans la connaissance plus réelle de l'homme de la loi de la nature identique avec la Loi de Dieu. Dès la création, il y a eu des esprits supérieurs, qui ont prouvé à leurs frères moins bien doués qu'eux, que le but de l'homme était et serait toujours de *spiritualiser sa matière*, que là était le bonheur de la vie, qu'il n'y 'avait pas d'autre vrai bonheur sur la terre ; que l'homme, loin d'exploiter la faiblesse d'autrui par sa force, doit vouer cette même force aux faibles pour lesquels il a été créé, en d'autres termes, qu'il faut être juste, c'est-à-dire faire son devoir, non seulement pour garantir les droits d'autrui, mais pour assurer ses propres droits, attendu que toute société, où le faible est assujetti, subjugué, ou seulement exploité par le fort, est une société de guerre continuelle, guerre civile et étrangère, suivie de tous ses fléaux, autant de châtiments, et que *quiconque ne fait pas son devoir perd tôt ou tard ses droits!*

Ce but de l'homme de spiritualiser sa matière, le Créateur l'a indiqué ; plus que cela, l'a gravé dans le cœur de l'homme par l'ART! L'Art, en effet, ne peut se manifester que par la victoire de l'esprit sur la matière et c'est pourquoi il est divin, par ce que l'esprit dans l'homme est une parcelle d'essence divine et autonome, que le Créateur, en doses plus ou moins fortes, a déposée dans toutes ses créatures, et comme l'homme possède en lui la plus grande partie de cette essence divine, la Bible le dit « créé à l'image de Dieu! »

Cet Art est représenté, d'abord par le *Verbe*, puis par la Musique, puis encore par la Peinture, la Sculpture et l'Architecture. Le plus divin de ces Arts, c'est le

Verbe, la pensée devenue Parole, car toute pensée vient de Dieu.

La *Genèse* l'exprime admirablement dans les mots : « *Dieu dit que la lumière soit, et la lumière fut !* » Il y a plus de vérité poétique dans cette seule ligne que dans des millions de volumes écrits sur ce sujet depuis ce temps.

L'Evangile de saint Jean, à son tour, dit : « Au commencement fut le Verbe. » Les *Ariens* qui ont vu une idolâtrie dans ces mots, les ont changés en disant : « *Au commencement Dieu fut avec le Verbe.* »

Après le Verbe c'est la Musique, qui n'est qu'un Verbe mélodié, car même sans paroles, l'auditeur substitue une pensée gaie ou triste, à la musique instrumentale. Ainsi de la Peinture et de la Sculpture : arts secondaires mais toujours arts, car jamais peinture ou sculpture ne saurait représenter un dieu ou une déesse, un saint, ou une sainte, si le spectateur ne lui substitue cette pensée. Inutile de m'appesantir sur l'Architecture, qui chez tous les peuples reflète la conception du dieu qu'ils adorent.

Ces Arts isolés ou réunis représentent et ont toujours représenté le *Culte,* c'est-à-dire les lois, les procédés et les règlements que les hommes ont institués pour témoigner leur reconnaissance à la force supérieure qui les a créés, pour exprimer leur admiration et pour constater en même temps la glorification du Créateur par les chefs-d'œuvre de la créature.

Ce culte, qu'on appelle Religion, lie étroitement les âmes, on dirait un fil électrique qui passe par tous les cœurs réunis, et sert en même temps à enseigner aux jeunes générations les lois qui dominent l'homme, en vertu desquelles tout mortel, dès sa jeunesse, doit tendre à vaincre les parties matérielles du corps et ses désirs qu'on appelle passions, afin de les spiritualiser par des règles fixes, pour arriver à une vieillesse heureuse, attendu qu'il n'y a pas d'autre voie de bonheur dans la vie que celle du devoir et de la subordination de la matière à l'esprit, selon la parole de l'*Écriture* disant : « *Le commencement de toute sagesse est la crainte de Dieu !* »

Quand on pense qu'il suffit de cinq minutes d'aberration, d'abandon aux passions ou d'oubli d'un devoir, pour compromettre la santé du corps et de l'esprit, on est saisi de frayeur, de voir des hommes prétendre qu'on peut élever la jeunesse sans Culte, sans Religion et sans Dieu ; car hélas ! nul bonheur possible sans santé : c'est le premier des biens humains, et toute religion au fond n'est instituée que pour enseigner des préceptes d'hygiène spirituelle et matérielle, en d'autres termes, la jugulation de la matière par l'esprit, afin de la conserver !

Si, par la Justice humaine, on pouvait forcer tous les hommes à faire leurs devoirs, la société pourrait strictement exister. Mais cela n'est pas possible. La justice est coûteuse. Il faudrait, comme je l'ai déjà dit, pour tout citoyen un gendarme et un mouchard pour chacun de ces policiers. L'impôt dévorerait le travail et tout citoyen ne serait qu'un mercenaire surveillant son prochain.

Il faut donc, pour suppléer à la justice, apprendre aux citoyens, dès leur jeunesse, que leur bonheur et leur prospérité dépendent de l'accomplissement volontaire de leurs devoirs. En d'autres termes, il faut leur enseigner la Vertu.

Cette Vertu ne peut être enseignée qu'au nom de la Vérité.

Qu'est-ce que la Vérité ? La nature des lois qui gouvernent le monde. Ces lois sont absolues. Elles dérivent toutes d'une seule et même loi, car une loi qui ne se retrouve pas partout n'en est pas une. Elle doit se retrouver dans toutes les créatures de la terre, aussi bien que dans les faits de l'histoire humaine, dans la vie de l'individu et dans celle des nations ! Elle doit être conforme à la raison qui la pénètre et la conçoit.

Elle doit être partout dans le passé, dans le présent et dans l'avenir. Une loi qui change n'en est pas une. Une loi qui se suspend, qui fait des miracles, n'est pas une loi. Une loi qui n'est pas immuable, n'est qu'un décret fugace et local.

Certaines lois fondamentales, dans les choses créées, sont universellement reconnues. Je les ai déjà citées, mais on ne saurait trop les répéter.

Il n'y a pas de corps simple dans la nature, qui soit identique dans toutes ses parties.

Nulle force créée ne produit une autre force égale à elle.

Les êtres créés, tous composés d'esprit et de matière, inégaux, divers dans leurs parties et changeant selon la dose plus ou moins forte de cet esprit et de cette matière, ont été forcément créés par une force créatrice supérieure, autonome, égale à elle dans toutes ses parties : force immuable et toujours la même.

Cette force, nous l'appelons Dieu, ou Créateur, ou Être suprême. Moïse l'appelle : l'*Être Étant* (Yéhovah), parce que lui seul est ce qu'il fut, et ce qu'il sera. L'être créé, changeant toujours, n'étant jamais ni ce qu'il fut, ni ce qu'il sera.

Mais peu importe le nom ! Il suffit que par sa loi qu'il a insufflée aux créatures, les causes produisent toujours leurs effets, sans qu'aucune puissance ne détache les effets de ces causes, ni ne les annule par le bon plaisir, par le pardon ou un miracle. Seulement ce que sont l'*Étendue* et l'*Espace* au levier, *le Temps* l'est aux causes. *Les effets ne se font sentir qu'au bout d'un certain temps.*

C'est en vertu de cette vérité absolue que les hommes appliquent la justice.

Il suffit que cette vérité trouve sa preuve et sa contre-épreuve dans tous les faits de l'histoire, savoir : Que le devoir accompli produit le droit, par conséquent la paix, l'ordre, la liberté et la prospérité.

Et que le manquement au devoir engendre inexorablement l'expiation, c'est-à-dire le désordre, l'esclavage, la ruine, la misère, souvent une mort précoce.

L'histoire humaine n'a pas d'autre but. *Elle est uniquement le tribunal de la vérité de Dieu.*

Les arts, les lettres, la poésie, la raison et l'imagination humaines n'ont pas d'autre but : Montrer le *Vrai*, sous la splendeur du *Beau*.

La société donc, dans une vue de conservation et afin d'éviter l'abus de la force, enseigne au jeune citoyen l'*Art* de faire son devoir *volontairement* par la *Vertu*, sous le nom de *Religion* ou lien social. Par ce devoir accompli, les hommes, en effet, se lient par un doux lien d'amitié et de solidarité. Le fort, faisant volontairement son devoir, devient le bienfaiteur et l'ami du faible, dont il garantit les droits.

L'Etat donc ne peut enseigner le devoir à tous ses enfants, qu'au nom de la loi immuable qu'on appelle Dieu, que la raison, que l'histoire, que le génie de tout temps, et la nature entière ont reconnu, proclamé, acclamé, glorifié et exalté.

Cette proclamation, cette acclamation, cette exaltation qui réjouit l'esprit et le corps (car tout accomplissement de devoir est un plaisir), s'appelle : *Le Culte*.

Le Culte, c'est donc l'Art appliqué à la vérité absolue!

Poésie, Musique, Peinture, Sculpture, Architecture, tout ce qui est *Beau*, tout ce qui rentre dans le domaine de l'Art, doit accourir pour glorifier le *Vrai!*

Le Culte est un lien spirituel par les arts qui unissent les hommes, qui les font vibrer à l'unisson et qui, tous les huit jours, leur font répéter mentalement la promesse formelle de faire leurs devoirs de père, de mère, d'époux, d'épouse, de sœur et de frère, de citoyen et de citoyenne.

Ce Culte, bien observé, égalise les citoyens, non seulement sous le rapport spirituel, mais encore sous le rapport matériel. S'il n'est pas permis aux riches d'avoir plusieurs femmes, de commettre des adultères, d'avoir des esclaves, ni de jouir d'aucun privilège de noblesse; si en outre, le pauvre ou le travailleur est l'égal du riche pour le service du culte, pour le même jour de repos, jouissant des mêmes lois que lui, la différence entre les deux n'est que dans l'abus de quelques plaisirs maté-

riels, qui raccourcissent la vie plutôt que de la prolonger.
Qu'on mange des pommes de terre ou des truffes, quand
elles sont mangées, l'effet en est le même, sauf que le
pauvre digère un peu mieux que le riche.

Bien entendu, dans une société idéale, où il n'y a pas
d'autre pauvre que le vicieux, et où les riches sont
forcés au nom de la justice, à défaut de devoir volontaire par vertu, à vouer une partie de leur superflu aux
véritables faibles de la société, que nous avons définis
dans notre *Préambule.*

La République doit donc avoir un Culte officiel, et ce
Culte doit représenter par l'Art la loi immuable, le Dieu
Un, qui ne change jamais, qui fût toujours ce qu'il
sera, qui ne suspend jamais sa loi, ni par le pardon,
ni par le miracle ; le Dieu, conforme en tout aux lois
de la nature qui le reflètent, Créateur de tous les êtres,
tous égaux par l'extraction et la fin, ne différant pas entre
eux par la *qualité* de l'être (étant tous égaux en qualité), mais seulement par la *quantité* d'essence spirituelle dont chacun est doué. C'est cette quantité plus
ou moins forte qui donne à l'être sa forme, aussi bien
au grain de sable qu'à l'astre; aussi bien aux minéraux,
végétaux et animaux qu'aux hommes. C'est cette quantité qui fait les forts et les faibles et qui, parce qu'elle
n'est que la quantité et non la qualité, veut que le fort
vive pour le faible et non le faible pour le fort. *Si le
fort était d'une autre qualité, le faible serait son esclave
né.* Cette vérité absolue laisse à l'homme la liberté de
son destin, par l'option entre le bien et le mal. *Car si
un pouvoir quelconque pouvait détacher un effet de sa
cause, soit par le pardon, soit par le miracle, le discerne-
ment de l'homme entre le bien et le mal serait dérisoire
et superflu. L'homme n'aurait besoin ni de vertu, ni de
justice, ni d'aucune option entre le bien et le mal. Il
pourrait à l'aveugle faire le mal ou le bien, abandonnant les effets au pouvoir suprême chargé, soit de les
faire jaillir des actes, soit de les en détacher, ou de
transformer le mal en bien, et le bien en mal.*

Pour que l'homme soit libre, il faut absolument que

la Loi divine soit immuable. Dans la société politique même, il n'y a pas d'autre loi de liberté que l'indépendance des hommes par la dépendance absolue de la loi. La loi de Dieu étant fixe, aussi bien dans la morale que dans toutes les autres lois naturelles de la chaleur, du froid, de la gravitation et de l'attraction, c'est en se soumettant à cette loi, en dirigeant ses actions d'après elle, qui jamais ne détache un effet de sa cause, que l'homme s'affranchit de tout, même de la crainte de Dieu. Il n'est pas de pouvoir divin qui puisse rendre malheureux un homme vertueux et juste. Seulement on n'est pas vertueux en ne faisant pas le mal, il faut encore risquer sa vie et sa fortune pour empêcher qu'aucune injustice ne soit faite à aucun être faible.

A ce titre, y a-t-il beaucoup d'hommes justes?

C'est donc de ce Culte seul, de cette loi de Dieu seule, que jaillissent la liberté, l'égalité, la fraternité et la solidarité.

Le culte des idolâtres admet des forces supérieures auxquelles les forces inférieures sont subordonnées. Les faibles y sont créés pour les forts. Les forts n'y sont ni plus vertueux, ni plus justes que leurs subordonnés. Ils sont seulement plus forts. C'est le culte du droit du plus fort. Aussi les peuples anciens, sous la République aussi bien que sous la Monarchie, étaient-ils voués à l'esclavage et au malheur. Le culte des Rabbins et des Chrétiens admet que Dieu pardonne, qu'il suspende sa loi par des miracles, qu'il change les effets du mal en bien et *vice versâ*, qu'il aime les uns et qu'il haïsse les autres, selon qu'on l'adore ou qu'on le rejette. Ce culte détruit toute égalité, toute liberté, toute vertu et toute justice. A quoi bon être vertueux, si l'on peut être pardonné; si Dieu, selon son bon plaisir, peut changer les effets des crimes en fruits de vertu? A quoi bon vivre sous la loi de la justice, si, par un miracle, le châtiment naturel peut être subitement arrêté, détourné? Pourquoi les forts travailleront-ils pour les faibles, si le manquement au devoir n'engendre pas irrévocablement la perte des droits? Du moment que l'idée de Dieu même, un dieu-homme, est la violation de la loi de la nature, il n'y a plus que l'arbitraire, aussi bien sur la terre que dans le ciel.

Une loi qui n'est pas la même partout, pour toutes les planètes, est un mensonge, l'invention d'un imposteur ou d'un tyran! Aussi la loi rabbinique et chrétienne est-elle forcément le culte du despotisme et de l'anarchie, qui en est l'effet. *Depuis qu'elle existe, le monde n'a connu que crimes et iniquités, que guerres et misères!*

Le monde n'a commencé à respirer que vers la Renaissance, revenant à la vérité, quoique ne l'entrevoyant que de loin et à travers le mirage de la tradition superstitieuse.

Il faut donc un Culte spirituel et moral à la République! La République ne saurait avoir d'autre culte officiel que celui qui est d'accord avec la raison, l'histoire et les lois de la nature.

Les élus de la République prendront donc des mesures pour établir et célébrer ce Culte avec toute la pompe des arts. Ils conserveront les fêtes religieuses qui étaient les fêtes de saison, destinées à enseigner aux citoyens l'accomplissement de leurs devoirs par la vertu, d'où naissent toutes les joies, toutes les félicités de la vie [1].

Les vérités fondamentales de ce Culte, outre les prêtres élus pour les temples, devront être enseignées dans toutes les écoles publiques. Elles sont les Chartes célestes de la République. Inutile d'ajouter que prêtres et maîtres d'école peuvent monter par l'élection jusqu'à la magistrature et la présidence. Le maître d'école enseignant la *Vertu* et le juge pratiquant la *Justice*, sont les piliers spirituels de la société!

---

[1] Dans ma loi sur les théâtres, j'indique les moyens pour établir un Conservatoire universel et national pour tous les arts : Poésie, Musique, Chant, Drame, Peinture, Sculpture et Architecture; pour y recueillir et élever les enfants des deux sexes, ayant des dispositions extraordinaires pour n'importe quel art, et afin de leur assurer une existence libre et patriotique, pouvant monter jusqu'aux plus hautes fonctions publiques, et les réserver exclusivement aux différents services de la patrie!

IV

Le culte modèle et idéal, ne pouvant s'établir qu'avec le concours de l'élite de la nation, philosophes, poètes, artistes, musiciens, architectes, et comme tout culte, ayant besoin d'une grande pompe, même des processions publiques, les autres cultes pourront parfaitement être tolérés à côté du culte officiel sans aucune entrave, car il suffit que la vérité conforme à la raison se montre au grand jour, pour que l'erreur vienne d'elle-même s'y confondre comme l'ombre à la lumière ! En second lieu, n'importe quelle religion enseignant à la jeunesse ses devoirs moraux et physiques, vaut mieux que l'absence de toute religion ; mais aux conditions suivantes :

1° Que les prêtres de tous les cultes soient librement élus par les fidèles de chaque commune, et que l'évêque soit élu par les curés réunis de chaque département ; par cette élection, l'évêque devient le maître absolu du culte de son diocèse.

2° Qu'il leur soit défendu, sous les peines les plus sévères, d'entretenir des relations avec un évêque étranger, quel qu'en soit le nom, ni d'obéir à ses commandements. La justice veut que tout citoyen ne reconnaisse d'autre loi que celle des législateurs de la patrie. Il est permis à un homme de se tromper, même de prêcher l'erreur, mais c'est de la haute trahison de reconnaître une autre autorité que celle de son pays et de se déclarer l'instrument aveugle d'un chef, fût ce sous le masque de la religion.

La justice ne se venge pas ; mais en vertu de sa nature, tout manquement au devoir doit, entraîner la perte des droits. Or, comme la soumission à un pouvoir absolu étranger peut produire et produit immanquablement du trouble, de l'anarchie et la guerre civile, le criminel, après avoir reçu des avertissements, doit subir sinon la peine de mort, au moins les travaux forcés à perpétuité. L'épargner, lui pardonner, c'est comme si le laboureur voulait épargner la mauvaise herbe. En très peu de temps, malgré les labours et les ensemencements, la mauvaise herbe dévorerait jusqu'au dernier épi.

Le bon se corrompt par le contact du mauvais. Le mauvais ne devient jamais meilleur par le contact du bon. C'est une loi de la nature. C'est pourquoi la vertu et la justice du passé ne suffisent plus pour le présent. Il faut toujours la même somme de vertu et la même somme de justice. La société aura toujours sa mauvaise herbe, sous différentes dénominations. Qu'elle ne l'arrache pas par la justice, en très peu de temps, elle en sera envahie et dévorée.

V

LE DROIT DE TESTER DES PARENTS, APRÈS AVOIR ACCOMPLI LEURS DEVOIRS DE PÈRE ET DE MÈRE.

Dans la société *des Droits de l'homme*, les enfants jouissent de tous les droits, avant d'accomplir un seul de leurs devoirs : Les parents, à leur tour, font tous leurs devoirs sans être certains de récolter un seul droit. Rarement la société est forcée d'intervenir pour engager les parents à faire leurs devoirs envers les enfants. C'est une vertu que la nature elle-même a implantée dans les cœurs des pères et mères. Elle ne vient à défaillir que quand l'un des conjoints manque à l'autre.

Faute de père ou de son amour pour la mère, cette dernière, folle de douleur, est capable de se venger sur l'enfant. Ce sentiment se retrouve même chez les bêtes, qui sont peu inférieures aux hommes. Nul législateur n'a eu besoin d'ordonner aux pères et aux mères d'aimer et de nourrir leurs enfants, mais il n'en est pas un seul qui n'ait ordonné aux enfants d'honorer père et mère.

Moïse, le plus expérimenté des législateurs, dont toutes les lois sont basées sur l'observation de la loi naturelle, a ajouté : « afin que tu vives longtemps et que tu sois heureux sur la terre. » Dans ma longue carrière, je n'ai jamais vu un enfant ayant travaillé pour père et mère, les ayant aimés et honorés, ne pas réussir dans la vie. Ceux qui au commencement de la vie conjugale n'étaient pas très heureux, ont trouvé d'ineffables félicités dans le bonheur de leurs enfants qui les ont adorés. Nul fils, nulle fille désobéissant à père et mère, ne sont heureux, ni dans le mariage, ni dans les enfants.

Il serait curieux de faire une enquête historique à ce sujet. Moi, je l'ai faite pour toute ma famille, pour toutes mes connaissances.

La loi française, dont la base est une erreur spirituelle, ne produisant que des horreurs matérielles, garantit les enfants contre les parents, au lieu de garantir les parents contre les enfants. Qu'un fils soit le dernier des gueux, que la fille soit la dernière des coquines, fils et filles ne peuvent être déshérités, et si précoce que soit en eux le vice, les parents n'ont aucun recours contre eux, contre leurs droits, sans devoirs inscrits dans le Code. A quoi bon, d'ailleurs, être laborieux, vertueux, puisque dès l'âge de dix-huit ans, le fils d'un père riche sait combien de fortune lui reviendra ? Le papa, il est vrai, le plus souvent n'est pas venu riche au monde. Il a gagné sa fortune en travaillant ; mais, comme m'a dit un de ces crevés : « Est-ce que je lui ai demandé d'être mon père ? Il m'a créé, c'est à lui de pourvoir à tous mes besoins. » En effet, l'homme n'est pas consulté pour venir au monde, pas plus que pour le quitter. Pourtant, si la vie, avec ses devoirs, ne lui plaît pas, libre à lui de s'en délivrer.

C'est cette liberté qui distingue l'homme des autres créatures. C'est précisément parce que l'homme vient au monde sans être consulté, que la société, sans le consulter davantage, le force à faire son devoir. S'il le fait volontairement, il peut vivre heureux et donner le bonheur à d'autres. Sinon, il doit être forcément voué au malheur, à moins qu'il ne préfère la mort. Le jeune homme, la jeune fille, nourris, élevés, instruits, n'ont absolument aucun droit à réclamer. Ils n'ont que des devoirs à accomplir pour payer leurs dettes à leurs parents d'abord, à la patrie ensuite !

Et, pour qu'en cas de révolte ils puissent être astreints à ces devoirs, il faut que les parents aient le pouvoir de faire une distinction entre le bon et le mauvais fils, entre l'honnête et la malhonnête fille, et qu'ils puissent leur dire : « Toi, misérable, je te voue à la misère, à l'éternelle honte. »

Il faut donc que père et mère, *mais les deux réunis*, à défaut de pouvoir livrer les mauvais enfants à la justice, puissent les déshériter. Quand une mère consent à déshériter un fils, ou un père à abandonner sa fille, il faut que ces enfants soient de monstrueux gredins.

C'est dans les enfants que l'on reconnaît la main du Créateur et la liberté de l'individu. Ils sont douze, ils ont le même père, la même mère. Ils ont tous le même air de famille. Eh bien! pas un ne ressemble moralement, spirituellement à l'autre. A côté de l'épi doré et plein, pousse et fleurit le coquelicot le plus vide, le plus insipide.

La justice de Dieu commence déjà dans le germe de l'enfant.

Pourtant ce *déshéritement* ne doit pouvoir se faire que publiquement devant un jury, composé des trois plus âgés citoyens de la commune, connaissant tous les tenants et les aboutissants de la famille. Un jury étranger pourrait se tromper.

S'il n'y a plus que le père ou la mère, le même jury décidera.

Un fils tout à fait dénaturé, une fille dévergondée doivent pouvoir être condamnés à la déportation et, en cas de tentative de voies de fait envers leurs parents, à la peine de mort.

VI·

LOI IDÉALE SUR LA PRESSE[1].

Quoi qu'énonce l'homme, que ce soit une plate niaiserie, ou une sublime vérité, il n'a pu l'articuler sans l'avoir d'abord comparée, sinon à une œuvre ou à un homme, du moins au critérium inné, c'est-à-dire à une mesure intellectuelle que l'énonciateur possède en lui et qu'à son insu il applique continuellement aux hommes et aux choses, pour voir en quoi ils diffèrent de son modèle (idéal) et en quoi ils lui ressemblent. C'est sur cette différence ou sur cette ressemblance qu'il loue ou qu'il blâme, qu'il approuve ou qu'il désapprouve. Tout homme donc qui dit son avis sur n'importe quoi, compare d'abord et juge après.

L'écrivain politique cite à sa barre des hommes d'Etat, applique leurs actions à son critérium et les juge. Le critique littéraire fait comparaître devant son tribuna auteurs, acteurs, chanteurs, leur applique son mètre spirituel en long et en large, et prononce sur la différence qu'il trouve entre eux et son idéal, lui servant de critère.

Tout honnête homme a le droit d'avoir et de dire son avis sur toute chose. Dire et publier son avis, c'est, comme nous l'avons vu, s'ériger en juge, mais à condi-

---

[1] Cette loi, et les considérations qui la précèdent, sauf quelques notes ajoutées, ont été écrites et publiées en 1872.

Il est bien entendu que la critique que je fais au sujet de la presse s'applique également, sauf quelques rares exceptions, à la presse européenne de tous les pays.

tion que son jugement ne soit jamais inspiré par l'intérêt personnel, et que jamais le juge ne puisse manger l'huître et jeter les écailles à la face du public ébahi et dupé !

Le philosophe qui condamne des erreurs religieuses par principe et conviction, est un juge sacré, même s'il se trompe. Dès qu'il est prouvé qu'il ne désire renverser les idoles que pour se faire adorer lui-même, ou bien pour devenir le grand-prêtre payé du nouveau culte, son jugement entaché du vice d'égoïsme, non seulement n'aura pas la moindre influence, mais encore, étant un acte d'outrecuidance intéressée, il mérite sinon le châtiment du moins le mépris.

Qu'est-ce qu'un homme dépensant 20,000 francs pour acheter de la science, s'il n'a d'autre but que de la vendre 200,000 ? Un fabricant de science ! ainsi le marchand en gros achète 6 francs ce qu'il vend en détail 12 francs ! Il se peut que ce marchand soit un homme respectable, mais je ne lui permets nullement de débiner ma vieille marchandise et de la dénoncer comme démodée ou pleine de tares. De même l'écrivain qui publie un livre, un journal, une pièce dans un but de succès d'argent, ne saurait jamais exercer une influence morale, ni sur son siècle, ni sur l'avenir. La sagesse s'impose, mais ne se vend pas ! Un écrivain qui n'est pas décidé à vivre pauvrement, ou à gagner sa vie par tout autre travail que sa pensée, n'a rien de sérieux à dire. Encore ce qu'il dit, si brillante qu'en soit la forme, est-il empoisonné par la racine. Les fruits en seront amers.

Pourquoi, dira-t-on, l'écrivain ne s'enrichira-t-il pas par son travail comme le fabricant, le négociant, le spéculateur ? Pourquoi ? Parce qu'il est un *missionnaire* et non un *commissionnaire* ; parce qu'il doit donner des leçons sans jamais en recevoir; parce qu'à moins d'être un juge suprême des idées fausses et des erreurs pratiques, il n'est rien. Libre à lui de rester sur le niveau du marchand, de s'enrichir par ses productions, qui peuvent obtenir un immense succès d'argent; mais alors qu'il se borne à rester fabricant de vers ou de prose, et qu'il se garde bien de juger ou de critiquer quoi que ce soit. Qu'il reste *porte-queue* décoré et galonné de la société, mais qu'il renonce à tout jamais à l'honneur d'en être le *porte-flambeau !* Qu'il renonce surtout à une gloire immortelle qui est la consécration d'un sacrifice au nom de la vérité. La vraie gloire n'est jamais là où est le profit. Les roses ne viennent que sur les épines, jamais sur des choux. Bientôt après avoir pris l'habit de laquais, on en prend l'âme et l'esprit. Apollon peut garder les moutons et devenir ministre, mais il n'eût jamais été, il ne sera jamais caissier de la société des gens de lettres !

La plupart de nos grands journaux, au lieu de vivre du talent et de l'indépendance de leurs rédacteurs, sustentent leur existence ou s'enrichissent par les réclames et les annonces.

On peut même dire, sans risque de se tromper, que sans les annonces, la plupart affermées, et surtout sans le sous-sol de la Bourse, il n'y aurait pas dix journaux à Paris. Or, *Annonces et Réclames ne devraient jamais être la propriété ni d'un homme, ni d'une société ! Elles appartiennent de droit à la voie publique, à la Municipalité, à la Commune !* C'est un odieux privilège, car le journal n'est pas autre chose qu'un mur d'affiches, que le premier venu élève au milieu de la rue. Plus que cela : un mur d'affiches mobile qu'on envoie à domicile. Dans les villes *Hanséatiques*, le produit des affiches de tous les journaux était versé dans la caisse municipale, qui dédommageait les feuilles selon le nombre de leurs abonnés. Originairement, ces sortes de feuilles, ont été en effet, un privilège que le roi donnait arbitrairement à un favori ; Frédéric a donné un tel privilège à son professeur de flûte. Un autre l'a accordé à son coiffeur. Mais les rois donnent ce qui ne leur appartient pas.

Autre chose est un vrai journal. C'est une association de talent et d'argent pour propager certains principes ; *c'est une tribune ou une chaire. Plus que cela : un tribunal !* Si c'est autre chose, c'est une infamie ou une niaiserie. Il est naturel qu'un démocrate ait un tribunal démocratique, et un monarchiste un tribunal monar-

chique. Chacun d'eux juge avec son critérium inné ou
emprunté, c'est-à-dire avec sa mesure intellectuelle à lui.
Quand deux, trois hommes s'unissent pour faire connaître et vulgariser leurs principes, ces principes seuls
servent de critère à juger. Tout alors passe sous ce lami-
noir. Rien de plus juste ! Mais la liberté de l'un s'arrête
toujours là où elle lèse la liberté de l'autre. Que chacun
use de son droit de publier sa pensée, de critiquer ce
qu'il croit injuste : Il suffit qu'un principe soit sincère,
qu'une pensée soit désintéressée, énonçât-elle une erreur, pour qu'elle ait le droit de se faire écouter, en
respectant, bien entendu, le droit d'autrui et ne faisant
au prochain ce qu'elle ne voudrait pas qu'on lui fît.
Mais, dès qu'un journal se fonde, paraît et voit le jour
uniquement pour gagner de l'argent, pour donner des
dividendes à ses actionnaires, il prononce lui-même sa
condamnation. Son jugement, quel qu'il soit, entaché de
corruption, doit porter malheur à l'Etat, à la ville, au
parti qu'il sert, au peuple qui le tolère. C'est bien pis,
si ce même journal se fait bazar et vend lui-même directement ou par commission des marchandises littéraires,
artistiques et sociales. Appelé à juger les productions
des autres, il ne peut, sous aucun prétexte, spéculer sur
le débit de ces mêmes productions ! Dès lors il n'a plus
le droit de critiquer une œuvre, ni de prononcer entre
la vérité et l'erreur, entre le beau et le laid, entre le vrai
et le faux. N'a-t-il pas l'air de dire : La marchandise
seule que je vous offre est bonne, celle de mon voisin
ne vaut rien. Admettons qu'au commencement ce journal
insère des chefs-d'œuvre de romans, de nouvelles et
de poèmes; les chefs-d'œuvre s'épuisent. Un jour donné,
il faut passer à des œuvres médiocres ; des œuvres médiocres, on tombe forcément dans le mauvais, du mauvais dans l'absurde, de l'absurde dans l'odieux, de l'o-
dieux dans le crapuleux ! Voilà donc un établissement
qui, par sa nature, et pour pouvoir continuer son métier de marchand de lettres, est forcé de faire l'éloge
de sa drogue et de débiner celle de son voisin. Ou
bien, ce qui est pis encore, il loue toute œuvre littéraire,

fût-ce une charogne, à tant la ligne, selon le nombre de
ses lecteurs, et il ne parle plus d'aucune autre œuvre
d'esprit. Ce n'est plus dès lors un juge, mais une raison de commerce. Et ce journal finit par perdre tout
jugement. S'il ne le perd pas, l'homme d'argent, le pivot
de l'affaire, lui fera bien sentir son erreur. En tous, cas
le journal apprendra à se taire sur toute œuvre, excepté
sur les choses rapportantes. Lui, le soi-disant gardien
du beau et du vrai, courbe la tête sous les fourches cau-
dines du dividende. Le douanier littéraire devient con-
trebandier; pis encore, camelotier. Le médecin se fait
marchand de poisons, le gendarme s'associe au voleur,
au recéleur! C'est le vice qui gouverne aux cris de :
Vive la vertu! C'est *Tartuffe* sur le Trône.

La France doit sa décadence, ses défaites et ses chutes
exclusivement à la corruption de ses poètes, de ses
écrivains, de ses orateurs, de ses artistes, de ses comé-
diens et de ses journalistes. Depuis cinquante ans, depuis l'avènement du matérialisme dans l'art, la France
littéraire, politique et artistique est infectée, affligée
d'une maladie horrible, incurable, qui s'appelle *la Folie
crapuleuse.*

Le Français du xix° siècle ne fait plus un roman, ni
une pièce de théâtre, ni un poème, ni une chanson, ni la
moindre histoire d'amour, ni même un journal, sans
qu'il y soit question d'adultère, de filles publiques, de
souteneurs, d'entreteneurs, de concubinage, de viol,
d'avortement, d'inceste, ou d'un vice contre nature. On
dirait une armée d'insectes, ne pouvant vivre que dans
des plaies cancéreuses. Si par hasard, l'art français crée
une honnête femme, c'est une buse. Quant à l'honnête
homme, c'est toujours un sot ou une dupe.[1]

---

[1] Quand j'ai écrit ces lignes Zola n'existait pas encore. Les romans de Zola, c'est le *nec plus ultra* de la crapule sociale. Ils
sont basés sur un infernal mensonge : *l'hérédité du vice.* Or, ni la
vertu, ni le vice ne sont héréditaires.

Si la vertu était héréditaire, a déjà dit le Talmud, le monde
entier serait gouverné par une seule famille, et si le vice était héréditaire, aucune monarchie n'aurait pu exister quarante ans.
L'histoire nous prouve que les monarques les plus vicieux ont

Au début de cette éruption libidineuse et romantique, quelques journaux honnêtes ont senti le danger et ont protesté de toutes leurs forces. Le *National* démocratique et le *Constitutionnel* royaliste faisaient cause commune contre cette crapulerie. En vain! Des journaux politiques, littéraires, exclusivement fondés pour gagner

eu des fils vertueux et modèles pour successeurs et qu'un grand nombre de rois et d'empereurs vertueux ont eu d'horribles fils, fameux par leurs vices sanguinaires et crapuleux! La vertu et le vice, en effet, sont le résultat du libre arbitre de l'homme et de sa liberté d'opter entre le bien et le mal ; liberté qui est un mouvement de la volonté spirituelle, que nous appelons *esprit* ou *âme* et qui vient directement du Créateur. Cet esprit diffère dans chaque enfant, parce qu'il ne vient pas des parents. Les maladies seules du corps, ou l'imperfection des organes physiques sont héréditaires, *mais elles s'arrêtent à la quatrième génération*, autrement toute l'humanité serait malade! Encore tous les enfants ne sont-ils pas frappés de cette hérédité. *D'ordinaire, la mère la communique à son fils et le père à sa fille.* C'est une vérité proclamée par Moïse et constatée déjà par les prêtres égyptiens, car la mère contient en elle le germe de son fils, et le père celui de sa fille.

Et dire que pas un journal n'a protesté et n'a renversé d'un coup de pied cet échafaudage de mensonges, cette pensée infernale sur laquelle Zola, qui se dit disciple de Taine, a bâti ses infectes histoires d'amours bestiales, et que tous proclament son génie et glorifient son talent (non toutefois sans intérêt), en propageant ces pestes intellectuelles, mille fois plus dangereuses que le choléra, par centaines de mille d'exemplaires dans toute l'Europe.

Nos jeunes journalistes et même quelques vieux, ne connaissant d'autre Bible que le *Portier des Chartreux*, chaque fois que la justice a quelques velléités de sévérité contre les exhibitions scandaleuses de nos beautés *vespasiennes*, s'empressent à qui mieux mieux de citer l'exemple de Phryné, qui, pour atténuer la sentence de ses juges, s'est montrée nue devant eux. Ces malheureux oublient que quelques années après cette exhibition, la République grecque a complètement disparu, battue à plate couture d'abord par Sparte, puis par Philippe de Macédoine, grâce à ses Phryné, ses Laïs, ses Aspasie, et ses Alcibiade, malgré le grand nombre d'artistes peintres et sculpteurs de premier ordre (absolument comme en France, si fière de ses grands peintres dont la gloire surfaitement monnayée est, au contraire, un signe de flagrante décadence spirituelle). La Grèce n'a plus pu recouvrer une existence nationale que plusieurs centaines de siècles plus tard, par l'aide de l'Angleterre et de la France, existence bien précaire. Sans compter que si l'Angleterre et la France avaient déjà eu, il y a bientôt un siècle, une littérature de vices et de crimes de Sand, de Flaubert, de Zola, de Maupassant et les journaux pornographiques à bon marché, elles n'auraient pas risqué un sou, ni un homme, pour rendre à la Grèce son indépendance nationale, de l'argent, en baissant le prix d'abonnement, par des hommes *dont la naissance même était un crime et une honte*, enrôlèrent, à qui mieux mieux, ces jeunes et puissants champions du vice, de la convoitise, de l'envie, de la débauche, de l'athéisme matériel et même du crime, le tout couvert d'une draperie de pourpre avec l'étiquette de *l'Art pour l'Art*.

Chose curieuse! Les Grecs ont déjà condamné *l'Art pour l'Art* dans la légende de Minerve.

Cette Déesse représentait la sagesse, l'art utile et beau, la science et l'industrie de la patrie! *Arachné*, l'ayant défiée, elle la métamorphosa en araignée. Pourquoi plutôt en araignée qu'en grenouille? C'est que l'araignée représente *l'Art pour l'Art* sans aucune utilité, sans morale et sans conscience. En effet, rien de plus artistement filé que le tissu de l'araignée. C'est une merveille! Mais à quoi sert-il? à attraper égoïstement quelques mouches. C'est *l'Art pour l'Art* romantique. Comparez-le à l'art de l'abeille et même du ver à soie. Ce n'est plus l'art pour l'art, mais l'art pour le bien et l'utile, au risque même de la vie, l'art à la fois patriotique et humanitaire, l'Art universel, et qui représente en même temps la transformation continuelle de l'être.

Sauf quelques rares exceptions, les écrivains de la fin du siècle sont des êtres corrompus, immoraux, sans science ni philosophie, d'une forme brillante, mais d'un savoir superficiel. Presque tous, célébrant le succès, à commencer par le leur, se sont crus, comme les rois du droit divin, des êtres privilégiés et se sont permis des vices, des immoralités, ignorant, ou faisant semblant d'ignorer que le génie et le talent, non seulement n'existent jamais pour eux, mais qu'en tout, surtout en morale, il faut qu'ils servent de modèles, précisément parce qu'ils sont vus de loin et de haut et qu'ils n'ont d'autre mission que de vivre et de penser pour des générations futures, étant eux-mêmes des êtres concrets des générations passées.

Le théâtre, surtout depuis l'établissement des droits d'auteur, établissement qui détruira l'art théâtral pour des siècles, a produit des milliers de créations spontanées, surgies d'un monde de boue et de fange, et dont la crevaison (car toutes ces pièces crèvent au bout de quelques mois) a infecté tous les Français d'un délirium vicieux et jusqu'aux dernières couches du peuple. Quiconque voudrait pénétrer dans l'intérieur du monde artiste reculerait d'effroi sur le seuil. Les exceptions sont rares et connues et elles n'ont pas eu d'influence, car le bon grain périt là, où l'ivraie n'est pas arrachée et foulée aux pieds. Au bout de quelques années, ces mœurs inventées par les livres, les feuilletons et les théâtres, exclusivement pour allécher l'acheteur et le spectateur, sont devenues les mœurs réelles, non seulement de la jeunesse, non seulement de l'âge mûr et jusqu'à la vieillesse; mais de.tous les partis politiques sans exception, légitimistes, bonapartistes, orléanistes, républicains, socialistes, tous se confondant dans une mer d'immoralités du dedans et du dehors!

Le Français du xix⁰ siècle ne croit plus à aucun crime d'amour. Il ne recule que devant le mot, attendu que le théâtre, le livre, le journal ont toujours prêché la chose, en évitant ou en gazant le mot! Là, et là seulement, est la source empoisonnée de nos malheurs nationaux, de nos défaites sans exemples et de nos déchirantes guerres fratricides. C'est cette source qu'il faut tarir au plus vite, autrement il nous la faudra combler de nos cadavres.

On s'étonne que notre génération soit débilitée, dévirilisée, sans génie et sans initiative. S'il faut s'étonner de quelque chose, c'est qu'après une littérature pareille, répandue par des milliers d'organes, glorifiée par des centaines d'hommes de talent, durant cinquante années par la presse, le livre, la peinture, la sculpture, le théâtre, le club et jusqu'à la tribune, il y ait encore en France les vingt hommes justes que Dieu a réclamés à Abraham pour sauver Sodome et qui ne s'y trouvaient pas. Et qu'on ne s'y trompe pas! Jamais sauveur n'est sorti d'une société de débauches et de crimes d'amour. Le talent, le génie surtout jaillit toujours d'une source pure.

La débauche devient une folie, une maladie du cerveau

qui est héréditaire. Rien de juste, ni de bon, ni surtout de grand ne peut en sortir !

D'ailleurs, comme dit Isaïe, au nom de la Justice de Dieu, « les jeunes disparaîtront à la force de l'âge et les vieux seront conspués ».

Il est encore, pour notre bonheur, quelques esprits sains en France, surtout dans la presse. La presse seule aurait pu s'ériger en justicière et couper à la racine toute cette ivraie envahissante et florissante du théâtre et du tréteau. Mais le journal étant avant tout, une industrie, une entreprise de lucre, l'écrivain honnête, eût-il un talent de premier ordre, n'en est jamais le maître absolu, car l'honnêteté ne fait pas d'argent, *la vérité comme l'honnête femme se donne et ne se vend pas.* Il est très facile d'être honnête et moral et cela n'est pas cher. Rien de plus commode, ni de moins dispendieux que de se marier avec une honnête fille, de l'aimer, de n'aimer qu'elle et de partager avec elle les joies et les peines de la vie. C'est le vice et le vice seul qui est difficile. Si le vicieux *ne louchait pas du cerveau,* il serait vertueux par égoïsme et moral par plaisir !

Le journal donc étant devenu, comme le théâtre, une industrie, il est très naturel qu'au lieu de corriger le vice, il en soit devenu le truchement et le soutien. Si, par hasard un feuilletoniste s'avisait de dénoncer une pièce immorale à la vindicte publique, le lendemain la réclame payée, ou une nouvelle à la main artistement insinuée, lui donnerait un démenti dans son propre journal. Outre la solidarité du vice d'organisation du journal, il y a encore la corruption par les billets de faveur. Au bout de quelque temps le journal a perdu toute influence sur le public, sur les artistes et sur les auteurs. On ne manque pas longtemps à ses devoirs sans perdre ses droits. Les journaux réunis de Paris n'ont qu'à dire aujourd'hui qu'une pièce est immorale et faite pour des gredins et des gredines et le succès en est assuré pour cent représentations. C'est qu'à l'heure qu'il est, il y a à Paris un public pullulant de gredins et de gredines pour remplir vingt salles de spectacle et que les honnêtes gens, imitant leurs

 CODE

modes et leurs manières, y vont exclusivement pour les voir manœuvrer, soit sur la scène, soit dans les loges[1].

Le journal est depuis longtemps au théâtre ce que le médecin est à la maison de tolérance. Il en a fait ôter les dangers les plus immédiats, en réclamant des coupures, des sous-entendus et des gazes pour faire passer les crudités des choses.

Certes ! la société de Jérusalem, d'Athènes, de Rome, et même celle d'il y a cinquante ans n'est plus la société actuelle. Elle a d'autres besoins. Mais les lois, en vertu desquelles les hommes ont existé, il y a trois mille ans, sont absolument les mêmes que celles en vertu desquelles existe la société d'aujourd'hui, et il en sera ainsi de toute éternité. Jamais ces lois ne changeront, ni ne progresseront. C'est avec une partie de sa vie que l'homme crée une autre vie. La lumière se consume en éclairant.

Je ne sais pas ce qui aura lieu, quand les hommes possèderont toute la vérité, mais à coup sûr, quand ils sauront que d'eux seuls et de leurs actions dépend leur bonheur ou leur malheur, leurs travaux convergeront tous vers le même but ! Hélas, des centaines d'années passeront encore, avant que les humains reconnaissent cette loi. La marge est large encore pour les travailleurs divins. Dans le passé le plus reculé, de grands voyants ont entrevu cette loi et en ont posé les jalons. Nos pères n'ont-ils pas vécu et ne sont-ils pas morts pour nous ?

Il est vrai qu'ils n'ont pas fait des livres et des journaux, uniquement dans le but de s'enrichir et qu'ils n'ont pas prêché la liberté pour donner des dividendes à leurs actionnaires.

Que les hommes aient reconnu ou non la vérité, qu'ils en aient entrevu ou non une partie, la loi n'a pas changé et le progrès ne s'est jamais manifesté que par le sacrifice. Avec le progrès, avec les sacrifices des

---

[1] Témoin le Théâtre libre d'Antoine dont les spectateurs sont aussi pourris que les auteurs, une honte nationale.

uns, les malheurs des autres ont toujours diminué.
Venir aujourd'hui proclamer le contraire, dire, en *maxi-mant ses pratiques*, que l'humanité progressera par l'in-térêt égoïste ou collectif, que les principes du beau et du vrai ne sont plus les mêmes, et ne se dégagent plus de la même manière des enveloppes de ténèbres et d'er-reurs, c'est nier le jour en plein midi; c'est étaler l'igno-rance la plus honteuse de la loi et de l'histoire. Les faits de l'avenir peuvent être autres que ceux du passé, mais le procédé en est et restera le même. *Rien n'a été acquis, rien ne sera acquis sans sacrifice!* Si aujourd'hui vous jouissez de certains biens relatifs, vous les devez aux sacrifices de vos pères. Ceux-là ont compris leur mis-sion. Maintenant vous croyez que le temps d'égoïsme est venu, qu'il suffit de gagner de l'argent avec des jour-naux, des livres, des Revues et des théâtres pour évoquer le progrès et pour couler des jours de nopces et de fes-tins. Soit! *Mais vos enfants mendieront sur les grands chemins. Mais vous-mêmes vous roulerez, vous croulerez dans des abimes de boue et de sang*[1].

Ce qui a précipité la décadence morale de la presse française, ce sont deux lignes insérées dans la loi, l'une de cinq mots : « *La preuve n'est pas admise* », et l'autre de six mots : « *La vie privée doit être murée* ». Qu'une loi pareille pût être faite par une société d'honnêtes gens, les générations futures ne le comprendront pas. On com-prend qu'un Cartouche, qu'un Mandrin, qu'un Zampa, ou qu'un Don Juan, devenus de vieux repentis et dési-rant se faire nommer maires, ou préfets, fassent une loi pareille ! Ils n'aiment pas qu'on leur rappelle leurs vieux péchés et leurs vieux crimes. Mais du moment, que moi, journaliste, je ne peux dire à un de ces beaux messieurs enrichis, briguant l'honneur d'être député : « Vous êtes indigne de ces fonctions. Vous avez *volé, violé, dolé*, vous avez même un peu assassiné », aucun jeune homme ne s'efforcera plus à vaincre ses passions violentes, pour être à l'âge mûr digne d'honneurs publics

---

[1] Ceci a été écrit et imprimé en 1884.

et de représenter les intérêts de ses concitoyens. Il y a plus. Dès ce moment, le journaliste devient lui-même une canaille, ou plutôt la canaille se fait journaliste, pour calomnier et injurier les honnêtes gens. Cela devient un métier. Avec nos lois et nos magistrats d'indulgence sénile pour les fraudeurs, les diffamateurs, et les criminels, sous prétexte qu'ils ont été poussés à ces crimes par une malheureuse passion naturelle (comme si tout méfait n'était pas le résultat d'une passion), vous condamneriez trente fois un diffamateur à cinq cents francs d'amende (chose assez rare) en vertu de ces cinq mots : « *La preuve n'est pas admise* », cette canaille qui s'appelle légion, dira à l'honnête homme qu'il fait chanter : « Vous avez beau me faire condamner, vous l'êtes plus que moi. Le public dira : Ah ! si la preuve avait été admise, il aurait été condamné, il n'y a pas de feu sans fumée. » De là pendant de nombreuses années le chantage en gros et en détail dans le monde des arts, comme dans le monde politique.

Grâce à ces cinq mots encore (qui, je crois, ont heureusement disparu de la loi), des spadassins, des souteneurs de filles, des joueurs, des gueux, notoirement vicieux, ont pu fonder pendant de longues années une presse de scandales, de demi-monde, de chantage, d'innombrables journaux de bourse et de course, empiétant sur le domaine politique et ruinant des milliers d'honnêtes gens. A chaque protestation les directeurs sont prêts, non à donner des preuves, mais à dégainer... ! Plusieurs de ces feuilles avaient même de vrais spadassins à leur solde, pour prouver leur vertu par un coup d'épée bien appliqué, et la soi-disant honnête presse fait l'honneur à tous ces chenapans de plume et d'épée, d'insérer leurs ferraillements comme des actes de bravoure.

L'autre loi sur la vie privée n'en a pas moins contribué à la démoralisation de la presse. Non seulement, il n'y a pas de démarcation entre la vie privée et la vie publique, non seulement on ne saurait être un homme d'État consciencieux, quand on n'a été ni bon fils, ni bon frère, ni bon mari, ni bon père, mais dans tous les

temps et chez toutes les nations, l'honneur, l'honnêteté,
la gloire, ont exigé que l'homme sacrifiât quelque chose
de soi, de son temps, de son talent, de sa fortune à
autrui, ou à une société composée de plusieurs au-
truis.

Si donc un journal, qui est toujours une tribune, veut
contribuer au bien de la cité et de la patrie, il ne suffit
pas d'écrire des phrases élogieuses sur la vertu et les
hommes vertueux; il faut avant tout qu'il ait le pouvoir
de flétrir le vice et les vicieux, afin de chasser du *forum*
tous ceux qui, après avoir manqué à leurs devoirs d'hommes et de citoyens dans la vie privée, viennent briguer le
suffrage du peuple, en lui promettant de faire peau neuve
comme un serpent. Ce n'est pas le *droit*, mais le *devoir*
de toute honnête feuille, de pousser ces investigations,
mais *avec les preuves à l'appui*, sur tout individu qui
se présente, non seulement pour se charger des affaires
publiques, mais qui simplement désire être mis sur le
rang des honnêtes gens, qui, eux, ont fait des sacrifices
à l'honneur et à la vertu; et dès que cette critique sera
regardée comme un devoir, nul ne s'en chargera, à
moins de pouvoir prêcher d'exemple et de pouvoir dire
à ses concitoyens : Fouillez dans ma propre vie, et voyez,
si j'ai le droit de critiquer les autres, car ce droit ne
s'acquiert que par le devoir accompli.

Aux singuliers législateurs qui ont introduit ces deux
lignes dans la loi sur la presse, on peut appliquer le
mot de Henri Heine : « D'ordinaire ils étaient fous, mais
ils ont eu des moments lucides, où ils n'étaient que
bêtes ! »

Et qu'on n'imagine pas qu'il suffise d'établir un Jury
pour les délits de presse, pour la régénérer, ou même
pour lui rendre sa dignité native et son influence ! C'est
absolument comme si l'on croyait qu'il suffirait de la
police correctionnelle ou de la Cour d'assises, pour élever une famille et fonder une école. Il faut une justice
contre le crime et le criminel, sans lequel le bien ne
sera pas possible; mais il faut des principes de vérité
et de vertu, pour former un bon citoyen et pour élever

un honnête homme. Malheur au pays qui ne compte que sur le gendarme ! aucun budget n'y suffirait ! Et de même qu'il faut une famille, une cité, une patrie et des principes spirituels pour élever un fils, un père, un mari, un citoyen, un homme, de même il faut à la presse une espèce de famille corporative, pour conserver sa dignité, pour maintenir les principes qui sont sa vie, son honneur et son élément naturel.

Folies que tout cela ! A ce titre il ne serait plus possible de faire un journal, car il n'y aurait bientôt plus de journalistes !

Je réponds hardiment et logiquement. Le journalisme est un devoir, une passion, une vocation, *mais jamais un état ni un métier.* Les lettres non plus ne sont pas un état. Ou elles sont une vocation, un produit naturel de la nature qui, comme tous les produits, s'ennoblissent par la culture, ou, si elles sont un état, elles sont le dernier des métiers, la plus vile de toutes les industries.

Le beau rôle que celui d'un homme qui dit à son prochain : « Mon frère ! Vous êtes mal élevé ; la religion que vous adorez repose sur des erreurs et des préjugés ! la société que vous fréquentez est remplie de sots et de méchants ; vous passez votre temps à des frivolités, vous gaspillez votre jeunesse, vous compromettez votre avenir, vous n'entendez rien, ni au beau, ni au vrai, ni à l'agréable, ni à l'utile. Maintenant que je vous ai dit toutes ces vérités, crues ou dorées, payez-moi ! » A moins d'être encore plus drôle et de dire aux hommes : « Vous êtes tous de vrais fils de Dieu ! Toutes vos actions sont frappées au coin de la justice ! Vos guerres, vos dissensions, vos querelles sont nécessaires, indispensables au progrès ! Tout ce que vous faites touche au sublime ! Vivez ! Amusez-vous, et mourez tranquilles, car vous êtes immortels ! Seulement, voici le quart d'heure de Rabelais, payez-moi. »

Non ! non ! non ! mille fois non ! Il n'est de journaliste, ni d'homme de lettres, à moins d'une complète indépendance ; soit par une grande fortune, soit, r ieux encore, par le dédain de la fortune. Ce journalisme sera tôt ou tard récompensé par le peuple et la nation.

Et tant mieux si la jeunesse capable est forcée de gagner sa vie autrement que par des articles de journaux et des livres ! Si elle a réellement du talent, ce talent ne perdra rien à mûrir ! Le plus grand bonheur pour un écrivain, c'est d'avoir attendu l'âge de raison pour publier ses œuvres. Plût à Dieu que j'eusse attendu moi-même cet âge ! Ne vous inquiétez pas de vos moyens de vivre ! Les bouvreuils, les serins, n'ayant qu'une note à gazouiller, ont besoin d'une cage pour avoir du millet et du sucre. Donnez-leur la liberté, les chats, les éperviers, les mangeront. Mais le rossignol libre, trouve toujours un ver pour se nourrir et ce ver lui suffit. Que des Gilbert, des Moreau, des Millevoye meurent, peu importe à la société ! Ils n'avaient qu'une note et toujours la même. Plus ils auraient gagné d'argent, plus vite ils seraient morts. Mais des Corneille, des Racine, des Fénelon, des Molière, des Voltaire, des Rousseau, ne meurent pas avant d'avoir rempli leur mission. La même force qui fait leur génie et leur vocation, les soutient dans toutes leurs vicissitudes. Ils savent attendre, car ils savent vivre pauvres[1].

Dans l'état d'anarchie spirituelle où elle se trouve, la presse peut faire beaucoup de mal, causer beaucoup de ruines, mais elle ne saurait faire une Révolution qui vaille. Les révolutions victorieuses et bienfaisantes de l'histoire ont toutes été faites par des hommes, dont les principes spirituels étaient plus près de la vérité, plus conformes à la raison et à la Loi de Dieu, identique avec les lois de la nature, et dont les vainqueurs étaient plus vertueux que les vaincus. *Jamais peuple vicieux ne fera une révolution durable* portant des fruits. L'homme risque sa fortune et sa vie pour un principe, pour une idée, jamais pour un intérêt exclusivement matériel. Platon l'a déjà dit : « Le corps humain est un cadavre ambulant traîné par une âme. »

---

[1] La plupart des écrits de Voltaire ne lui ont rien rapporté.

La bourgeoisie de 89, non seulement était plus vertueuse que le clergé et la noblesse de cette époque, mais ses principes spirituels et religieux étaient plus conformes à la vérité que ceux de ses vaincus. Les Protestants de la Renaissance, en grande minorité, comme ceux des Pays-Bas, ont vaincu des colosses comme l'Espagne et l'Autriche, non seulement parce que leurs principes spirituels étaient plus conformes à la raison divine et humaine, mais parce qu'ils étaient beaucoup plus sévères de mœurs, en un mot, beaucoup plus vertueux que leurs adversaires.

On parle beaucoup *d'un quatrième État* tout prêt à dévorer la bourgeoisie. Il s'appelle *socialisme!* Il ne s'agit pas du nombre, mais il s'agit de savoir, si les principes de ces nouveaux Titans, s'approchent plus de la vérité absolue, que ceux de la bourgeoisie, en d'autres termes, *si l'athéisme est plus vrai que l'idolâtrie.* Les ouvriers sont-ils plus vertueux que les bourgeois? Non! ils sont plus vicieux les uns que les autres. Il se peut que la bourgeoisie, ayant manqué à ses devoirs, perde ses droits, mais ses vainqueurs ne seront jamais que des bourreaux, et le lendemain de la victoire, tout s'effondrera dans le néant anarchique.

Pour résumer ces considérations déjà trop longues, je dirai aux hommes sérieux de la presse, bien que ma parole soit vaine : Ne croyez pas jouir des fruits cultivés par d'autres, avant d'en avoir cultivé vous-mêmes, à la sueur de vos fronts, souvent au prix de votre sang. En vertu de la solidarité, tous les êtres passés, présents et futurs, ne font qu'un seul et même être. Vos enfants seulement récolteront ce que vous avez semé, comme vous avez récolté les fruits, bons ou mauvais, plantés et cultivés par vos pères. Vous ne le croyez pas. Vous voulez *être riches. Vivre et jouir, c'est tout un pour vous.* Restez alors comme vous êtes. Continuez de demander que d'autres fassent pour vous, ce que vous ne voulez pas faire pour eux, mais ne demandez pas la liberté. Vous ne l'aurez pas ! Et *si vous l'avez, vous ne la garderez pas !*

LOI

Tout Français âgé de trente ans, marié, et n'ayant jamais subi de condamnation, a le droit de publier un journal, politique, littéraire, financier, quel qu'en soit le format, ou le mode de publication.

Le journal, devant être l'expression d'un principe, d'un système, d'une idée, représentant, d'ailleurs, toujours *un tribunal spirituel*, il lui est défendu d'affermer ses annonces et ses réclames, ni à un individu, ni à une société. L'annonce appartient de droit à la voie publique, à la *Municipalité* [1].

Le journal, étant de sa nature un justicier, un juge de toutes les productions de l'art, il lui est défendu de trafiquer de ces productions. Par conséquent, il ne peut insérer, ni romans, ni pièces de théâtre, excepté des extraits cités en corroboration de son jugement.

La copie de tout article restera déposée chez l'imprimeur. Le Rédacteur en chef est responsable pour tous ses collaborateurs au-dessous de trente ans.

[1] Le prix des annonces pourra être fixé amiablement entre la ville et le journal. Toutes les annonces devraient avoir les mêmes caractères. Ainsi, une ligne d'annonce qui ne devrait pas dépasser trente centimes, il en viendra dix au journal pour ses frais d'impression, de papier et de temps et vingt à la ville. Pour les réclames en plus gros caractères, à cinquante centimes la ligne, la ville percevra trente centimes et le journal vingt. Aucune annonce ni réclame payée ne pourra paraître dans le corps du journal. Le journal n'a pas le droit de refuser l'envoi d'une feuille d'annonce à part, publiée directement par la *Municipalité*, à moins que cet envoi ne lui cause des frais particuliers.

La loi sur le droit de réponse est maintenue.

Un Tribunal spirituel[1] sera établi à Paris. Ce Tribunal siègera tous les jours, même le dimanche, de neuf heures du matin à midi. Il est composé de trois juges dont un qui préside.

Vingt et un juges siègeront à Paris, à tour de rôle, trois par jour. En cas de maladie et de force majeure, l'un pourra se faire remplacer par l'autre, mais, jamais plus de trois juges ne siègeront. A la rigueur on pourra nommer un ou deux juges suppléants.

Sept de ces juges seront élus par les Rédacteurs en chef des journaux et les principaux éditeurs, mariés, ayant l'âge de trente ans.

Sept seront élus par le Parlement, la Chambre des députés et le Sénat réunis.

Le gouvernement nommera les sept Présidents.

Chacun des juges jouira d'un traitement de quinze mille francs. Ces traitements seront payés par la presse et la librairie, qui auront à s'entendre sur la répartition de cet impôt.

Le *Tribunal spirituel* peut citer d'office à sa barre tout écrivain, tout orateur. Il reçoit toutes les plaintes de chantage, de diffamation, d'injures, et de flagrante déraison. Nul procès de presse ne peut être intenté que par le *Tribunal spirituel*.

Le tribunal cite à bref délai, le jour même pour le lendemain. On laissera aux journalistes de province trois jours pour arriver à Paris. Un des juges lira à haute voix l'article incriminé, *sans y ajouter la moindre observation*.

Le prévenu, ou le Rédacteur en chef a un quart d'heure pour se défendre, jamais plus. *Il lui est défendu de prendre un avocat*. Puis, le Tribunal, séance tenante, prononce.

Les séances sont publiques.

Si l'écrivain ou le journal est déclaré coupable, la

---

[1] Le nom n'y fait rien. On pourrait aussi l'appeler, Tribunal *Amphyctionique*.

première fois il est mis *sous censure pour un mois*. En cas de récidive pour *trois mois*. La troisième fois pour *une année*. S'il y a rechute, le Tribunal a le droit de déclarer le prévenu *indigne;* indigne de tenir une plume; indigne de prononcer une parole en public. Le Tribunal peut également l'interdire, et en cas de besoin, le priver de tous ses droits civils et politiques, et même l'exiler.

Les censeurs seront élus par les Rédacteurs en chef de la presse, et les principaux éditeurs. Il y en aura trois. Nul ne peut être élu censeur, à moins d'avoir l'âge de cinquante ans. Leurs fonctions sont rétribuées.

Le jugement rendu dans les vingt-quatre heures, sera inséré gratis dans tous les journaux, sans distinction.

L'écrivain condamné peut en appeler d'une séance à une troisième. Le jugement d'appel est définitif.

Si un écrivain, mis sous censure, fait signer ses articles par un autre, le censuré et le signataire seront traduits devant la justice comme faussaires. L'imprimeur est forcé, sur la requête du Tribunal, de livrer la copie.

En cas de citation pour diffamation, la preuve est non seulement admise, mais requise! On ne laissera pas au diffamateur le temps qu'il réclame, pour fournir ses preuves. Il devait les avoir en mains, avant d'écrire son article. Si la preuve n'est pas faite, le diffamateur sera condamné à la peine et au déshonneur, qu'il a eu en vue d'attirer sur le diffamé, sans compter les dommages-intérêts illimités et abandonnés à l'appréciation des juges. En cas d'insolvabilité du diffamateur, il sera condamné au travail forcé, jusqu'à l'extinction de la dette, sous la responsabilité de ses héritiers. (Voir ma loi sur le vol et les voleurs.)

Toutes les querelles littéraires, dégénérant en grossières diatribes et injures, sont de la compétence du *Tribunal spirituel et d'honneur.* Il peut d'office citer les querelleurs et les condamner à la censure.

Si, contrairement à son appel pacifique, les écrivains se battent en duel, le Tribunal, non seulement peut les mettre sous censure, mais les frapper de la peine de *l'Indignité*, de l'interdiction et même de l'exil.

Un écrivain mis sous censure, ne peut pas publier une ligne, sans le *Visa* du censeur. S'il est membre d'une société littéraire ou scientifique, ou même d'une loge de francs-maçons, il lui est défendu de prendre la parole, pendant tout le temps qu'il sera sous censure.

Toutes les lois et ordonnances sur la presse antérieures à cette loi, sont et restent abolies.

Le Tribunal spirituel peut citer à sa barre tout écrivain, tout journal, qui lui paraît avoir transgressé la loi suprême de la justice résumée en cette ligne : « *Tu ne dois pas faire à autrui ce que tu ne voudrais pas que l'on te fît!* »

Il est bien entendu qu'un écrivain condamné à l'exil, ne peut envoyer ses articles de l'étranger dans un journal du pays. S'il publie un journal ou un pamphlet à part, le colporteur de ces écrits sera condamné à la même peine, sans compter les amendes dont le Tribunal peut le frapper.

VII

LOI SUR LE VOL ET LES VOLEURS

Ainsi que je l'ai prouvé dans mon *Préambule*, rien de plus niaisement ridicule que nos lois sur le vol, toutes en faveur du voleur contre le volé, à tel point, que la plupart de nos petits voleurs, composés de gueux et de fainéants, commettent des vols exprès pour être emprisonnés, en d'autres termes, pour être logés, nourris, chauffés, éclairés et par dessus le marché, instruits aux frais de l'Etat. A peine sont-ils libérés qu'ils recommencent la même comédie. Quant au travail qu'on leur impose, très peu pénible, d'ailleurs, ils en prennent et ils en laissent. C'est pis encore pour les grands voleurs, qui cachent le produit de leur vol pour en faire jouir leurs héritiers, ou leurs concubines, même au risque d'être pris et de subir quelques années de prison, avec l'espoir d'en jouir eux-mêmes à l'expiration de leur peine, sans que personne songe à leurs victimes, qui très souvent, outre la perte de leur fortune, sont encore exposées à perdre leur temps et leur santé.

Quoi d'étonnant qu'il n'y ait presque plus d'hommes, dans lesquels on puisse mettre sa confiance et que le nombre de voleurs menace de dépasser bientôt celui des honnêtes gens.

De toutes nos lois, contraires à la raison et aux principes de la justice universelle, celles sur le vol sont les plus absurdes et les plus odieusement dérisoires ; à ce point qu'on dirait qu'elles ont été faites par une compagnie d'hommes, dont la fortune provenait des vols ou des dols, et qui voulaient garantir leurs héritiers contre des revendications postérieures.

Voici maintenant les principaux linéaments de ma loi sur le vol, je dis *linéaments*, car aucun législateur ne peut exposer tous les cas ressortissant d'une loi. Il faut toujours que le juge soit meilleur que la loi.

Tout homme convaincu d'un vol, sera arrêté préventivement, jusqu'à la constatation avérée de la valeur du vol. Cette constatation faite, le voleur est condamné à payer au volé le montant de la valeur dérobée, et autant comme amende à l'Etat. Si le prévenu consent à se libérer tout de suite, après la constatation officielle envers sa victime, et à payer les frais de justice, ou s'il peut donner des garanties pour le payement que le volé accepte, il est mis en liberté, et il rentre dans tous ses droits civils et politiques.

En cas d'insolvabilité du voleur, ou si le prévenu cache le produit de son vol, il est condamné au *travail forcé* jusqu'à l'extinction de sa dette, moyennant le salaire qu'il gagnera par son travail.

L'Etat créera des établissements de travail pour tous les métiers, soit dans un endroit clos, soit dans une ville fortifiée. Dans ces établissements, on apprendra aux jeunes délinquants un métier, selon leur complexion physique et leurs dispositions intellectuelles, à côté des adultes qui ont un métier et qui l'y exerceront.

Leur travail sera payé au même taux que celui du travailleur libre. L'Etat en prélèvera les frais de logement et d'entretien, le reste appartient au volé jusqu'à l'expiration de la dette. Ils se surveilleront les uns les autres et, en cas de tentative d'évasion et de fuite, le voleur sera fusillé !

Quant aux condamnés forts qui n'ont pas de métier, on les fera travailler aux travaux indispensables du pays, tels que canaux, chemins de fer, défrichements. On peut les isoler et les faire surveiller, les uns par les autres, à condition que la moindre tentative de fuite soit punie de mort, *sans possibilité de grâce*.

Si le vol est un vol de confiance ou domestique, le voleur sera condamné à payer le triple, avec les mêmes conditions ci-dessus énoncées.

Mais si le vol a été précédé par des actes de cruauté brutale, et si la victime a été blessée, qu'elle ait perdu un membre sans que la mort s'ensuive, le voleur sera condamné à *la peine* du *Chat*, connue en Angleterre sous le nom *du Cat*. Il recevra autant de coups de lanières qu'il pourra en supporter, après l'examen du médecin, sans risque d'en mourir [1].

Après cette peine, il sera condamné à payer le quadruple de la valeur dérobée.

Il est bien entendu, que si le volé se contente de garanties données par le voleur, ou qu'il consente d'accepter une certaine somme comptant inférieure à celle de la condamnation, le juge déférera à la volonté de la victime, et fera payer les frais de justice d'après la connaissance d'état des deux parties.

Inutile d'ajouter qu'il faudrait un traité d'extradition avec toutes les nations civilisées pour tout voleur. D'ailleurs, une fois cette loi établie dans un pays, les autres pays s'empresseront de l'introduire chez eux. Il faut seulement encore ajouter, que tout voleur s'étant refugié dans un autre pays, sans vouloir payer sa dette, sera déclaré *hors la loi*. Le volé, après s'être assuré de son identité, peut le tuer sans pouvoir être accusé d'homicide. Le premier venu, en le reconnaissant, peut l'arrêter, et en cas de résistance, le tuer en légitime défense.

En cas de mort du voleur, pendant sa détention du travail forcé, ses héritiers directs sont responsables du

---

[1] J'ai vu cette peine appliquée en Angleterre. Je garantis que cet homme, si fort qu'il soit, après avoir reçu seulement sept coups de *Cat* n'exercera plus jamais des actes de cruauté pour voler, comme celui que j'ai vu, qui avait coupé l'oreille à une jeune fille pour s'emparer de ses boucles.

restant de la dette, et en cas d'insolvabilité, ils seront condamnés à payer un tiers du revenu de leur travail à la victime de leur parent[1].

Tout homme, qui surprend un voleur en flagrant délit et le tue, est indemne.

[1] Cette mesure est absolument indispensable pour empêcher des vols considérables par des malfaiteurs très nombreux, d'ailleurs, qui pour assurer une certaine fortune à leurs enfants, consentent à subir leur peine, même au risque de leur vie.

On peut dire que plus d'une grande fortune dans notre société, est sortie de cette source impure!

VIII

CONSIDÉRATIONS ET LOI SUR L'AMOUR

Nous voilà arrivés à la *Loi de l'Amour*, qui est à la fois la pierre de touche et d'achoppement, ou plutôt la clé de voûte de toute législation. C'est, en effet, selon les mœurs d'amour créées par cette loi, que les nations vivent ou meurent, se conservent ou pourrissent sur pied, jusqu'à la disparition complète.

Avec la polygamie, qui est la prostitution de l'homme, plusieurs nations ont vécu, tant bien que mal, ou plutôt ont végété pendant quelques siècles. Mais cet état de choses exige, non seulement l'esclavage le plus odieux de la femme; non seulement cet esclavage, à son tour, exige l'eunuquage d'une grande partie de la population masculine, mais encore il ne saurait durer sans le despotisme absolu d'un seul maître, soutenu par une armée de prêtres fanatiques et de soudards banditiques. De liberté pas une trace, ni en haut ni en bas! Puis, pour éviter la guerre civile, il ne reste à ces Etats que des guerres étrangères, pour faire la conquête des pays qu'ils livrent au pillage et à l'esclavage!

Mais avec la polyandrie, qui est la prostitution de la femme, aucune nation ne saurait durer, ni n'a duré plus de cent cinquante ans !

Il serait trop long de citer des exemples dans l'histoire du monde. Ils sont tellement nombreux qu'il n'y a pas d'exception à la règle. Toutes les nations sans exception, qui ont perdu leur nationalité, leur patrie et jusqu'à leur nom, ont dû cette extermination, pour ainsi dire, rapide comme une phtisie galopante, (car qu'est-ce que cent cinquante ans pour l'existence d'une nation?) à la prostitution de la femme !

Moïse a créé tout un peuple par ses Lois sur l'amour. D'un ramassis d'esclaves égyptiens, il a fait une nation d'hommes libres, avec des lois qui servent encore aujourd'hui de modèles à l'humanité entière. C'est Moïse, le premier, qui rompant en visière à l'idolâtrie, partout la mère de la prostitution, a décrété des lois de défense contre la consanguinité, l'inceste, l'adultère, la sodomie, la lesbiennerie, l'avortement, l'infanticide, et en premier lieu contre toute prostitution de l'homme et de la femme. Les rapports des sexes pendant l'impureté de la femme, étaient des vices tellement enracinés chez tous les peuples idolâtres de son époque, qu'il s'est vu forcé de les frapper de la peine de mort. Selon la parole de Jésus, Moïse aurait bien frappé aussi la polygamie, mais à cause « *de la dureté de cœur* » de son peuple, force lui fut, toujours selon Jésus, de faire une concession ; *qui à elle seule, a été mortelle à la nation d'Israël.*

Moïse, sentant bien que l'existence de son petit peuple dépendait entièrement de ses lois, y attache une importance telle, qu'il les répète par trois fois, la dernière fois, en y ajoutant des malédictions contre quiconque transgressera ces lois, sous l'acclamation de tout le peuple, hommes et femmes.

« C'est, dit-il, parce que les sept peuplades que vous allez vaincre, pratiquent tous ces vices, que leur pays les vomira comme des ordures et du poison mortel ». Et Moïse était bon prophète !

Le Christianisme primitif a maintenu quelques lois prohibitives de Moïse, auxquelles il doit sa conservation, mais bientôt avec l'idolâtrie païenne, introduite dans le dogme chrétien, la prostitution a resurgi de nouveau, comme une maladie chronique longtemps comprimée, entraînant à sa suite toutes les malédictions de Moïse !

Voici quelques lignes du grand philosophe Lessing à ce sujet. « La Théogonie de l'Olympe repose sur la prostitution et sur la beauté plastique des dieux et des déesses. Mais celle des Catholiques n'a pas changé cette base. »

« Le peintre chrétien ne fera jamais adorer une sainte Vierge laide et maigre, ni un Jésus bossu. Et quelle différence, je vous le demande, y a-t-il, entre Jupiter, qui se glisse chez Alcmène, la femme d'Amphitryon, et Dieu le Père, qui séduit la femme de Joseph, si ce n'est celle, que Jupiter se déguise en taureau, et Dieu le Père en Saint Esprit » ?

Tout cela est facile à prouver quand on se tient dans la théorie. Il est facile à constater, que tout amour contraire à la loi de la nature, pour laquelle Dieu l'a créé, est fatal à l'individu et, au nom de la solidarité, à la société dans laquelle il vit. Les difficultés commencent quand on veut, au nom de la raison, introduire ces lois dans une société gangrenée de vices, violant toutes ces lois depuis plus d'un siècle, et vivant dans un état de barbarie complète, car le comble de toute barbarie est bien *la force qui prime le droit.*

Comment, en effet, songer à une refonte radicale des lois vicieuses sur l'amour, faites par des hommes vicieux et entrées dans les mœurs d'un peuple, dans une société doublement menacée d'une guerre civile et d'une guerre étrangère, toujours sur le qui-vive ! et l'arme au bras ? L'obstacle le plus insurmontable contre toute régénération est précisément l'armée et la marine. En effet, pour extirper la prostitution, ce qui ne peut se faire qu'en mettant à même toute femme, de pouvoir remplir par le mariage, ses devoirs d'épouse et de mère, il faudrait pouvoir abolir et condamner le célibat des hommes, et pour qu'il n'y eût plus de célibataires, il faudrait qu'il n'y eût plus de prostituées, et que toute femme adultère fût considérée comme une prostituée ! Cercle vicieux difficile à détruire, en présence de l'armée et de la marine, composées de citoyens célibataires.

Moïse, auquel il faut toujours revenir, car c'est lui, le premier, qui a créé une armée nationale sans distinction d'individu, ce qu'il ne pouvait faire qu'après avoir aboli l'esclavage d'une seule ligne. (Tout Israélite depuis l'âge de vingt ans jusqu'à cinquante ans était astreint au service militaire) [1].

Moïse donc a prévu ces objections. Il a exempté du service tout Israélite, durant sa première année de mariage. Avant d'engager une bataille, les chefs étaient forcés de proclamer à haute voix, « que quiconque se sentait « *mou du cœur* » s'en allât pour rentrer chez lui ! » Naturellement personne, ne voulant être considéré comme un lâche, n'a jamais quitté son poste d'honneur.

Fénelon (un des plus grands philosophes de l'humanité) a dit « *L'idéal de la raison, c'est la raison qui va jusqu'au bout de sa raison.* » L'idéal d'une armée serait donc une armée de jeunes mariés de vingt et un ans à vingt-trois ans, avec deux années de service réel, dans, laquelle on refuserait à tout célibataire l'honneur d'être admis, en accordant à chaque citoyen trois jours de congé par mois, pour rester avec sa femme ; sans compter l'exemption pendant la première année de mariage, sauf, pour le cas de guerre et les grands exercices, naturellement avec convocation d'un mois d'exercice chaque année.

La grande difficulté, presque insurmontable, serait de trouver les moyens pour subvenir aux besoins des femmes et des enfants pauvres, pendant le séjour des maris à l'armée ; bien qu'à cet âge, le nombre des enfants soit très restreint, et que très peu de familles ne soient pas à même de nourrir une femme pendant quelques mois. Nouvelle preuve que la guerre et les préparatifs de guerre, sont les plus grands obstacles, pour arriver à un idéal de civilisation et de bonheur pour le genre humain, et que toute nation, rien que par l'idée de la guerre avec une nation voisine, est condamnée à l'état perpétuel de barbarie, dont la devise est : *La force prime le droit.*

Quant à la marine, cela serait plus difficile, à moins d'admettre (projet que j'ai lu quelque part) une marine composée de jeunes marins de dix-sept à vingt et

---

[1] C'est sur la loi de Moïse que le ministre prussien de Stein a modelé sa *Landwehr* après la bataille d'Iéna.

un ans avec la peine de mort contre toute violation de chasteté absolue, contre tout amour anti-naturel, contre tout contact avec une prostituée, de n'importe quelle nation. La marine ne pourrait qu'y gagner. A partir de vingt et un ans, les marins mariés resteraient consignés dans différents ports de mer, pour être réclamés en cas de guerre.

Je ne me cache pas que ce sont là des rêves pour le peuple français.

Le Français a conquis le monde entier. Il a conquis l'Angleterre, l'Italie, l'Allemagne et jusqu'à l'Amérique et les Indes, *mais comme il ne sait respecter, ni la femme, ni la fille, il n'a su conserver aucune conquête et son propre pays a été envahi par les Romains, les Francs dont il a pris le nom, et les Normands, qui s'y sont établis pour y rester.* Le véritable emblème d'un Français, c'est le coq gaulois.

Si le peuple français voulait, ou s'il pouvait exterminer de son sein toute prostitution, n'importe sous quelle forme, à commencer par celle de ses artistes et de ses littérateurs, qui en vivent et qui la fomentent, au lieu de voir affluer tous les malhonnêtes gens riches et pauvres des deux sexes, du monde entier sur son territoire, pour y pratiquer librement, impunément, tous leurs vices, il verrait, grâce à ses nombreuses qualités, accourir tous les honnêtes gens du globe, pour vivre en paix et concorde, dans un des plus beaux pays, avec le peuple le plus aimable de la terre. Point ne serait besoin de faire des conquêtes par les armes. Il gagnerait tous les cœurs, comme dit la Bible, par la sagesse de ses lois et l'aménité de ses mœurs franches et honnêtes.

Mais, hélas ! avec les collages, les faux ménages, les innombrables cocottes et la prostitution légale de milliers de filles publiques avec leurs souteneurs ; avec ses lois ridiculement ramollies sur l'adultère, l'infanticide, l'avortement, la sodomie, la giraudevie ; avec les monômes de sa jeunesse, soi-disant studieuse, en faveur d'une Suzanne-Phryné, dédaignée par deux vieillards sages ; monômes, de honteuse mémoire, innocentés, acclamés, par toute la presse de tous les partis, je doute que les Français d'aujourd'hui, ivres du vin de vertige, comme dit le prophète, aient comme Adam et Eve dans le paradis, la conscience de leur nudité morale, ou plutôt immorale. Je crains qu'il ne faille les glaives flamboyants de la Justice de Dieu pour la leur faire connaître. Car rien n'est plus promptement, ni plus sévèrement frappé par cette justice, sans grâce ni merci, que la subordination de l'âme divine, pure et immaculée, à l'impur corps humain, souillé de vices et que la profanation de Dieu dans l'homme, par d'abjectes idoles d'amours bestiales ! Pascal a dit : « Qui veut faire l'ange fait la bête ». C'est un mortel sophisme ! La vérité est dans l'extrême contraire. Quiconque ne tend pas à faire l'ange, vit comme un démon et meurt comme une brute ! Et il en est des nations comme des individus !

J'ai traité à fond la question de l'amour dans une brochure que j'ai publiée en 1871. Bien que je répète les mêmes arguments et les mêmes vérités, qui se trouvent dans mon Préambule, je ne puis m'empêcher de reproduire en tête de ma loi, les principales considérations qui suivent. Il y a des redites, mais on ne peut assez redire des vérités fondamentales, d'où dépendent le salut d'une nation et celui de l'humanité. Moïse a répété trois fois ses lois restrictives sur l'amour. L'histoire de son peuple prouve qu'il ne les a pas assez répétées.

Pour faire entrer des vérités de l'esprit aux dépens de la matière dans les crânes des hommes, il faudrait d'abord les casser ! L'histoire viendra à mon secours. Elle en cassera pas mal. Après peut-être, ceux qui resteront intacts, prendront-ils quelques bribes de ma Loi.

Voici maintenant les considérations en question.

La femme, en tant qu'individu, ressemble à tous les autres êtres humains.

Voyons en quoi elle se distingue, en tant que femme, non seulement de l'homme, mais de toutes les autres femelles mammifères. Un seul signe distinctif la met au-dessus de toutes les femelles de la création.

Elle seule a des *Menstrues*.

Par cette distinction, par la circulation particulière de son sang, son corps se distingue des corps de toutes les autres femelles de la création.

Voici les résultats naturels de cette différence essentielle.

La femelle des bêtes n'est accessible au mâle que dans certaines époques. La femme n'est pas soumise à cette restriction. Privilège immense, mais qui, comme tout privilège, présuppose des devoirs particuliers.

Qu'a voulu le Créateur, en octroyant à la femme cette supériorité, cette noblesse de corps?

Voltaire, qui a trouvé toutes les grandes vérités en causant, a indiqué, dans une lettre de cinquante lignes, le but de cette distinction. « Dieu, dit-il (car ce mécréant croyait en Dieu), Dieu a doué la femme de la faculté d'aimer toujours et en tout temps, pour la mettre à toute heure à la disposition de son époux, afin de pouvoir établir la monogamie, qui seule garantit la propagation de l'espèce, proportionnée aux besoins et au bonheur de l'humanité; qui seule sauvegarde l'éducation de l'enfant; qui seule contribue à fonder une société, où peuvent régner la justice, la paix, et la prospérité. »

Répétons cette vérité : Par cette distinction unique, la femme, pouvant aimer à toute heure, indique, non seulement la possibilité, mais la nécessité absolue de la monogamie, sans laquelle il n'y aura ni père, ni mère, ni mari, ni femme, ni enfant, ni famille, ni cité, ni patrie, attendu que sans elle, il n'y aurait ni justice, ni honneur, ni vertu, ni liberté, ni ordre, ni société!

La plupart des animaux n'ont pas besoin de la monogamie. La femelle, qui a son rut périodique, n'a pas besoin de la fidélité du mâle, pour nourrir et élever ses petits. Les animaux dont la femelle exige le concours du mâle, tels que les castors et certains oiseaux, sont strictement monogames pendant toute la saison d'amour, jusqu'au moment, où les petits n'ont plus besoin, ni du père, ni de la mère.

Le castor, la bête la plus intelligente, est monogame. La femelle n'élève pas seule ses petits. Il lui faut le concours du mâle, pour leur enseigner à faire des digues et à construire une maison. Les oiseaux voyageurs, êtres très intelligents, sont monogames, du moins pour la saison d'amour, de couvaison et d'éducation des petits. J'ai connu des cigognes monogames, pendant plusieurs années qu'elles venaient (toujours les mêmes) se nicher sur une cheminée de mon village. Sans la fidélité du mâle, la mère ne garderait pas le nid pour couver et élever ses petits. D'ailleurs, la monogamie est nécessaire pour conserver dans la race un certain degré d'intelligence.

La pureté du mariage est absolument nécessaire, pour procréer des hommes forts et sains de raison. Toute nation débauchée est une nation de médiocrités et de crétins.

Toutes les époques d'incrédulité, de matérialisme et de fanatisme, sont des époques de débauche, de concubinage, de polygamie et de polyandrie.

La polygamie, partout où elle existe, non seulement a produit des enfants hors de toute proportion pour la famille, l'Etat et le sol (l'histoire cite un patriarche ayant engendré jusqu'à sept cents enfants), mais outre les droits qu'elle dénie aux femmes, même après l'accomplissement de leurs devoirs, droits consacrés seulement par la monogamie, elle est la source de tous les vices, de tous les crimes, de toutes les iniquités qui ont déshonoré l'histoire des humains. Le Mahométisme se meurt par la polygamie. La chute de la Chine qui compte des centaines de millions d'hommes, se laissant envahir par quelques milliers de Français et d'Anglais, n'a pas d'autre raison que la polygamie. Son despotisme vient de la même source impure. On dit que la Chine veut se régénérer, qu'elle se crée une flotte, qu'elle s'approprie les engins de guerre des Européens, mais qui lui donnera des hommes? Ce n'est, certes, pas la polygamie qui affaiblit les fils dans le ventre de leurs mères. Par la polygamie, le fort, le riche seul accapare toutes les femmes saines, jeunes et belles. Il les abrutit, les prive de tous leurs droits jaillis des devoirs, et ne laisse à la

populace que des femmes laides, vieilles et informes!
Iniquité qui, à son tour, produit d'autres crimes de lèse-
nature, vices destructeurs de l'espèce humaine.

Les enfants que les riches engendrent dans la polygamie, sont très souvent idiots et crétins, à cause des
excès des mâles, et en très peu de temps, les géniteurs
privilégiés, qui pour maintenir leurs privilèges font châtrer leurs rivaux, dépérissent, jeunes encore, et deviennent ineptes à exercer aucun pouvoir spirituel, attendu
que la faculté d'engendrer vient de la puissance cérébrale.
L'abus de l'amour, réagissant sur le cerveau, en ramollit
les fibres, qui sont les organes matériels de la raison et
de la pensée (car toute puissance spirituelle dans
l'homme a son organe matériel). Il en résulte une débi-
litation cérébrale dans les hautes classes de la société,
et une population crétinisée des classes populaires.

Pour maintenir la femme dans l'esclavage (car pour
forcer une femme à partager un homme avec une rivale,
elle qui est illimitée en amour, il a fallu et il faudra toujours la force et la violence), la société polygamique a
commencé par châtrer la moitié des mâles, en les
vouant, les uns, le grand nombre, à la mort et les autres
survivants par la castration, à un affaiblissement intel-
lectuel et moral. Avec la polygamie l'eunuquage est de
rigueur. Il n'est pas de prison familiale, ni sociale qui
puisse empêcher une femme de se livrer à l'amour, si le
gardien, si le geôlier lui-même est capable d'aimer, fût-il
le diable en personne, eût-il la tête d'un serpent!

Or, la castration, pour avoir mille eunuques, sacrifie
vingt mille garçons qui meurent à l'âge le plus tendre.
Jadis on émasculait les mâles humains comme les animaux. De nos jours, surtout en Égypte, on mutile toutes
les parties. Ce qui fait qu'au lieu de perdre deux tiers de
garçons, ces misérables en perdent sept huitièmes; ce
qui fait que dans ces infâmes pays, dont nous vantons
les progrès, les ânes, les chevaux et les taureaux sont
moins malheureux que les hommes.

Je n'ai jamais compris qu'un eunuque pût se trouver
seul avec un de ses frères, sans essayer de le massacrer!

Mais il paraît que la castration ôte à l'homme toute force virile, et qu'il n'y a rien de plus rare qu'un Narsès !

La polygamie, au commencement de son établissement, peut produire un grand nombre d'enfants. Mais au bout de quelque temps, nul pays ne peut plus les nourrir.

Les frères et sœurs des riches, ne connaissant aucun lien de famille, commencent d'abord par s'entr'égorger, puis ceux qui restent se jettent, par hordes et par bandes, sur les pays environnants, ravageant, dévastant tout, véritables troupes de sauterelles, ne laissant derrière elles que des déserts.

L'humanité est entièrement solidaire. Tous les êtres sortant de la même loi, la subissent partout. Des iniquités tolérées dans les pays étrangers, viennent subitement vous saisir à la gorge et vous enlever à Paris ou à Londres !

Un pays polygamique, au bout de quelque temps, ne produit plus que des hommes de guerre et des esclaves. La raison en est bannie.

La terre reste inculte. Jamais pays polygamique n'a été cultivé. Les hommes se massacrent mutuellement, ou s'entrechâtrent pour avoir seuls les jeunes femmes, qu'ils maintiennent en esclavage. Il n'y a jamais eu, il ne saurait y avoir une ombre de justice dans un pays polygamique. Il ne peut y régner que le droit du plus fort. Si intelligible que soit la conception religieuse, il est impossible qu'elle soit conforme à la raison, car la raison ne peut concevoir Dieu, qu'avec la justice rendue aux hommes. C'est des pays polygamiques que nous sont venus tous les fléaux, toutes les pestes, toutes les maladies terribles, qui, pendant des siècles ont ravagé l'Europe.

C'est des pays polygamiques que nous viennent les rois despotiques et les prêtres fanatiques. Jamais il n'y a eu un homme heureux, là où la femme n'est pas libre! Jamais tyran n'a dormi tranquille sur le sein de son esclave. S'il ne craint pas sa conscience qui pelote, il tremble devant une souris qui trotte.

Admettons que le tigre soit heureux de boire le sang

du loup. Si c'est là le bonheur de l'homme, qu'il soit maudit et celui qui l'a créé !

Encore que la polygamie, telle qu'elle existe dans certains pays musulmans et chinois, diffère de la prostitution polygamique, comme le jour de la nuit. Dans ces pays l'homme est forcé de loger, de nourrir et d'entretenir toutes ses femmes. C'est la minorité. Pour être polygame il faut être riche. Tandis que la prostitution des pays chrétiens, est une polygamie de louage à bail très court, à la portée du dernier des gueux. La prostitution légale, c'est la polygamie au rabais; c'est de la marchandise corrompue à n'importe quel prix. Nos jeunes gens n'ont pas deux femmes, qu'ils sont forcés d'épouser et d'entretenir, mais cinquante, mais cent, mais deux cents qu'ils louent, à l'heure, au jour, au mois; c'est la destruction de tout mariage, de toute maison, de toute santé, de toute famille, de toute cité, de toute patrie ! C'est une peste universelle, qui attaque les enfants dans le ventre de leurs mères par les maladies des pères, et cette peste en est le châtiment ! C'est la désolation de l'abomination.

La prostitution est la polygamie pour l'homme, mais c'est en même temps la polyandrie pour la femme.

Si la polygamie est un fléau, une peste morale, la polyandrie est le néant, la mort, une apoplexie sociale.

D'abord, la polyandrie n'est possible qu'en stérilisant la femme ; qu'en mettant le bonheur de l'amour en dehors de la conception de l'enfant.

Le premier résultat de la polyandrie est la destruction de l'enfant, la mort, l'assassinat de la génération future.

Les rares enfants qui naissent d'une union polyandrique, n'ont, ni la force physique, ni la force intellectuelle des enfants issus d'un mariage monogame, attendu que les forces de la mère, exigées par la nature pour l'enfant, se gaspillent par la débauche. La bête, par cela seul qu'elle a conçu, refuse le mâle. La nature a voulu cette restriction pour la santé de la progéniture. Mais la femme, ayant le pouvoir de s'approcher d'un homme, même après la conception de l'enfant, précisément pour empêcher le père de chercher une autre mère, il faut absolument qu'elle reste fidèle à ce père, si elle ne veut pas tuer son fruit avant la maturité.

D'ailleurs, la monogamie, étant nécessaire pour élever l'enfant, la polyandrie est le plus grand crime social, qui doit être frappé de la peine de mort.

L'enfant, fût-il né sain, dès qu'il est conçu dans une union polyandrique, aucun père ne travaillera, ni pour la mère, ni pour l'enfant. Il est dans la nature du mâle de combler de tendresse la mère qui porte son fruit, et de travailler pour élever son enfant, pour développer en lui toutes les facultés physiques et morales, afin de pouvoir marcher seul et de pourvoir à sa double vie matérielle et intellectuelle. Ces soins cessent, dès que le père n'est plus sûr que l'enfant est de lui. Au premier abord, on devrait croire que la polyandrie légalement admise, trois pères seraient plus forts, plus riches qu'un seul et plus disposés à élever, à lotir un enfant. C'est le contraire qui est vrai. Un seul père élèvera plutôt douze enfants, que douze pères un seul enfant.

Avec la polyandrie, le fils ou la fille, sont absolument à la charge de la mère, et comme la loi sociale et la faiblesse de la nature humaine exigent au moins vingt années de soins et de leçons, pour bien élever un homme ou une femme, une mère suffit rarement à ces fonctions, en eût-elle même la volonté et la fortune!

A telles enseignes que la bête intelligente, à défaut du père ou de la mère, confie ses petits à un autre mâle, ou à une autre femelle. Sans ces doubles soins les petits mourraient. J'ai vu des serines, à défaut de père, accepter les soins d'un autre serin. Chateaubriand, dans son voyage en Amérique, assure que la femelle du castor, quand le père réel lui vient à manquer, adopte un autre mâle qui enseigne à ses petits l'art de construire des digues et de défendre sa maison.

La différence qui existe entre la polygamie et la polyandrie est immense. Cette différence est dans la loi naturelle même, et c'est elle qui trace à la société des lois différentes entre l'infidélité du père (polygamie) et l'infidélité de la mère (polyandrie). Un homme ayant plusieurs femmes, les enfants que ces femmes conçoivent de lui sont sûrement de ce père et de cette mère. La mère peut dire avec certitude : « Je connais le père de mon enfant, il en connaît la mère ». L'enfant à son tour peut dire sûrement : « Voilà mon père et voici ma mère! »

Jamais la mère, quels que soient ses regrets, quelles que soient ses douleurs, n'abandonnera son enfant, ni ne tuera son fruit dans ses entrailles, avant de le mettre au monde, si elle est assurée que le père, non seulement pourvoira aux moyens d'élever l'enfant, mais aux soins indispensables à elle-même, pendant et après la grossesse et jusque dans l'âge de la stérilité forcée. Il n'en est pas de même pour la polyandrie, fût-elle tolérée par la loi.

Dès qu'un homme doute de sa paternité par l'infidélité de la mère, il abandonne l'enfant, dût-il combler de biens la mère qu'il aime pour ses attraits et sa beauté.

Et lorsqu'une mère est abandonnée à elle-même, aimât-elle à la folie le père réel de son enfant, elle manque souvent du courage nécessaire, pour donner les soins suffisants à sa progéniture. L'abandon du père suffit même quelquefois, pour que la mère ne recule pas devant le danger de se tuer, en détruisant le germe de sa conception.

De là le grand nombre d'infanticides, dans les pays, où la recherche de la paternité n'est pas admise.

Or, comme la nature dans l'amour n'a en vue que l'enfant, la société qui partout s'est modelée sur la loi naturelle, a quelquefois toléré la polygamie, *mais jamais dans aucun pays la polyandrie.*

Nulle part, chez aucun peuple l'adultère de l'homme n'a été mis sur le même rang que l'adultère de la femme. Avec l'adultère de l'homme l'enfant est possible. Dès la tolérance de l'adultère de la femme, il n'y a plus ni enfant, ni famille, ni père, ni mère, ni cité, ni patrie, ni société!

Voici pourquoi. En vivant avec un homme dont les forces productrices sont limitées, fût-il Hercule en personne, la femme pendant son impureté, et pendant quelque temps de sa grossesse, invite l'homme au repos. Le Talmud, à la séparation naturelle pendant la période impure, ajoute encore sept jours purificateurs, pendant lesquels il est défendu aux époux de s'unir, ce qui fait douze jours de séparation forcée par mois, et cela fait tous les mois une nouvelle lune de miel.

Pendant des siècles cette loi a été observée par les Juifs. Là résidait leur seule force de durée. Cette loi à peine disparue, les Juifs ne sont déjà plus qu'un troupeau, paissant l'herbe empoisonnée du matérialisme, se noyant dans la débauche.

Dès que la femme peut s'unir à plusieurs hommes, elle se stérilise naturellement par l'abus d'amour. Une fois stérilisée (et cela vient très vite) une seule femme polyandre suffit pour déviriliser tout un bataillon d'hommes. En très peu d'années, il n'y a plus d'enfants. Ceux qui naissent au milieu des vices, sont privés de toute force physique, de toute énergie morale. Le nombre des femmes dépasse de beaucoup celui des hommes, attendu que la polyandrie tue les hommes très jeunes, ou les vieillit avant l'âge. La polygamie a pu exister chez plusieurs nations, non sans despotisme d'un côté et l'esclavage de l'autre; mais la polyandrie n'a jamais pu être instituée, ni tolérée nulle part, car c'eût été l'étranglement du genre humain.

Là où elle a été tolérée, famille, cité, patrie, tout a disparu en moins d'un siècle.

Or, *la polyandrie n'est autre chose que la prostitution légale, la cocotterie, ou l'émancipation de la femme pour l'adultère.*

Et ce n'est pas une loi d'infériorité, qui indique ce devoir à la femme, mais sa supériorité réelle et naturelle.

Dans la nature, les êtres inférieurs sont bien plus nombreux que les êtres supérieurs. Les minéraux dépassent en nombre les végétaux. Il y a plus de plantes individuelles que de bêtes. Les animaux sont bien plus nombreux que les hommes, et s'il y a quelque part des anges, ils seront en grande minorité vis-à-vis des humains.

Cela seul prouve, que les êtres inférieurs n'ont point été exclusivement créés pour les êtres supérieurs et que les forts ont été doués de force, pour en vouer une partie aux faibles. Cela prouve enfin que les devoirs des forts, de l'accomplissement desquels jaillissent les droits des faibles, sont de rigueur, sous peine de voir souffrir et périr les uns et les autres.

Même phénomène dans l'être individuel. Les parties nobles sont moins fortes, par la quantité, que les parties moins nobles.

Mais il faut que les organes supérieurs fonctionnent avant tout, selon leur loi, pour donner la vie et la santé aux membres inférieurs. Pour peu que le cerveau ne fasse pas son devoir de raison, les bras, les jambes, les yeux, les oreilles, les entrailles, tous les membres périclitent et ne jouissent plus de leurs droits. A la fin, ils réagissent par des maladies sur le cerveau et l'entraînent à la destruction.

Partout donc où la loi sociale s'est réglée sur la loi naturelle, les forts ont été contraints de faire leurs devoirs, afin de garantir les droits aux faibles. Il n'y a pas d'autres progrès dans la civilisation. Le bonheur de tous les êtres est contenu dans cette loi. Là où le génie et le talent accomplissent leurs devoirs, pensent, travaillent, agissent pour l'immense majorité des médiocrités, autant dire un chiffre donnant sa valeur aux zéros ; là où les riches seuls paient l'impôt nécessaire à la justice sociale, afin que le pauvre puisse vivre convenablement de son travail ; là où le fonctionnaire élu pour ses vertus et ses talents, au lieu de regarder sa fonction comme une vache à lait, ou comme un bouclier de vice, pour pouvoir se vautrer impunément dans les plaisirs illicites, veille à ce que justice soit faite aux faibles contre les forts, aux vertueux contre les vicieux, aux travailleurs contre les fainéants ; là où l'homme valide travaille pour soutenir l'infirme et le malade, où la jeunesse nourrit et honore la vieillesse, où le père et la mère ne s'aiment que pour procréer et élever d'honnêtes citoyens, en leur donnant l'exempl› de toutes les vertus indispensables à l'honneur et au bonheur de la maison, de la cité, de la patrie, là règnent l'ordre, la justice, la liberté, la prospérité ! Là est le siège de la civilisation ! Là est la capitale de l'humanité ! Là est le règne de Dieu en personne, représenté par la loi sociale, basée sur la Loi de la nature !

Or, dans l'amour, la femme est bien plus forte que l'homme ! Elle lui est supérieure, autant par l'intensité du bonheur, que par sa puissance illimitée.

L'homme, il est vrai, est soustrait aux douleurs de l'enfantement, aux maladies et aux malaises de la grossesse, mais ces douleurs, loin d'être une malédiction, comme le prétend l'auteur de la *Genèse,* ne sont que les ombres naturelles de la grande puissance d'amour de la femme ; puissance qui dépasse d'une manière bien sensible celle de l'homme.

Loin d'être inférieure à l'homme dans l'acte d'amour, la femme lui est supérieure, en dehors de la conception.

La femme, selon le célèbre docteur Huffeland, a les nerfs quinze fois plus sensibles que ceux de l'homme. Qu'est-ce donc quand la femme veut se livrer aux étreintes de l'amour, en se privant sciemment de la possibilité de la conception ! L'homme ne peut pas faire acte d'amour sans faire acte de père. La femme peut toujours sacrifier à ce dieu et le tromper, tout dieu qu'il est. *La femme peut se prostituer, l'homme ne le peut pas !*

Un homme qui se prostituerait tous les jours, mourrait en peu de mois. Mais il est des femmes qui, pendant des années, se prostituent à plusieurs hommes par jour. Les demoiselles Giraud s'exposent à mourir jeunes et maigres, les Messalines engraissent et meurent de vieillesse.

Certes, cette supériorité est nécessaire, j'en ai indiqué le but. Elle seule garantit la possibilité de la monogamie. Mais elle n'est utile qu'autant qu'elle sera maintenue, par toutes les forces sociales, dans les limites de la nature, qui veut que toute force n'existe jamais pour elle-même et qui, en fait d'amour, n'ayant en vue que l'enfant, veut que toute femme n'existe que pour être mère.

Dès que cette supériorité, comme toutes les autres, n'est plus exercée que pour le bon plaisir ; dès que la puissance d'amour de la femme n'est plus employée pour le bien de l'épouse et de l'enfant, elle devient un fléau social, qu'il faut exterminer par le fer et le feu !

La prostitution de la femme est la mère de tous les vices, de tous les crimes, de toutes les tyrannies, de toutes les hontes, de toutes les servitudes.

Avant qu'elle ne soit extirpée du corps social, il n'y a nulle part la moindre possibilité d'ordre, ni de liberté !

D'ailleurs, l'homme infidèle ne peut mentir longtemps à l'amour. Limité comme il l'est par la nature, il se tient bien vite à la femme préférée (et il y a toujours une préférée). S'il y a deux femmes, il néglige forcément l'une pour l'autre, car chacune pour preuve d'amour, veut le posséder seule. Il n'est jamais de trop. Que s'il persiste à jouer à ce jeu de cumul, sa ruine physique et morale est certaine.

Il n'en est pas de même de la femme. Elle peut faire semblant d'aimer deux, trois, plusieurs hommes, à la fois. Non, qu'elle en aime réellement deux, mais de par sa nature, elle peut mentir à deux et ne laisser flamber sa verve amoureuse que pour le troisième. Cela est d'une vérité telle que, dans la jalousie, la vengeance de la femme se manifeste d'une toute autre manière que celle de l'homme. L'homme jaloux, abandonné à son ressentiment, commence par frapper l'infidèle bien-aimée, avant de songer à son rival. Othello étrangle Desdemona, avant de se venger de Yago. La femme jalouse, au contraire, songe avant tout à sa rivale. Sa première pensée de vengeance lui est destinée. Elle cherche à détruire la voleuse, mais elle garde son bien volé. L'homme, même après avoir assouvi sa vengeance, rejette loin de lui le bien profané, mais la femme, après la vengeance prise sur sa rivale, ne repousse pas le bien-aimé infidèle. Elle prend toujours tout et ne rend jamais rien.

Ah ! si la femme, comme l'homme, n'aimait que par passion et rage, elle n'y résisterait pas longtemps. Mais elle peut aimer par ambition, par coquetterie, par vanité, par intérêt, par intrigue, par vengeance et tous ces amours, elle les conduit de front à grandes guides. L'homme qui aime de passion une autre femme que la sienne, ne peut lui cacher longtemps son amour illégitime. Il faut qu'une femme soit bien niaise, pour ne pas s'en apercevoir. Or, en fait d'amour illégitime, il y a des niais, mais guère de niaises. La femme adultère, au contraire, au plus fort de sa passion infidèle, redouble de tendresse mensongère pour son mari trompé pendant des années. C'est quelquefois un homme heureux, le plus heureux des trois.

Pour toutes ces raisons, la loi sociale, se modelant sur la loi naturelle, a frappé la femme adultère plus sévèrement que l'adultère de l'homme. Il est vrai que les deux adultères présentent les mêmes dangers pour la santé mutuelle des deux époux, ainsi que pour leurs intérêts respectifs.

L'homme ne peut pas pousser ses dérèglements jusqu'à la prostitution. Il peut se stériliser par la débauche ; mais une fois stérile, il ne peut plus continuer d'aimer, ni faire semblant d'aimer. La femme, au contraire, ne commence à abuser de l'amour et ne pousse l'homme à tous les excès, que du moment où elle se stérilise, soit réellement, soit artificiellement.

Contre ces différences physiques, il n'y a pas d'éloquence, ni de conférence qui tiennent ! La femme peut entasser paroles sur paroles, volumes sur volumes, elle ne sera jamais la *pareille* de l'homme pour l'infidélité en amour. *Il faut qu'elle paie sa supériorité par sa vertu.* Toute noblesse oblige. La vertu de la femme est la condition *sine qua non* de la famille, de la cité, de la patrie, de tout progrès, de tout ordre, de toute liberté.

L'adultère du mari est un crime contre la femme et la maison.

Mais l'adultère de la femme est un crime social.

Ce n'est pas le mari seul qui doit intervenir, mais la société entière ! Car cet adultère est un commencement de prostitution !

De tout cela il résulte que la société, courant au plus pressé et se réglant sur la loi de la nature, agissant presque en légitime défense, a partout forcé la femme d'être avant tout épouse et mère, afin que de ces devoirs accomplis jaillissent les droits de l'immense majorité des humains.

Seulement (et là commence l'iniquité sociale) même après avoir forcé la femme de faire ses devoirs, la société des hommes lui a refusé tous les droits légitimes, issus de ces mêmes devoirs.

Mais elle ne l'a pas fait impunément. La femme, se voyant frustrée et dupée, a éludé, détourné la loi. Ce qu'elle n'a pu faire par force, elle l'a fait par ruse. Sa puissance est telle, que même jugulée, liée, garottée, et bâillonnée, elle a su défaire, une à. une, les mailles d'iniquité qui la tenaient captive et prendre sa revanche. Là où elle n'a pas pu vaincre l'homme, elle l'a corrompu et l'a entraîné avec elle dans l'abîme du despotisme et de l'esclavage.

Aujourd'hui même, après tant de luttes, de batailles et de victimes, les femmes ne jouissent pas encore de leurs droits naturels.

Mais dans notre siècle d'athéisme, de matérialisme et de crétinisme, bon nombre de femmes militantes, pratiquant leurs maximes, ont l'air de mettre tous leurs droits dans la négation même de leurs devoirs préalables et primordiaux.

Au lieu de s'armer de ces devoirs et de prendre leurs points d'appui et de départ dans cette citadelle spirituelle, elles font mine de réclamer les mêmes droits que l'homme, non pas seulement pour le Code politique, mais pour le Cod: de l'amour même. Elles demandent formellement *l'égalité complète dans l'émancipation de la chair, dans le concubinage et jusque dans la prostitution.* Dans leurs romans, l'adultère de la femme est mis sur le même pied que celui de l'homme. Elles croient avoir dans le mariage les mêmes droits, en tant qu'individus, bien que ces devoirs et ces droits, basés sur la nature et la différence des sexes, diffèrent essentiellement, les uns des autres; *bien qu'il ne soit donné à aucun pouvoir social d'égaliser ces différences naturelles.*

Ce malentendu vient exclusivement des idées matérialistes du dix-neuvième siècle, idées, non seulement contraires à la loi divine, à la loi naturelle, mais à toute loi, d'où qu'elle vienne. L'athéisme, cécité de l'âme, est l'anarchie de la logique, une Babel sociale, c'est le droit qui s'affirme, en niant le devoir, comme qui dirait un fils assassinant son père pour en hériter et se refusant d'être père lui-même. C'est la fin de toute société. C'est la femme, se livrant à l'amour illimité et se stérilisant, après avoir étouffé le fruit de ses entrailles.

C'est le paresseux, prêchant le communisme et exigeant que d'autres, et les meilleurs, travaillent pour lui ; que la société lui assure un minimum de fainéantise, jusqu'à ce que, par la violence et le despotisme, il arrive au maximum ! C'est le mâle, demandant l'union libre, afin qu'après avoir épousé la mère et l'abandonnant, il épouse la fille, puis l'abandonnant à son tour, la petite-fille et ainsi de suite jusqu'à l'âge de l'impuissance. Cette anarchie qui est dans tous les esprits, surtout dans ceux de la jeunesse, est pire que le règne des animaux. Les bêtes suivent instinctivement la loi de la nature. L'homme seul, grâce à son immense privilège du libre arbitre, peut s'élever jusqu'aux anges, ou s'abaisser au-dessous de la brute. Il n'y a pas de milieu pour lui.

Ou, par le devoir accompli des forts, au nom de la loi sociale qui les y force, la société arrive logiquement à la jouissance de tous ses droits et partant à l'ordre par la justice, à la liberté par la paix, à la gloire par la vertu, ou bien, dès que le droit précède le devoir et l'annihile, elle va s'abêtissant, s'affolant, n'ayant plus ni loi, ni frein, ni rail, et se précipitant dans une anarchie brutale, où les hommes, contrairement aux bêtes, s'entre-dévorent les uns les autres, frère contre frère, sœur contre sœur, loup

contre loup, renard contre renard et jusqu'à chapon
contre chapon.

Nul être dans la nature ne se prostitue, sauf la femme.
Nul être dans la nature ne vit avec et par la prostitution,
sauf l'homme. Faut-il en conclure que de tous les êtres,
l'homme et la femme sont les plus vils et les plus misérables des créatures ? Peut-être !

La prostitution de la femme, est-elle le résultat des prévarications de l'homme social ? Est-elle innée dans la
nature de la femme ? Peut-on la détruire, ou la rendre
impossible ou inutile ?

Voilà des questions capitales, auxquelles il faut répondre, avant de constater les effets terribles de cette plaie
vive ; source empoisonnée de tous les malheurs qui affligent l'humanité. Parce que la femme peut se prostituer, il
ne s'ensuit pas qu'elle ait un penchant naturel pour ce
vice. Bien au contraire ! La nature a donné à la femme,
comme à toutes les femelles, la maîtresse passion d'être
mère. L'amour physique, le désir d'être aimé n'est, en
réalité, chez les deux sexes qu'un instinct naturel d'être
père et mère.

Le philosophe Schoppenhauer, dans un traité particulier sur l'amour, a établi avec beaucoup de sagacité, que
la beauté dans l'amour, le désir de se rapprocher mutuellement, n'est, en réalité, qu'un langage instinctif et muet
d'un sentiment paternel et maternel. Sans se rendre un
compte exact de ces mouvements involontaires, l'homme,
frappé de la beauté d'une jeune personne, se dit instinctivement : « Oh ! la belle et forte mère que cela serait ! »
La femme, à son tour, se dit mentalement : « Oh ! que cet
homme ferait un père fort et vigoureux ! et qu'une jeune
fille de lui serait belle ! »

De là vient, dit Schoppenhauer, que deux amants qui
se sont sentis attirés violemment l'un vers l'autre, pendant
la jeunesse, se rencontrent quinze ans plus tard, sans plus
rien sentir l'un pour l'autre. Jeunes, un je ne sais quoi les
poussait l'un vers l'autre. Mûris ou vieux, ce *je ne sais
quoi* a disparu.

Or, ce je ne sais quoi populaire, n'est autre chose que

l'instinct paternel et maternel, inné dans la race humaine; instinct qui vibre et frissonne à l'aspect de la belle et forte jeunesse.

La femme, sauf de rares cas qui sont des maladies, n'aime naturellement et ne cède à l'homme, que poussée par la passion instinctive et irrésistible d'être mère et d'avoir un bel enfant. Inutile d'ajouter que l'homme est l'esclave de ce même instinct.

La prostitution humaine est donc un fait anormal, contraire à la nature de l'homme et de la femme.

La série des devoirs et des droits humains est si harmonieusement engrenée, que dès qu'un homme vient à violer un de ces devoirs, par cela même, il frustre un de ses semblables de ses droits. Dès qu'un père a plusieurs femmes pour mères, chacune de ces femmes, que la nature n'a pas limitée, comme les femelles des autres espèces, est lésée dans ses droits d'amour. Dès lors la mère négligée emploiera toutes ses facultés intellectuelles pour chercher un suppléant à ce demi, à ce quart, à ce huitième de mari.

Pour échapper à la vigilance du maître et pour n'être pas trahie, elle cherchera à jouir de tous ses droits d'amour, sans accomplir les devoirs maternels. Et voilà la prostitution.

Comme tous les vices rongeurs, la prostitution est issue d'un crime social.

La polygamie est donc une des causes premières de la prostitution, mais elle n'en est pas la cause principale. Ce fleuve, ne roulant que dans la fange de sang et de sanie a plusieurs affluents, plus pestilentiels l'un que l'autre.

La cause efficiente, c'est la grande erreur sociale; erreur séculaire *des prétendus droits non issus des devoirs accomplis.*

Il n'y a pas de droits innés !

Avant d'être un individu, l'homme est un être social. Avant de naître, il doit à la société un père, une mère, une justice sociale, qui leur a permis de s'unir, un climat rendu habitable par des ancêtres et un sol cultivé. Tous les prétendus droits imprescriptibles de l'enfant, ne sont autre chose que des devoirs accomplis par les parents, par les aïeux et les bisaïeux. Depuis la naissance jusqu'à l'âge de la force et de la raison, *l'enfant ne jouit d'aucun droit, qui ne soit un devoir rempli par d'autres que lui, par sa famille d'abord, sans laquelle il ne naîtrait pas, ou mourrait, à peine né; par la cité, sans laquelle la famille disparaîtrait; par la patrie, sans laquelle la cité serait détruite; par la société et ses lois humaines, sans lesquelles la patrie serait la proie du droit du plus fort.*

De l'idée du droit primordial dans la vie individuelle, sont sortis tous les fléaux humains. Si la liberté n'est qu'un droit, j'ai moi, individu, le droit d'y renoncer. On renonce à un droit, mais on ne peut renoncer à un devoir.

Si la monogamie, l'amour naturel, le travail, la loyauté, la bonne foi, la vertu sont autant de droits et non des devoirs, je puis y renoncer et m'écrier, au risque de la guerre sociale : « *Courte et bonne!* » Si la pureté des mœurs est un droit, moi, femme, jeune et belle, j'y renonce, me prostitue et vogue la galère! Nargue, des aïeux! Foin, de la génération à venir! Mais si la liberté, le pouvoir, représentant l'ordre et tout ce qui s'ensuit, sont des devoirs essentiels; si l'honneur, l'honnêteté, la vertu, sont d'impérieux devoirs, nul n'a le droit d'y renoncer, ni de s'y soustraire, sous peine d'être retranché de la société comme un membre gangrené.

Non! L'homme n'est pas libre de n'être pas père, ni la femme de n'être pas mère. C'est même leur premier devoir.

Mais, diront-ils, nous n'avons pas demandé à vivre. Pardieu, non! Mais ta vie même, malheureux, n'est pas un droit, c'est un devoir! On ne vous a pas consultés pour vous créer, et pour peu que votre mort soit nécessaire à vos semblables, vous mourrez, sans que la société vous en demande la permission.

Non! La femme n'est pas libre de se prostituer, dût-elle en mourir, car elle détruit en elle un trésor qu'elle doit à la société, en échange des sacrifices que cette société a faits, depuis des siècles, pour que cette femme ait pu être engendrée, enfantée, allaitée, nourrie et élevée dans des conditions de santé et de justice.

Autant il est du devoir de tout citoyen de courir à la défense de la patrie menacée par la violence et l'iniquité, autant il est de son devoir de s'opposer, de toutes ses forces, au risque de sa fortune et de sa vie, à ces hordes de célibataires, assassins du corps, meurtriers de l'âme, corrupteurs des mœurs!

Quand l'humanité aura échangé le mot fallacieux de *Droit* contre le mot divin de *Devoir*, elle considérera les moines, au-dessous de cinquante-cinq ans, et les nonnes, au-dessous de quarante-cinq ans, comme des malfaiteurs sociaux.

Alors, nul célibataire volontaire, ni laïque, ni clérical, ne jouira d'aucun droit, ni politique ni civil. Le célibat est un soi-disant droit qui prend tout et ne rend rien. Il n'aurait de raison d'être, que si tout individu pouvait prouver qu'il s'est créé tout seul et qu'il ne doit rien, ni à la famille, ni à la cité, ni à la patrie. En tous cas il faudrait prouver qu'il a payé sa dette sociale d'une autre manière, ce qui est impossible, car la première dette à payer, c'est d'être père ou mère.

C'est parce qu'il n'y a pas assez d'hommes, et parce que les trois quarts du globe ne sont pas cultivés, que les hommes s'entre-tuent, pour s'enlever le peu de fruits qui restent, que la terre ensauvagée est pleine d'animaux malfaisants, qu'elle exhale d'horribles maladies ambulantes et que les climats sont encore si rudes!

C'est parce que la France est livrée au malthusisme, à la cocotterie, à la prostitution, à l'adultère, à l'inceste, à la girauderie et à la sodomie, qu'il n'y a plus que des médiocrités sans initiative, ni génie, ni virilité, vieillies avant l'âge, et se rendant à l'ennemi sans coup férir, comme à Metz, de honteuse mémoire, par cent cinquante mille hommes (il n'y a pas d'exemple pareil dans toute l'histoire humaine); comme les Américains du temps de Colomb, dégénérés par la promiscuité, la débauche et la syphilis.

Depuis longtemps, l'homme né se marie plus en France,

que pour remplacer par la dot une fortune compromise,
ou, après une maladie d'amour, et dans l'intention bien
arrêtée de n'avoir qu'un enfant ou deux, nés rentiers
pour jouir de tous les droits de l'amour, sans en accomplir les devoirs.

Chaque enfant mis au monde, est regardé comme
l'ennemi du premier. Il empiète sur ses droits, sur son
héritage; droits qui n'existent pas et n'ont aucune raison d'être.

Ce sentiment, cette erreur morbifère du soi-disant
droit, menace toute l'Europe, l'Allemagne aussi bien
que l'Angleterre et l'Italie.

La société européenne, grâce au mensonge du Droit
sans Devoir, est en pleine démence.

Elle entre dans une guerre, qui ne cessera que faute
de combattants! Les vainqueurs n'en seront pas moins
malheureux ni moins à plaindre que les vaincus.

Quand l'humanité aura deux milliards d'individus de
plus, elle les enverra *nolens volens*, en vertu du devoir
primant le droit, dans toutes les contrées du globe, cultiver partout la terre, d'après ses lois naturelles et faisant disparaître tous les animaux malfaisants. Elle ne
permettra pas que quelques-uns, les moins méritants,
enlèvent tous les droits de vivre, sans accomplir le devoir
de travailler. Elle ne tolérera ni despotisme, ni anarchie, car plus il y a d'humains, plus il y a de raison
réflective.

Elle dira au travailleur : « Tu veux vivre en travaillant. Bien. A Paris le travail est pris. Mais j'ai des
terres magnifiques, en Afrique, en Amérique, aux Indes.
Tu y iras. Et si tu n'y vas pas de bon gré, je t'y en-
verrai de force, car ton premier devoir envers moi, c'est
de travailler pour payer la dette que tu as contractée
envers moi en naissant et en grandissant. Tous tes prétendus droits jaillissent de ce devoir accompli. Que si
tu comptes y manquer, moi, société, sauvegarde des générations présentes et futures, je ne manquerai pas à
la mienne. A la moindre résistance je te briserai, je te
retournerai en fumier et te foulerai, comme le labou-

reur, pour sauver sa récolte, arrache, retourne et foule aux pieds l'ivraie de son champ. »

Quant à la prostitution, *sous prétexte de gagner sa vie, c'est la plus grande hérésie sociale de notre siècle de nains et de niais!*

La première chose que la femme doit à la société, c'est sa vertu. Cette vertu est plus indispensable que son travail au bien de la famille et de la patrie. Elle est la base de l'ordre, de la liberté, de la santé, de la prospérité.

Si marâtre que soit la société envers la femme déshéritée, cette femme sera toujours en reste avec elle. Elle lui devra toujours plus de biens qu'elle ne lui en rend, et si elle ne conserve pas sa vertu, elle devient d'abord insolvable, puis un membre dangereux, une fille dénaturée, qu'il faut absolument retrancher de la société.

Je sais aussi bien que bon nombre de sincères observateurs, que, si misérable que soit une fille, à moins de céder à la violence, elle n'est jamais forcée de se prostituer pour sustenter sa vie! Mais cela fût-il vrai, mieux vaudrait pour elle perdre son corps par la mort, que par la débauche volontaire. Ce corps ne lui appartient pas! Il appartient à la société, avant qu'elle-même ait le droit d'en abuser. La vie n'est qu'un prêt que la société, grâce à ses lois de justice, fait à l'individu. Par ce bienfait, elle compte doubler, tripler sa prospérité, afin de la léguer aux générations à venir, ou de parer des malheurs qui surviendront par intermittences. Une fille n'a pas plus le droit de prostituer son corps, que de s'emparer du produit du travail d'autrui.

Le vol est plus tolérable. On peut en réparer le tort. Moïse, le législateur le plus socialiste et le plus humain, condamne le voleur, non à la stérile prison, mais à restituer par son travail, doublement et parfois quintuplement, le dommage causé au volé. *Mais il ne tolère pas la prostituée dans sa République.* Il est vrai que cette République a été détruite par la prostitution *polygamique* des Juifs

Voici maintenant la LOI [1].

Le jury, pour toute question d'amour devant la justice, est et reste aboli !

Il sera formé un *Tribunal*, qu'on pourrait appeler une *Cour d'amour*, pour toutes les questions, tous les délits, conflits et crimes d'amour !

Cette *Cour* sera composée de neuf juges, six hommes et trois femmes, choisis parmi les citoyens et les citoyennes, les pères et les mères les mieux réputés, pour leurs vertus et leur vie sans tache, les hommes ayant l'âge de cinquante ans et les femmes de quarante-cinq ans.

Les époux qui n'ont pas eu d'enfants ne seront pas admis.

Ces neuf juges, largement rétribués, formeront trois tribunaux, chacun composé de deux hommes et d'une femme, qui siégeront, à tour de rôle, pendant trois jours de la semaine, de neuf heures du matin jusqu'à midi, et de deux heures jusqu'à cinq heures. Un de ces trois juges présidera le tribunal, à tour de rôle.

Toute question, tout litige, tout procès d'amour sera porté directement devant un de ces tribunaux, sans avoir besoin de passer par l'étude d'un avoué ou d'un avocat.

A côté des juges se trouveront un greffier, un sténo-

[1] Nos lois sur l'amour, étant courbées dans le sens d'une indulgence énervée, je me vois forcé de les recourber dans le sens contraire, d'une virile sévérité. Peu à peu elles se redresseront dans la main de la magistrature, qui doit toujours être meilleure que la loi.

graphe et un commissaire de police pour recevoir et exécuter, séance tenante, les ordres du Tribunal.

Après avoir écouté les plaintes des plaideurs, le Tribunal met l'affaire en délibéré, et fait faire une enquête sérieuse sur eux et sur leurs témoins; enquête qui ne peut dépasser quinze jours, à moins qu'il ne faille une instruction lointaine.

Aucun procès ne peut durer plus d'un mois, et chaque Tribunal peut déférer la cause aux trois juges qui siégeront après lui, en leur soumettant les pièces du procès.

De même les plaideurs peuvent en appeler d'un Tribunal à un autre, dont le jugement sera définitif.

Toute question de divorce, d'adultère, de rupture de mariage entre fiancés, tout crime d'amour qui n'encourt pas directement la peine de mort, ainsi que toute indemnité, soit dans un cas d'adultère, soit dans la rupture du mariage entre fiancés, est de la compétence de ces Tribunaux, qui dans certains cas peuvent juger un procès dans une seule séance.

Le huis-clos ne sera admis que pour certaines causes. Mais aucun homme au-dessous de vingt et un ans, ni aucune femme au-dessous de vingt ans, ne seront admis comme auditeurs dans la partie libre destinée au public.

La prostitution de la femme et de l'homme, étant un crime national et social, ne sera plus tolérée sous aucun nom ni sous aucune forme. Les maisons de tolérance seront fermées sans aucune indemnité, et la police ne pourra plus délivrer une carte de tolérance, ni à une fille, ni à une femme soumise.

Tout homme qui se prostitue, ou qui vit de la prostitution d'une fille ou d'une femme, fût-ce même la sienne, rentre dans la même catégorie et encourt les peines de la prostitution.

Toute fille ou femme convaincue de prostitution, sera condamnée à deux ans de travail forcé. L'argent qu'elle gagne par son travail, défalcation faite de ses frais d'entretien, sera employé au profit d'un Établissement que l'État créera pour des filles et des garçons repentis, après l'expiration de la peine d'une première condamnation, qui sera la même pour les deux sexes.

Après ces deux années de travail, pendant lesquelles on a enseigné un métier aux délinquants, la fille entre dans l'Établissement de refuge dont nous venons de parler, dans lequel se trouveront des ateliers pour tous les métiers. Le produit de son travail lui est assuré. Elle peut être demandée en mariage et se marier, tandis que l'homme reste libre et peut se marier à sa volonté.

Si la fille libérée, mariée, commet un adultère, outre le divorce forcé, même si le mari ne le demande pas, elle est condamnée à cinq ans de travail forcé, sans pouvoir revoir ses enfants et perdant le produit de son travail. De même pour l'homme.

Au bout de cette peine, elle peut se remarier ou rester dans le célibat, mais si, après ce temps, elle commet un nouvel adultère, ou se livre de nouveau à la prostitution, elle sera condamnée au travail forcé à perpétuité ! On tatouera sur son épaule le mot *prostituée*. De même pour l'homme au masculin. Et à la moindre tentative de crime d'amour, soit avec un homme, soit avec une femme, *elle ou lui sera pendu !*

Toute femme ou jeune fille soupçonnée de prostitution, qui ne peut pas faire la preuve de la subvention de ses besoins, soit par ses parents ou sa fortune, soit par son mari, soit par ses enfants ou son travail personnel, *sera considérée comme prostituée, quelle que soit la position sociale qu'elle occupe !*

Les collages seront interdits.

Tout homme et toute femme, vivant maritalement ensemble sans être mariés selon la loi du pays, seront expulsés du territoire et, s'ils rentrent clandestinement sans se soumettre à la loi, ils seront considérés comme prostitués.

Toute femme convaincue d'adultère, outre le divorce forcé, sera condamnée à une année de travail forcé. Elle perdra tout droit sur sa dot et sur ses enfants. Même peine pour son complice.

Si son amoureux n'est pas marié, après l'expiration de

l'année, les deux complices seront forcés de s'épouser, sans pouvoir jamais divorcer. En outre, l'homme sera condamné à une forte amende, au profit du mari trompé et, en cas d'insolvabilité et de garantie inacceptée, il aura le travail forcé jusqu'à l'extinction de la somme taxée par le juge. Si son complice est un homme marié, ils seront condamnés tous deux à deux ans de travail forcé, même si la femme du *correspondant,* selon le mot anglais, ne demande pas le divorce. Et s'il y a récidive, l'adultère rentre dans la catégorie de la prostitution.

Tout homme, ayant séduit une jeune fille, même avec son consentement, sera forcé de l'épouser sans pouvoir divorcer, s'il n'est pas marié. Dans le cas où la jeune fille refuse le mariage, l'homme sera condamné à lui payer une dot, selon l'estimation des juges et, s'il y a un enfant, à lui livrer les fonds pour son éducation jusqu'à l'âge de dix-huit ans. En cas d'insolvabilité par son travail libre, ou par des garanties, *il sera condamné au travail forcé.*

S'il y a eu violence avérée, l'homme sera condamné à la peine de mort, *sans pouvoir être gracié.* Si le coupable est marié et que sa femme ne demande pas le divorce, il sera condamné aux mêmes peines que le célibataire refusé. La femme adultère ne peut se remarier qu'une fois, même si son second mari meurt. Et si, après un second mariage, comme veuve, elle commet un nouvel adultère, elle rentre dans la catégorie de la prostituée.

Tout crime d'amour d'inceste, de sodomie ou de lesbiennerie, tout infanticide prouvé, sera frappé de la peine de mort, à moins qu'il ne soit avéré par des témoins qu'il y a eu violence. En ce cas, le violateur seul sera pendu. S'il y a eu consentement des deux parties, toutes les deux seront mises à mort, sans pouvoir être graciées. Ce sont des gangrènes humaines qu'il faut extirper le plus promptement, comme le laboureur arrache l'ivraie et la foule aux pieds, pour sauvegarder son champ d'une perte totale. Il n'y a de circonstances atténuantes pour aucun crime d'amour.

En cas d'avortement, l'avorteur ou l'avorteuse et la femme avortée seront condamnés à dix ans de travail forcé. Le produit de leur travail appartiendra aux orphelins de la ville. Le divorce est de droit pour le mari ou la femme du coupable.

Les enfants d'un père contre lequel le divorce a été prononcé, peuvent changer de nom et prendre celui de la mère.

Un homme convaincu de bigamie, outre le divorce de rigueur entre lui et ses deux femmes, sera condamné à cinq ans de travail forcé. Le produit de son travail appartiendra aux deux femmes et à leurs enfants. Pendant sa détention, les femmes peuvent se remarier. Après l'expiration de sa peine, il peut se remarier avec une de ces femmes, si elle ne s'est pas remariée. S'il y a un nouvel adultère de la part du mari, il sera condamné au travail forcé à perpétuité.

Toute femme qui, contre sa volonté, a été forcée par son mari de lui céder pendant sa période d'impureté, a le droit de demander le divorce, après la production des témoins qu'elle aurait eu soin de prendre.

Tout mourtre entre époux, même en cas de flagrant délit, sera frappé de la peine de mort. Nul n'a le droit de se rendre justice soi-même. S'il y a seulement tentative d'assassinat sans mort, la peine sera travail forcé à perpétuité, avec une forte indemnité et, en cas d'insolvabilité, le produit du travail formera cette indemnité.

Tout homme âgé de vingt-trois ans et resté célibataire, ne pourra exercer aucune fonction, ni publique ni civile. Il ne pourra être, ni électeur, ni éligible, ni conseiller municipal, ni juge, ni avocat, ni médecin, ni journaliste. C'est un frelon. C'est un ennemi de son pays et de la société. Il veut vivre aux dépens de son prochain. Il vole, il corrompt la femme, la fille, la sœur d'un autre. Il veut jouir de tous ses droits, sans accomplir le premier de ses devoirs. Si cet homme veut se vouer à la chasteté, libre à lui, s'il a de la fortune ou un métier à exercer. En ce cas, il est du devoir de l'État de le frapper d'un impôt particulier et excessif, sans que cet impôt lui accorde ses droits de citoyen.

Aucun couvent ne pourra recevoir un homme, au-dessous de l'âge de cinquante-cinq ans, ni une femme, au-dessous de quarante-cinq ans. Aucun prêtre, veuf ou non marié, au-dessous de cinquante-cinq ans, ne sera admis à officier comme tel.

Nul homme divorcé, si le divorce a été prononcé contre lui, pour n'importe quelle action, ne peut être nommé à une fonction publique.

Certes, ces lois resteront lettre morte pour la génération actuelle et probablement même pour plusieurs générations qui vont suivre. Mais comme les lois actuelles et les mœurs qu'elles ont créées, précipiteront certainement la France dans un abîme de désastres et de calamités, ainsi que cela est arrivé à toutes les nations, qui ont pratiqué impunément les mêmes vices, il viendra un temps, où les hommes sages et justes ayant survécu, qui, sans adopter ces lois dans toute leur rigueur, en profiteront pour rédiger un nouveau Code d'amour, basé sur le Devoir au lieu du Droit et conforme à la Loi de Dieu, identique avec celle de la nature.

Hélas! il n'y a pas d'espoir pour l'Europe, aussi longtemps que durera le système actuel des armées de terre et de mer. Ruinée de fond en comble, par les armements toujours renouvelés, l'Europe civilisée sombrera dans un déluge de socialistes collectivistes, qui se dévoreront eux-mêmes les uns et les autres, où les différentes armées s'entr'égorgeront dans une guerre universelle et barbare, jusqu'au dernier des hommes.

Dieu fasse que je sois un mauvais prophète!

Mais même dans le cas d'un désarmement général, aucune paix ne sera durable, ni ne portera aucun fruit salutaire, avec les lois ramollies et les mœurs pourries actuelles.

La société civilisée entière, sa paix et sa prospérité reposent uniquement sur la vertu de la femme, qui est la parcelle divine en elle, et sur la fidélité et l'honneur de l'homme!

La patrie, l'humanité ne sauraient jouir d'aucune félicité, si cette félicité n'existe pas dans la famille et dans la maison!

C'est le cas de citer la réponse de Lycurgue à un de ses concitoyens.

— Pourquoi, lui demanda ce citoyen, n'as-tu pas introduit la libre démocratie dans l'État?

— Introduis-la donc dans ta maison, lui répondit le législateur et tu m'en diras des nouvelles!

FIN DE LA PREMIÈRE PARTIE

CODE

DEUXIÈME PARTIE

Contenant :

Loi sur les invalides civils.

Loi complémentaire sur l'héritage.

Loi sur la propriété littéraire.

Les théâtres.

CONSERVATOIRE NATIONAL UNIVERSEL POUR TOUS LES ARTS.

COURONNEMENT PUBLIC TOUS LES CINQ ANS POUR TOUS LES ARTISTES DE GÉNIE.

L'université.

Trois petites lois qui deviendront grandes.

Loi sur la médecine et les médecins.

Loi sur la fraude et les fraudeurs.

I

LOI SUR LES INVALIDES CIVILS.

La justice d'un pays, avons-nous dit, n'a d'autre
but que de forcer les forts à faire leurs devoirs envers les faibles, au nom de la justice sociale, au cas où
ils ne les rempliraient pas volontairement par vertu. Or,
les faibles, nous les avons définis ainsi : les enfants,
les infirmes, les malades, les vieillards, les veuves non
remariées. Moïse y a ajouté l'étranger, auquel il accorde
les mêmes droits qu'au citoyen. Aussi pour le récom-
penser, toutes les nations qui lui doivent le peu de civilisation qu'elles possèdent, traitent-elles son peuple
comme des étrangers, sans loi et sans droit, corvéables,
taillables et pillables à merci.

Depuis quelque temps la société a fait quelque chose
pour l'enfance. Pour les malades aussi, on a créé des
hôpitaux. Mais la vieillesse a été complètement négligée. Nul État n'a fait quelque chose de sérieux pour
elle. Et pourtant c'est la pierre de touche d'une société
civilisée. Nulle paix possible et pas un jour de sécurité
assuré, ni pour la vie, ni pour la propriété, si l'honnête
citoyen, après avoir accompli ses devoirs les plus pé-
nibles de travail, d'honnêteté, de soins paternels et maternels pour élever des fils vaillants, dignes des meilleurs citoyens et des filles vertueuses, prêtes à accomplir leurs devoirs d'épouses et de mères, en un mot,
après avoir travaillé toute sa vie jusqu'à l'âge de soixante
ans, n'a pas un morceau de pain assuré, quand par

l'âge, les forces l'abandonnent pour gagner encore sa vie.

Ceux-là même qui ont peiné pendant quarante ans, qui se sont imposé des privations durant tout le temps de leur vigueur, pour économiser et mettre en réserve leurs épargnes, afin d'assurer leur vieillesse, ne sont pas sûrs un jour de leurs économies. Il est beaucoup plus facile de gagner de l'argent que de le conserver. Alors grand nombre de travailleurs se disent : « *Courte et bonne* » ou « *Après moi le déluge* ». D'autres se permettent de rapiner pendant leur jeunesse, pour avoir un morceau de pain pendant la vieillesse, en un mot, c'est une guerre civile en permanence, d'abord entre le patron et l'ouvrier, entre le maître et son domestique, entre l'employeur et l'employé, surtout entre l'État et ses fonctionnaires, puis, en second lieu, entre tous les citoyens sans distinction dont presque tous subordonnent leurs actions à l'idée d'être rentiers, quand viendra l'âge du chômage forcé, des infirmités physiques et morales.

Et quand on pense que les frais de la moindre guerre (comme par exemple celle du Mexique) suffiraient pour donner à tous les Français invalides de soixante ans sans fortune, une petite rente de cinq cents francs pour l'homme et de quatre cents francs pour la femme !

Toutes les caisses de retraite pour la vieillesse créées jusqu'à ces jours, sont de vraies duperies, pour ne pas dire des filouteries. On prend au travailleur en détail, dans l'espoir de pouvoir lui rendre la somme versée en bloc. Outre que le travailleur dans sa jeunesse est forcé de se priver du nécessaire pour cet aléa de superflu, dans un avenir lointain, il est à craindre qu'il n'y arrive jamais et c'est, en un mot, découvrir saint Jean, pour couvrir saint Paul.

Le travailleur ne doit jamais être privé de son salaire, excepté quand il s'agit d'un impôt universel consenti par lui-même. C'est aux forts, c'est-à-dire aux riches de sacrifier une partie de leur superflu, pour assurer le nécessaire du travailleur pauvre, *non durant le temps qu'il peut travailler et durant lequel on peut même le forcer de travailler*, mais pour le temps où il ne peut plus travailler, et que sa vie même est nécessaire pour servir de modèle d'honnêteté et de vertu aux jeunes générations fortes, vigoureuses et pleines de santé qui l'entourent.

Certes, il est des hommes et des femmes qui par vertu, par instinct divin et sans songer au lendemain, dévouent leurs forces aux faibles.

Ils trouvent leur bonheur dans ce dévouement. « *Il n'est de vrai bonheur que celui que l'on donne.* » Ce sont les vrais heureux de la terre. C'est pour cette classe d'hommes et de femmes vertueux, que l'Académie a fondé des prix de vertu ! Ce sont des justes volontaires qui seraient même justes sans ces prix. Ils ont en eux une dose d'essence divine assez forte pour spiritualiser leur matière. Ils n'ont point besoin de loi. La loi de Dieu est en eux ! Mais le grand nombre des humains contiennent plus de matière que d'esprit, et c'est pour ceux, là que la Justice a été créée !

Voici maintenant la loi.

Tout Français marié ou veuf, n'importe la condition, la religion et le métier, ayant travaillé jusqu'à l'âge de soixante ans, n'ayant subi aucune condamnation, ayant fourni la preuve qu'il n'a pas assez de fortune pour subvenir à ses stricts besoins, recevra une rente de cinq cents francs payable par mois.

Il peut choisir son séjour dans n'importe quel endroit du sol français. Il est libre de continuer son métier selon ses forces. Cet argent lui sera payé à la mairie. Nul créancier n'a aucun droit de saisie sur cette somme.

Toute Française mariée ou veuve, ayant honnêtement accompli ses devoirs d'épouse et de mère, n'ayant subi aucune condamnation, ou bien encore, toute fille ne s'étant pas mariée par sacrifice et dévouement à ses parents ou à ses maîtres, recevra à l'âge de soixante ans une rente de quatre cents francs, payable par mois. (Le reste comme pour l'homme.)

Si deux invalides, homme et femme, sont mariés ensemble, ils recevront mille francs.

Tout cela, me dira-t-on, est bel et bien sur le papier, mais où prendra-t-on l'argent ? On va le voir.

II

Voici ma loi complémentaire.

Tout héritage collatéral est aboli! Hériteront les enfants des parents, les parents des enfants et les époux l'un de l'autre.

N'hériteront, ni les frères et sœurs l'un de l'autre, ni les oncles et les neveux, les tantes et les nièces, à plus forte raison ni les petits-neveux et les cousins, etc.

La fortune de tout Français, de toute Française sans héritiers directs, n'en ayant pas disposé par un testament olographe dûment enregistré, appartiendra à l'État.

Même en faisant leur testament, ils ne pourront disposer que des deux tiers de leur fortune. Le troisième tiers appartenant de droit à l'État pour les Invalides civils.

Toute succession directe de deux cent mille francs ne paiera qu'un pour cent d'impôt. Passé cette somme, l'Etat percevra cinq pour cent de la troisième centaine de mille francs. Cet impôt sera progressif pour chaque cent mille francs d'héritage, au-dessus de trois cent mille francs jusqu'à concurrence de dix pour cent de chaque centaine de mille francs.

Cet argent sera également destiné aux rentes d'Invalides civils.

Il est bien entendu que si un de ces riches héritiers, ayant perdu honnêtement sa fortune par des forces majeures, se trouvait dans le cas d'un Invalide civil, il aurait droit à la même rente. (Voir le reste dans la loi sur l'impôt.)

Voici les considérations supplémentaires que j'ai publiées en 1872.

L'homme est un être social longtemps avant d'être un citoyen individuel.

Ses parents et ses aïeux lui ayant, par leur justice et leur travail, assuré son enfance, son adolescence, sa croissance virile, sa vie, sa santé, son instruction, son éducation, la société est dans son droit d'exiger avant tout que cet individu, quel qu'il soit, remplisse, à son tour, ses devoirs envers elle, d'où jailliront, non seulement les droits de l'individu même, mais ceux de tous les citoyens présents et futurs.

L'homme n'a donc pas le droit de refuser du travail, à moins qu'il ne vive du travail de son père et à condition que ce travail du passé (la propriété) accomplisse, volontairement ou forcément, ses devoirs envers le travail du présent. Il n'y a donc, il ne peut pas y avoir de pauvres dans une société du *Devoir*, excepté les enfants, les malades, les vieillards et les infirmes.

Envers ceux-là, la société n'a que des devoirs à remplir.

Tout homme valide est donc tenu à travailler pour accomplir ses devoirs envers la société.

Et pas de prétexte possible! Il ne pourra pas dire : Je ne veux travailler qu'à Paris, à mes heures ou à ma convenance.

Dès qu'un homme ne se suffit pas par le travail qu'il a choisi, ou qu'il menace de troubler le travail du voisin, il tombe sous la loi de la justice.

Il y a toujours du travail quelque part. S'il n'y en a pas à Paris il y en a en Algérie, en Calédonie, en Amérique, aux Indes. La terre, si elle était cultivée partout aurait des fruits pour trois milliards d'êtres de plus. La société a, non le *Droit*, mais le *Devoir* de l'obliger au travail honnête, et s'il commet le crime de se révolter en tuant un autre travailleur, il doit être retranché de la société sans miséricorde. (Voir la loi de la Justice.)

III

LOI SUR LA PROPRIÉTÉ LITTÉRAIRE.

Après la loi sur l'Amour, la loi sur la propriété littéraire est une des plus difficiles à définir et une des plus dangereuses à maintenir.

Depuis la proclamation de la propriété littéraire il n'est pas sorti, d'une langue européenne, un seul chef-d'œuvre, un seul livre qui soit devenu classique, c'est-à-dire universel et qui ait contribué à la propagation d'une vérité, à l'ennoblissement d'un devoir.

Il en sortirait un, la presse, grâce à son origine mercantile, ou l'étoufferait, ou ne saurait plus le reconnaître.

Alphonse Karr a cru pouvoir décréter la propriété littéraire, en la résumant dans une seule phrase :

« *La propriété littéraire est une propriété.* » Rien de plus spécieusement faux. Autant dire : le Verbe est une propriété ! car la littérature c'est le Verbe, et le Verbe c'est Dieu dans l'homme. Autant dire : Dieu c'est une propriété !

Ce qui distingue le Verbe de tous les autres Arts, c'est que comme Dieu, il est *Ubiquiste, éternellement immuable.*

Le Temps ni l'Espace n'ont aucune prise sur lui. Le

---

[1] Le plus grand, le seul chef-d'œuvre divin du dix-neuvième siècle, et comme poésie et comme pensée philosophique, au-dessus de tous les préjugés religieux et nationaux « *La Chute d'un Ange* » de Lamartine a été étouffé par la presse catholique et athée. Très peu de Français l'ont lu et l'étranger ne le connaît pas. Il sera la Bible poétique de l'avenir !

tableau, la statue, le temple, sont soumis aux lois destructives du Temps. La musique peut être lue et jouée à l'envers, mais un vers sorti du cerveau d'Homère ou de Corneille restera éternellement tel qu'il est sorti de la pensée du poète. Le Temps rongeur y perd sa force. On n'y peut changer une lettre, et comme Dieu, il sera ce qu'il fut et ce qu'il est. On a dit, qu'avec la prostitution, il n'y a plus de *femmes*, il n'y a que des *filles!* On peut dire de la littérature : Avec la propriété littéraire, il n'y a plus de *Verbe*. Il n'y a que du *Verbiage!*

La littérature d'un peuple n'est pas un amusement, un spectacle, un passe-temps. C'est l'âme même de la nation. C'est le cerveau soutenant le corps national, d'où sortent tous les mouvements, toutes les volontés!

La littérature d'un peuple dans toutes ses manifestations est et doit être un idéal perpétuel de vertu et de justice, retenant les hommes sur la pente des vices et des iniquités. Aucune nation sans une littérature d'idéal, n'a pu durer, pas plus qu'un corps sans raison spirituelle. Plus l'idéal d'une nation monte vers les hauteurs de la vérité absolue, plus cette nation acquiert gloire et prospérité, vivant heureuse, respectée, aimée, de génération en génération. Il n'y a d'autre immortalité que dans l'idéal de la vérité et de la vertu.

Les peuples ne se maintiennent et, s'ils sont morts, ne ressuscitent, que par une œuvre de Verbe divin, en d'autres termes, par le livre de génie d'un de ses fils. C'est par les livres de leurs grands hommes de génie que les peuples de l'antiquité sont immortels. Leur âme vit en nous comme elle a vécu en eux. Si la Pologne est morte, c'est qu'elle n'avait pas produit un livre par un poète ou par un philosophe de génie. Il en sera de même de toutes les nations, si innombrables que soient leurs armées, qui n'ont pas donné à l'humanité un Verbe divin de vérité universelle!

Le Créateur de toute chose, quel que soit son nom, a bien indiqué, par les lois de la nature, que la pensée de l'homme venant directement de lui, de quelque façon

qu'elle soit exprimée, n'est pas une propriété individuelle, pas plus que *Dieu lui-même, appartenant à toutes
ses créatures et n'existant que pour elles.*

Aucune propriété n'est *ubiquiste, ni éternelle.* Une propriété est un acquêt par le travail de l'homme; acquêt
qui a toujours besoin du même travail. Attachée au sol
ou à un objet mobilier, elle est soumise aux lois du
Temps et elle doit forcément disparaître. Ce qui ne rentre
pas dans cette catégorie n'est pas une propriété, ni ne
saurait l'être, sous peine de détruire tout l'édifice de la
société en très peu de temps.

Une maison, un champ, une marchandise, une lettre
de change est une propriété. Non seulement ces choses-là
sont matérielles, réduites à un espace circonscrit, se
détruisant par le Temps, mais pour en jouir, il faut toujours renouveler le même travail qu'il a fallu pour les
acquérir. La maison tomberait bien vite en ruines, si on
ne l'entretenait pas. Le champ a besoin d'être labouré et
ensemencé tous les ans. La lettre de change a besoin du
crédit d'un individu ou d'une société. Ainsi de toute propriété acquise à la sueur du front. Si d'un cep de vigne
ou d'un billet, on pouvait, comme d'un livre, tirer un
million d'exemplaires *valables*, sans dépenser plus de
travail que le papier et le tirage et sans aucune autre
garantie personnelle ou sociale, personne ne tolérerait
une propriété pareille. Si une miche de pain pouvait se
multiplier avec les frais seuls du four et du pétrin, on
assassinerait, et avec raison, celui qui oserait s'en déclarer le propriétaire et réclamer plus que le prix du four
et du pétrin.

Encore ces vivres ne dureraient pas au delà d'un certain espace de temps; ils se corrompraient, tandis qu'un
manuscrit copié ou un livre dure une éternité.

Le génie est une force. Toute force n'existe que pour
en sacrifier une grande partie aux faibles. De même
toute science pour les ignorants. Telle est la loi du
devoir. Telle est la loi de Dieu et de la nature! Que la
société soit reconnaissante ou non, le premier devoir du
génie, c'est de penser pour ses concitoyens, pour ses

semblables. Ce devoir accompli, il doit cueillir son droit et par-dessus une gloire éternelle. La gloire n'est acquise qu'au devoir rempli, ne réclamant pas les droits, ou qui ne peut être récompensé par un droit quelconque.

Il est certain qu'avec la propriété littéraire, il n'y aurait jamais eu ni Homère, ni Eschyle, ni même Aristophane, bien moins encore la Bible ou l'Évangile.

Car il est dans la nature des choses que tout devoir dévié détruit tout droit.

Dès que chez un peuple le penseur, le philosophe, le poète, le savant ne travaillent que pour cueillir un droit de propriété, au lieu de chercher la vérité, au lieu de placer l'idéal sur le chemin qui monte aux hauteurs, ils flatteront tous les mensonges, toutes les erreurs, toutes les superstitions du grand nombre de lecteurs et d'auditeurs qui doivent les payer. Homère en tirant à la ligne serait devenu millionnaire, mais il n'aurait jamais écrit l'*Iliade*.

Nul chef-d'œuvre de vérité n'eût jamais paru : on ne paye pas un homme qui vous dit des vérités, qui redresse vos torts, qui vous prédit des malheurs.

Ces hommes-là, on les subit, on les admire, on ne les paye pas!

La gloire est un rayon divin qui ne sert d'auréole qu'à des actions divines, telles que : le sacrifice, le dévouement, le devoir. Le génie qui se fait payer pour s'enrichir, ou pour obtenir des jouissances matérielles, au lieu de créer des modèles de vertu et de justice, créera des êtres sataniques, se révoltant contre toute vertu, contre tout devoir, afin de plaire à la masse des zéros qui peuvent imiter ces modèles, en réclamant les mêmes droits sans accomplir aucun devoir, car tous se sentent de taille à jouir de ces droits, tandis qu'un idéal de devoir n'est accessible qu'aux hommes-chiffres, partout en minorité, et que la nature n'a créés que pour faire compter les zéros. En très peu de temps les hommes-*quantité* s'associeront pour remplacer la *qualité*, croyant qu'une colonne de nains, grimpés les uns sur les autres, représente un géant. Une fois ces médiocrités maîtresses de la place, le talent, le génie lui-même est étouffé.

Toutes ces lois sont absolues, inexorables. En moins de cinquante ans, non seulement la nation n'a plus ni pensée, ni vérité, ni littérature, mais elle n'a même plus le sentiment du Juste, du Beau et du Vrai, pour les discerner de l'Injuste, du Laid et du Faux. Que les noirs ne voient jamais un blanc, ils n'admettront pas que l'homme blanc soit plus beau que le noir. Qu'il n'y ait plus d'idéal de vertu et de justice créé par le génie du poète, planant continuellement, comme un messager d'en haut devant les yeux du peuple, en peu de temps il n'y aura plus un homme juste, ni une femme vertueuse! On ne payera, on n'écoutera d'abord que de hardis et d'éloquents flagorneurs; puis, peu de temps après, des bateleurs, des pantins, des pitres de lettres, des *putainiers* raillant la vertu et la justice, comme les hibous raillent la lumière et les oiseaux qui en chantent les bienfaits.

Et de fait, quelle est donc la littérature européenne que la propriété littéraire a couvée, pondue, nourrie et élevée? Peut-elle entrer en lice avec la littérature de toutes les nations, qui est dans le domaine public? Que sont donc nos pullulants romanciers à dix volumes, vis-à-vis de Cervantes, de Goldsmith, ou même de Bernardin de Saint-Pierre?

Que sont donc nos poètes vis-à-vis de Shakespeare, de Corneille, de Racine, de Molière et de Schiller? Où sont nos philosophes qui puissent se mesurer avec Montaigne, Fénelon, Spinosa, Descartes, Voltaire et Kant? Que restera-t-il d'ici à cinquante ans, de toutes nos célébrités du roman et du théâtre? Ils ont gagné des millions qui seront hérités par un tas de zéros, leurs fils, absolument comme si leurs pères avaient été de simples fournisseurs d'armée. Mais le public, la patrie, l'humanité y ont tout perdu, même l'honneur, car ces hommes de génie et de talent, s'ils n'avaient pas travaillé exclusivement dans une vue de succès immédiat, de succès d'argent, de succès de *quantité* à la place de *qualité*, auraient créé des chefs-d'œuvre! Ils ne seraient pas devenus des

fabricants, au lieu de créateurs. Ils auraient eu le temps
d'étudier; ils auraient été forcés d'apprendre en enseignant et ne se seraient pas épuisés dans des élucubra-
tions de vice et de débauche.

Ils ne se seraient pas empoisonnés de leur propre corruption dorée. Ils auraient, comme par le passé, fondé
des écoles par leur enseignement. Ils auraient créé des
générations instruites, poétiques, héroïques et fortes. La
nation compterait, non seulement quelques chefs-d'œuvre
universels de plus, mais elle aurait trouvé quelques
grands modèles de courage, de dévouement et de force
vertueuse sur lesquels sa jeunesse se serait modelée,
car la jeunesse suit d'ordinaire, en bien comme en mal,
les poètes de génie qui la charment par la vigueur de
l'expression et la beauté de la forme. Où notre jeunesse
prendra-t-elle ces modèles? Dans Balzac, dans Hugo,
dans Sardou, dans Flaubert, dans George Sand ou dans
Alexandre Dumas fils, qui sont les pères des 175,000 capitulards, j'allais dire d'*Hernanis* et d'*Antonys* de
Metz? La propriété littéraire a corrompu toutes les
nations! Depuis qu'elle a été proclamée, il n'a pas paru
dans l'Univers un seul chef-d'œuvre, un seul livre dont
la lecture doive être recommandée comme utile et indispensable, je ne dis pas pour une honnête jeune fille,
mais pas même pour un honnête jeune homme. Les
chefs-d'œuvre ne s'improvisent pas. Il faut toute une vie
pour en produire un ou deux. Et il faut qu'ils soient
courts. Il n'est point de chef-d'œuvre en deux gros
volumes, pas même en philosophie. La vérité est comme
la lumière. *Elle paraît du coup, éclairant et réchauffant
à la fois.* Les vrais grands écrivains n'ont jamais produit
qu'une ou deux vérités, qu'ils ont toujours répétées sous
différentes formes. Dès qu'un homme fait un livre en
dehors de la recherche de la vérité, il commet une mauvaise action.

L'erreur seule se multiplie et compte ses volumes par
millions. Il n'y a qu'une santé, mais des milliers de
maladies!

Si l'erreur n'était qu'amusante, si toute erreur n'était

pas inexorablement vengée en moins de vingt ans, le mal ne serait pas grand.

Mais la littérature avec talent ou non, a beau railler tout, nier tout, douter de tout, rire de tout, la loi éternelle, en vertu de laquelle tout existe, n'en fonctionne pas moins. Les causes n'en enfantent pas moins leurs effets. Après quelques avertissements foudroyants, la nation, la société corrompue par ces erreurs, de chute en chute, de calamité en calamité, d'abîme en abîme, roule jusqu'au néant.

La France n'en est pas loin. Elle entraînera tout avec elle, car l'Europe, depuis la propriété littéraire actuelle, n'a plus un poète, n'a plus un penseur, dont la parole ait la moindre influence sur elle pour l'arrêter dans la voie de la barbarie et de force brutale, dans laquelle elle est rentrée par Darwin et Bismark.

Les vrais hommes de lettres se trompent, s'ils pensent qu'ils perdront en influence en perdant les droits d'auteur. De serviteurs qu'ils sont, ils deviendront les maîtres ! Ils iront de pair avec les chefs de l'État.

On a dit que la propriété littéraire a affranchi le poète de la protection des riches individualités, tandis qu'avec le droit de propriété il peut s'adresser à la masse. C'est vrai et c'est pourquoi la propriété littéraire a détruit la race des littérateurs. La nature est admirablement hiérarchisée. Nul pouvoir ne peut rien contre elle. Pour un contre-maître elle crée mille ouvriers manuels. Il y a un homme de talent sur un million d'hommes et un homme de génie sur cent millions. Vous avez beau donner l'enseignement à tous les mortels, l'enseignement ne fait que développer les qualités innées que le Créateur a données à l'homme dès sa naissance. La grande majorité des hommes est créée pour une fonction particulière, mais infime. La minorité seule, voyant les choses sous toutes les faces, est créée pour commander.

Le génie c'est la vérité idéale, la vérité innée. *C'est le sublime* ! Le talent, c'est le *beau*. Sans génie *sublime*, il n'y aurait pas de talent *beau* ! Corneille, c'est le sublime,

Racine, c'est le beau! Schiller, c'est le sublime, Gœthe n'est que beau, etc. Sans Montaigne il n'y aurait eu ni Descartes, ni Rousseau. Sans Corneille il n'y aurait eu ni Racine, ni Molière. Sans Lessing et Schiller il n'y aurait pas eu Gœthe, bien inférieur à ces deux génies, et sans Mozart, il n'y aurait eu ni Beethoven, ni Rossini, ni Weber, ni Meyerbeer.

La majorité des hommes n'ont pas besoin d'être poussés vers les plaisirs de l'amour, de la table et les passions du pouvoir, de la guerre, de la domination et de la destruction. Ils y vont tout seuls. Point n'est besoin du génie pour les y inciter par des romans, des drames, des poésies, des tableaux, des statues et de la musique. La médiocrité y suffit. Le dernier des sauvages sait danser, chanter, sauter et enlever des filles. Il mange et il chasse mieux que nos nombreux journalistes et nos crevés. Il n'a besoin ni des romans de Balzac, ni des drames de Hugo pour séduire des filles, commettre des adultères, se battre en duel et nier la justice divine. Et quant aux révolutions, lisez Chateaubriand sur les sauvages d'Amérique. Ils n'en sont jamais sortis; leurs tribus se sont divisées jusqu'à l'infini, et c'est ce qui a causé leur perte totale.

L'homme de génie et de talent n'a point d'autre but que de tracer une voie légitime pleine de lumière et de poésie à toutes les passions, à tous les plaisirs de la vie sans exception, à les idéaliser, à les spiritualiser, à les diviniser, pour ainsi dire, par le devoir et la vertu. Il doit montrer par les figures de l'histoire qu'il évoque, que c'est la Justice qui a toujours gouverné et qui gouvernera toujours le monde. Ces figures, servant de modèles aux générations présentes et futures, deviennent une force électrique, liant toutes les âmes et ne faisant d'elles qu'un corps impénétrable, invincible, vivant de sa propre vie et servant lui-même d'exemple aux autres nations. Loin donc d'exploiter une nation comme une propriété, le talent et le génie sont eux-mêmes une propriété nationale. Comme telles ils doivent toujours trouver, non seulement le pain quotidien, non seulement une influence suprême, mais une gloire éternelle, commençant dans la vie même et ne finissant qu'avec l'univers.

La première nation qui abolira la propriété littéraire, telle qu'elle existe, dominera le monde en moins d'un siècle, le monde matériel étant toujours traîné à la remorque par la locomotive de l'esprit. Le corps humain, comme l'a déjà dit Platon, n'est en réalité qu'un cadavre traîné par une âme.

IV

LE THÉATRE

Mais avant de formuler des lois sur la propriété
littéraire, il nous faut descendre dans le *Styx* moderne,
dans l'enfer volcanique qu'on appelle *le Théâtre*, qui,
depuis cinquante ans, vomit des torrents de lave asphy-
xiante sur toutes les classes de la société; torrents de
vices, de délits et de crimes d'amour dont la vase
puante et tuante s'est tellement amoncelée, qu'elle forme
une masse compacte de boue, de marécages et d'ordures,
où toute la société sans exception s'est enlisée jusqu'au
cou; au point qu'il serait difficile de tracer une ligne de
démarcation entre la scène et le public, entre les acteurs
et les spectateurs. Tout ce qui touche au théâtre est
corrompu jusqu'aux moelles : auteurs, acteurs, chanteurs,
musiciens, critiques, journalistes, spectateurs, danseurs
et jusqu'aux coiffeurs et aux couturiers, tous sont tellement pourris que pas un n'a plus même la conscience
du mal et du bien, et ne sachant discerner le mal du
bien, ils vivent, comme Adam et Ève, dans une profonde nudité, proclamant leur théâtre le paradis des
arts, qui, en vérité, n'en est que l'enfer. On peut dire
sans exagération poétique avec le prophète, que le théâtre
en France est la *grande prostituée* dont rien n'est plus
sain depuis la paume des pieds jusqu'au sommet dégarni
de la tête. On ne se contente pas d'exhiber le vice comme
contraste de la vertu; le vice est partout glorifié, adulé,

adoré et la vertu raillée, conspuée, rejetée, comme un vieil oripeau des temps barbares[1].

On ne peut s'empêcher, en lisant toutes les pièces glorifiées comme des chefs-d'œuvre par la critique française, et qui sont toutes d'infâmes pornographies, plus encore des invitations poétiques à tous les vices d'amour, de se rappeler le passage de la Bible à propos du déluge : « Dieu descendit et, voyant que toute chair avait corrompu sa voie, se disait : « Je vais exterminer tous ces êtres debout, hommes et bêtes, car je me repens de les avoir créés. » Et ailleurs : « Dieu se repentit dans son cœur d'avoir créé l'homme, qui est porté vers le mal toute la journée. »

Impossible de songer à une réforme du théâtre actuel. Ce serait passer son temps, comme je l'ai déjà dit, à couper des cors à une jambe pourrie! Il faut une révolution complète. L'histoire s'en chargera.

Voyons maintenant ce qu'il y aurait à faire, après avoir fait table rase de tous les théâtres existants, en remontant à l'origine du théâtre, qui a été tout à fait détourné de sa raison d'être, de son but, et qui, d'un temple de raison et de progrès spirituel, est devenu un habitacle de vices et de crimes, ayant ses prêtres et ses prêtresses, que Moïse appelle *Kadisch* et *Kadischah*, et dont il ordonne le retranchement. Aussi longtemps que le culte public avec toute sa pompe et ses représentations théâ-

---

[1] Il s'est passé récemment à Paris un fait qui fera époque dans l'histoire, qui est sans exemple dans tout le passé de la corruption humaine. Un millier de jeunes gens, qui se disent l'avenir de la France, ont fait une manifestation publique en faveur et en l'honneur d'une fille nue portée en triomphe sur un palanquin, devant deux mille autres jeunes gens de la même farine, contre un respectable vieillard qui, malheureusement seul dans cet ignoble événement, représente la dignité, l'honnêteté, la justice et la vertu de son pays; car chose écœurante, nauséabonde à dire, pas un journal, pas un n'a osé protester hautement contre ce Monôme de jeunes gens, qu'un étranger aurait pu prendre pour des souteneurs. Tous les journaux ont pris fait et cause pour ces soi-disant étudiants, élèves de Casanova. Il ne leur a manqué que de faire porter à leur tête, comme aux fêtes de Babylone, un immense Phallus enrubanné aux trois couleurs de la licence, de la prostitution et de l'anarchie!

trales a répondu au degré de culture des meilleurs
citoyens d'une nation, il n'y a eu nulle part trace d'un
théâtre profane quelconque. Les prêtres et les prêtresses
étaient partout les acteurs et les actrices de ces représentations ordinaires et extraordinaires. C'est même la
première raison de la chasteté exigée pour les femmes
(Vestales). On n'admettait pour prêtresses que des
jeunes filles bien faites possédant de très belles voix.
C'est pour conserver la pureté de la voix qu'on exigea
la chasteté. Moïse n'admet pour prêtre aucun homme
avec un défaut physique. Il n'exigea pas la chasteté
absolue, mais le mariage et avec des jeunes filles de
mœurs chastes et pures. La chasteté absolue, en effet,
nuit plutôt à la voix de l'homme. La monogamie est la
meilleure préservatrice de la beauté humaine. Le théâtre
a surgi partout où l'esprit de la religion officielle n'était
plus d'accord avec la raison du peuple et les poètes populaires qui la représentaient; quand les spectacles du
culte, au lieu d'élever les âmes, les ennuyaient comme
des jeux puérils et finissaient par les exaspérer, comme
des masques d'exploitation, de tyrannie et de tartu-
ferie.

*Aussi le théâtre a-t-il été partout un temple érigé contre
un autre temple, une église populaire contre l'église officielle; un culte de l'art divin, contre le culte de l'idolâtrie
humaine.*

Les Israélites n'ont pas eu de théâtre. Leur théâtre
était dans le Temple où chantaient des milliers de Lévites
dont un tiers jouaient d'un instrument. La Bible en
nomme deux : la harpe et la viole d'amour, probablement
le violon[1].

Le *Cantique des Cantiques* pourtant est certainement
un libretto d'opéra d'amour, avec des chœurs de soldats
et de bergers et avec des solis d'amoureux et d'amou-
reuses, composé par Salomon, roi sage dans sa jeunesse

---

[1] La harpe s'appelait *canar* ou *kinar* (d'où vient le mot français « c'est un canard », c'est-à-dire chanson). L'autre s'appelait
agape qui veut dire amour (d'où le mot français *agape*, ainsi que le
grec *agapein*, donc, un instrument d'amour).

mais très corrompu dans sa précoce vieillesse. Aussi quelques sages rabbins ont voulu le détruire.

Moïse admettait les femmes à l'égal des hommes dans le Temple. Quand il soumet au peuple ses lois principales, il convoque les hommes et les femmes[1].

Quand il a composé son incomparable Chant du triomphe après la submersion de l'armée égyptienne dans la mer Rouge, sa sœur Miriam faisait partie de la procession, en répétant les refrains de Moïse : « Chantez Yehovah, le Haut des Hauts ! » accompagnée par des tambourins et des flûtes.

Déborah, la Présidente de la République juive, a improvisé son merveilleux Chant du triomphe dans le Temple même, ainsi que Hannah, la mère de Samuel. Houlda la prophétesse prophétisait également dans le Temple. Ce n'est que sous le second Temple, dont le culte de miracle et de pardon créé par Esra, le rédacteur du Pentateuque actuel, est diamétralement opposé aux principes fondamentaux de Moïse, que les femmes furent exclues du Temple. Esra et les rabbins de la grande Synagogue étaient ennemis de la femme. Ils lui ont ôté tous les droits que Moïse lui avait accordés. Ils ont cruellement chassé toutes les femmes persanes qui avaient suivi leurs maris à Jérusalem et ont ôté à la femme le droit de tester et même de témoigner en justice. Elle était regardée comme mineure. Au Temple on lui avait réservé une pièce à part dans une cour extérieure.

A en croire l'historien *Josèphe*, il n'y avait pas un spectacle plus beau que le chant des deux mille Lévites, sur les marches du Temple, accompagnés de l'orchestre d'instruments à cordes, également joués par des Lévites.

Les Grecs, les premiers, se sont servis du théâtre pour ériger un Temple de l'art en opposition au culte d'erreurs du polythéisme. Tout le théâtre grec est religieux et *national*, c'est-à-dire traitant des principes fondamentaux nécessaires à la vie religieuse d'une nation.

---

[1] M. de Genoude m'a assuré que de là lui est venue l'idée de l'appel au peuple.

Longtemps la critiq⁏o superficielle et ignorante a cru condamner le théâtre grec, en disant qu'il *était fataliste,* c'est-à-dire d'une justice divine arbitraire, sans raison ni équité. *C'est tout à fait le contraire!* Selon le principe idolâtre de la mythologie grecque, Jupiter était le maître absolu de toute justice. Il pouvait condamner et pardonner selon ses humeurs et ses caprices. Les grands poëtes grecs prouvaient par les faits de l'histoire, *que la justice divine immuable n'accepte, ni pardon, ni miracle, que le crime irréparable commis trouve fatalement son expiation, au bout de vingt et de trente ans, sans merci ni miséricorde.*

Ils étaient Mosaïstes sans le savoir; Eschyle n'écrit pas une ligne qui ne soit une attaque contre le ciel de Zeus et de ses misérables suppôts [1].

Sophocle et Euripide opposent toujours les sentiments religieux de la raison de l'homme aux usages cruels et aux superstitions odieusement ridicules du culte clérical de l'idolâtrie olympienne. Et jusqu'à Aristophane qui, à côté d'ignobles railleries contre Socrate, combat à ou- trance la guerre et la démagogie.

Le théâtre, en effet, n'a pas d'autres raisons d'être.

Acteur et actrice, chanteur et chanteuse, prêtres et prêtresses de l'art, tous, ils représentent la raison hu- maine, la vérité divine par la poésie, la musique, le chant, la peinture et la sculpture. Du moment qu'ils n'en sont plus les prêtres et les prêtresses, ils deviennent

---

[1] *Prométhée* dont jusqu'à ce jour aucun critique n'a compris la haute portée philosophique, Prométhée proclamait la liberté de l'homme par son génie de l'art, et son indépendance absolue de la volonté arbitraire et tyrannique de Zeus. Il ne reconnait que la justice absolue. Pour cet acte de révolte contre le despotisme, il est enchainé à un roc. Jupiter alors lui envoie Mercure qui, au nom de son maître, lui promet, non seulement le pardon, mais toutes les félicités du pouvoir et de la terre, à condition qu'il abjure ses principes et se soumette à la volonté suprême de Zeus. Mais Prométhée refuse, accable Mercure de son mépris et de ses malédictions, et prophétise la délivrance du genre humain, la chute de Zeus et de ses suppôts. *Io* même sert au poète pour prédire la liberté de la femme et sa vengeance par un de ses fils.

Voir *Job et Prométhée* dans ma « *Parole nouvelle* », textes grecs à l'appui.

forcément les entremetteurs et les entremetteuses de la matière, c'est-à-dire de tout ce qu'il y a de vil et de laid dans la vie humaine. Il n'y a pas de milieu dans l'art. Dès ce jour le théâtre n'est plus qu'une sentine et l'artiste un proxénète. Dès ce jour la nation, qui s'abandonne à ces sortes de spectacles, n'est plus qu'une masse de matière immonde, une fusion de chair prostituée, de sanie et de pus, produisant d'innombrables vers rongeurs.

Les Romains, peuple de Prétoriens et d'Avocats, ont eu des histrions, des gladiateurs et même des vomitoires d'animaux, mais ils n'ont pas eu de vrai théâtre, parce qu'ils n'ont pas eu de poètes philosophes, ayant entrevu la vraie Loi de Dieu. Ils ont eu quelques auteurs de comédie secondaire comme Térence, même quelques historiens, mais pas un seul poète dramatique. Ils n'ont même pas traduit les chefs-d'œuvre grecs. Sénèque a fait quelques essais dignes d'un penseur, mais ce sont de faibles imitations d'Euripide. D'ailleurs, de son temps déjà, les Romains flottant entre le despotisme idolâtre et l'athéisme anarchique tombaient continuellement de Charybde en Scylla et de Scylla en Charybde. Pour des nations pareilles, point de salut, ni littéraire ni politique! Il faut qu'elles meurent pour changer de forme.

Le christianisme en transformant le culte païen a créé un nouveau spectacle dans l'église, avec toute la pompe d'une représentation théâtrale, composée d'hommes, de femmes et d'enfants. Les premiers essais en dehors de l'église, les *Mystères*, étaient déjà dirigés contre sa doctrine mystérieuse. Le vrai théâtre ne pouvait surgir avant la *Réforme*. L'inquisition ne l'eût point toléré. Le théâtre espagnol, à une exception près (et encore!), flattant le despotisme monarchique et papal, n'a aucune valeur philosophique et n'a pas survécu à sa propre décadence.

Ce qui n'est pas éternel et universel pour tous les temps et pour toutes les nations n'est pas de l'art [1].

Victor Hugo dans tous ses drames est un poète espagnol catholique. Il n'y a pas en lui une fibre française. Son monologue

C'est après la *Réforme* que le théâtre reparaît dans toute sa force, d'abord en Angleterre, puis en France après la grande guerre des Huguenots, tous imprégnés de la Bible et d'où sont sortis de véritables grands

de Charles Quint, dans *Hernani*, est un composé de grandiloquence de cour et de sacristie. On hausse déjà les épaules en les lisant. Dans cinquante ans il sera tout à fait ridicule.

Hugo a voulu créer dans *Hernani* un brigand de Schiller, un autre Carl Moor. Il n'a créé qu'un toréador.

Hugo, on dirait qu'il a senti les défauts de la cuirasse d'*Hernani*, a voulu le refaire, l'amender, l'idéaliser dans *Ruy-Blas*, toujours en Espagne, seulement deux siècles plus tard après Charles Quint et Philippe II. Mais qu'en a-t-il fait? Le discours de *Ruy-Blas* en roi c'est Victor Hugo au pouvoir! Voyons son idéal. Ce n'est pas celui du marquis de Posa, il ne parle que de trois choses. *Faire des économies* (Hugo s'y entendait très bien) *et raffermir le pouvoir du roi et de la foi.* Pas l'ombre d'une idée générale de liberté, de raison et d'humanité! Comment Hugo devenu roi aurait-il fait pour raffermir la foi? Ruy-Blas c'est un laquais devenu hobereau, qui marche dans le ciel étoilé de son égoïsme et de son amour, espèce de Bismarck en raccourci, ne parlant que de force et de nationalité! Hugo ne procède, ni de Montaigne, ni de Rabelais, ni de Fénelon, ni de Descartes, ni de Corneille, ni de Racine, ni de Molière, ni de La Fontaine, ni surtout de Voltaire qu'il hait, ni de Rousseau qu'il dédaigne. Il a du génie, mais pas d'esprit. Il est catholique et Espagnol, Espagnol et catholique. Hugo appelle cela de *l'art pour l'art*. Cela me rappelle un mot d'un vieux philosophe (je crois que c'est Pope). « Ce que Dieu lui-même ne pourrait pas admirer n'est pas de l'art! »

Le génie de Hugo n'a pas projeté un seul rayon de gloire française sur l'étranger. *Ce poète n'a pas créé une seule femme honnête par vertu, ni un seul honnête homme par principes de justice.* Dans ses nombreux vers il n'y en a pas un, exprimant une vérité universelle et passée en proverbe, comme il y en a tant en Corneille, Molière, Racine et même en Voltaire. Il y en a un qu'on cite quelquefois.

« J'ai l'habit d'un laquais, mais vous en avez l'âme. »

C'est un jeu de mots d'antithèse! Hugo n'est grand que par sa forme. Il forge des vers gigantesques sur des pensées de nain. Il est exclusivement *National*. Il résonne si fort parce qu'il est creux en idées de haut en bas. Schiller a traduit en vers *Macbeth* de Shakspeare et *Phèdre* de Racine. Gœthe a traduit en vers *Mahomet* de Voltaire, mais nul poète ne traduira en vers un drame de Hugo dont les personnages d'un libretto d'Opéra, sont des pantins plus grands que nature, qu'il a affublés de costumes pompeux, mais différents à chaque acte, sans logique et sans caractère, selon les effets imprévus et gigantesques qu'il veut en tirer. Si son génie est grand, son orgueil le dépasse de cent coudées. Le Dieu de Hugo est un Dieu catholique avec un Satan en dehors et au-dessus de toute loi, qui peut tout faire et défaire, qui pardonne et fait des miracles, qui change le bien en mal et hommes d'Etat en France, puis en dernier lieu en Allemagne. L'Espagne catholique n'a plus rien produit.

On a souvent demandé pourquoi les poètes français avaient choisi des sujets grecs et romains, au lieu de choisir des sujets chrétiens ? Par une bonne raison. Il leur eût été impossible de mettre dans la bouche des chrétiens des principes de raison contre l'idolâtrie cléricale et papale. *Polyeucte* peut bien réagir contre l'idolâtrie païenne, mais il ne lui eût pas été permis de dire un mot contre la vice-divinité du Pape. Voltaire lui-même n'eût pas pu mettre sa *Henriade* sur la scène.

le mal en bien, selon ses caprices et ses humeurs. Aussi le poète, se croyant littéralement une incarnation de ce Dieu, croit-il pouvoir changer, rien que par son verbe, la vertu en vice et le vice en vertu. Il pousse cette folie orgueilleuse si loin, qu'il fait entrer au paradis un sultan, un odieux tyran pour avoir abrégé l'agonie d'un cochon. Son égoïsme égale son orgueil. Il le pousse à des hauteurs vertigineuses. Il a d'abord glorifié, presque déifié Napoléon Ier, un des plus grands malfaiteurs de l'humanité, égoïste aussi ignorant que superstitieux, n'ayant pas une vraie fibre française dans ses veines et qui, après avoir sacrifié cinq millions d'êtres humains à sa sanguinaire ambition, a laissé la France plus petite que celle de Louis XV et surtout plus petite que celle de la République qu'il a ignominieusement trahie.

Puis, Hugo, après avoir contribué par la plume et par la parole, en créant le journal l'*Evénement*, à l'élévation de Napoléon III, dont le coup d'Etat fut la conséquence politique et logique de la révolution littéraire romantique, matérialisant l'esprit, offusquant l'âme d'une nation par les brumes étouffantes de la matière ; mettant *les honneurs* à la place de l'*honneur*, la *virulence* à la place de la *vertu* et le succès de la *force* à la place du *Droit;* Hugo, après avoir livré les pierres angulaires, mais creuses de cet édifice, a assommé de ses vers martelés, ceux qui y entraient pour s'y abriter et qui étaient ses *ennemis personnels*. Les *Châtiments*, son chef-d'œuvre écrit de rage par un titan, n'écrase, en somme, que ses ennemis personnels qu'il met sur son enclume de haine et de vengeance. Nulle aspiration de principes universels ! Il n'escalade les hauteurs que comme un pilon pour tomber plus lourdement sur ses adversaires et les assommer du coup ! Pour un pays étranger ces personnalités, ces fureurs et cette rage, n'ont qu'un intérêt pittoresque. L'orgueil de cet homme était si incommensurable, qu'il a cru que l'Empereur d'Allemagne n'oserait pas bombarder Paris, parce que lui, le poète, s'y trouvait. Il y a gros à parier que ce Teuton militaire n'avait jamais lu une ligne de Hugo dont la gloire s'arrêtera toujours aux frontières de sa langue. Henri Heine a bien jugé Hugo en une ligne. « Hugo n'est pas un *grand* homme, disait-il, *mais un homme énorme !* »

Molière seul a osé écrire *Tartuffe*, le chef-d'œuvre du théâtre français. Le théâtre chrétien est un non-sens. Il n'y a point de véritable Art qui ne soit antichrétien. L'art est le représentant de la loi de Dieu qui se reflète dans la nature, de la raison enfin. Tout miracle est contraire à l'Art.

J'ai déjà cité l'idée de Lessing disant que toute idée de divinité et de miracle, dans un tableau ou dans une statue, se trouve exclusivement dans la foi du spectateur et non dans le sujet même. Une vierge peinte ou sculptée ne représente jamais la mère de Dieu, sans la foi du spectateur. C'est une belle femme, voilà tout. Il en est de même de tout miracle en dehors des lois de la nature. *Ce qui n'est pas humain n'est pas divin.* Il est vrai d'ajouter *que ce qui n'est pas divin n'est pas non plus humain.* Et le divin dans l'homme, c'est précisément la raison, mère de la vertu et de la justice.

Ce qui n'est pas vrai est laid. La laideur n'a rien à faire avec l'Art. L'artiste est le représentant de Dieu qui n'a rien créé de laid. La laideur dans la nature est fille de l'erreur. Si tous les hommes vivaient d'après les lois de la nature, il n'y aurait ni maladie, ni laideur. Les animaux de mal même sont produits par les prévarications de l'homme contre la terre [1].

Tout mal est vivant. Toute maladie vit! Elle est toujours une série de microbes envahissants de la chair.

Que la terre soit cultivée partout, qu'il n'y ait plus

---

[1] La fable du serpent et d'Ève (car c'est une fable, la première et la plus ancienne fable de toute l'histoire littéraire humaine), est d'une haute portée philosophique. L'auteur tient d'abord à constater que la liberté de l'homme d'opter entre le bien et le mal n'est possible qu'avec la conscience de la mort. Sans cette conscience qui est un privilège de l'homme, il ne serait pas libre, pareil à l'animal, de refuser sa coopération à un vice ou à un crime. Il peut mourir comme un Dieu, car l'homme vertueux est un Dieu parmi les hommes. En second lieu, l'auteur de cette fable a proclamé le principe de la Métempsycose, l'homme méchant, vicieux et tentateur est transformé selon lui en serpent. De même les animaux de bien peuvent devenir hommes et les hommes de bien anges dans une sphère supérieure. C'est le système de Pythagore qui, d'ailleurs, était Mosaïste, comme je l'ai prouvé dans *Mes Cinq Livres de Moïse.*

de guerre, ni de misère nulle part, en moins de cinquante ans il n'y aurait plus ni un animal, ni un oiseau de proie. Il n'y aurait plus une laide jeune fille sur la terre.

Dès que le théâtre a eu la prétention de revenir à l'histoire chrétienne, il n'a pu représenter que d'ignobles despotes et de stupides courtisanes. Qu'on ose donc représenter l'histoire des papes et des empereurs, selon la vérité. Quel horrible spectacle cela ferait ! On a beau dire que le vice représenté par l'Art sert d'épouvantail ! Affreux mensonge ! Tout vice poétisé est un crime de lèse-vertu. Le vice n'est, ni ne doit être que l'ombre de la vertu, toujours rampant derrière elle, jamais debout devant elle. Si le théâtre n'est plus un idéal national, un temple de vertu et de vérité, où le citoyen puise son courage et son dévouement, il devient une école de vice et de rebellion, une institution de débauche, de paillardise, de despotisme et d'anarchie. Si le poète ne fait que refléter les vices réels du citoyen corrompu, il n'est qu'un misérable Guignol, un Mime qui ne mérite que des coups de pieds. Il n'est pas de poésie hors la raison, point de poète hors la vérité ! Si le poète n'est pas le représentant du bien, qui seul est beau, il est l'avocat du mal, qui est toujours laid et comme tel, l'instrument le plus dangereux de la perte de sa nation.

On a aussi demandé pourquoi l'Opéra est venu si tard en Europe ? Par la même raison que j'ai indiquée. L'Opéra est un nouveau temple érigé là où le temple chrétien n'était plus à la hauteur ni des principes ni des sentiments des fidèles. L'Opéra avec ses chœurs, ses chants, son orchestre est essentiellement un culte. Toute bonne musique est religieuse. Le chanteur, la cantatrice sont, l'un un prêtre, l'autre une prêtresse de l'art. Ou l'Opéra représentera le culte de la raison et de Dieu dans sa pureté, ou il disparaîtra dans les bas-fonds de l'amour prohibé dont il est devenu, non le temple, mais la maison de prostitution. L'opérette en est là !

Le théâtre donc, dans son essence et dans sa nature,

est un établissement national. Il doit être un culte, mais libre. Il doit être une arène pour tous les artistes, pour tous les arts, mais il ne saurait être une spéculation de lucre et d'argent. Dès que le théâtre tombe dans cette catégorie, il n'est plus qu'une maison de vices et de vicieux ! scènes, loges et parterre ! Dès lors il est destiné à disparaître, acteurs et spectateurs. Rien ne dure que par la vertu. Rien ne se soutient que par la vérité. Une nation qui a un théâtre corrompu est sûre d'être tôt ou tard la proie de l'étranger, par les dissensions et la dissolution intérieures.

La vertu seule unit, le vice désagrège : toute maladie est une désagrégation jusqu'à la mort, réduisant tout en poussière.

Aucun théâtre donc, sous n'importe quel prétexte, ne peut être une entreprise privée dans un but de spécula-tion.

En dictant des lois rigoureuses sur la propriété littéraire, tâche bien difficile, je ne me cache pas que si elles étaient exécutées, elles diminueraient le nombre de gens de lettres des neuf dixièmes. Mais où serait le mal que le *verbe* ne fût plus du *verbiage*, la *gloire* une *foire*, le *missionnaire* un *commissionnaire*, et l'*arbitre* un *pitre?*

On a dit et répété que les richesses du clergé ont détruit la religion. On peut hardiment prétendre que la fortune des hommes de lettres et des artistes a détruit les lettres et les arts.

Je défendrai à tout éditeur d'acquérir la propriété d'une œuvre de science et d'imagination.

C'est au monopole des livres d'instruction accordé à certains éditeurs que l'Université de France, dans toutes ses écoles, doit son infériorité pour l'étude de l'histoire universelle, de la philosophie et surtout de la philologie. L'Ecole allemande, qui n'admet aucun monopole de ce genre, possède des grammaires hébraïque, latine et grecque de premier ordre, supérieures à toutes les grammaires adoptées par l'Université de France. Dès qu'une œuvre nouvelle dans ce genre surgit, en prouvant sa supériorité sur les vieilles méthodes, elle est acceptée par tous les gymnases allemands (Ecoles supérieures [1]).

[1] Quand je suis arrivé à Paris, à la fin de 1836, j'ai proposé au directeur de l'Ecole Normale d'alors de lui traduire la grammaire latine de *Zumpt*, sans contredit la meilleure entre toutes, qui apprend à l'élève toutes les règles et toutes les exceptions en vers latins, faciles à retenir. Il me répondit : « On m'a déjà parlé de cette grammaire acceptée récemment en Allemagne, mais nous avons un monopole, et votre grammaire traduite ne trouverait ni éditeur, ni acheteur. » Je lui ai proposé également de traduire l'Histoire Universelle de Becker en dix volumes, qui passe pour la meilleure en Allemagne. Il me répondit par un sourire de dédain. Naturellement ! Ma traduction n'aurait trouvé ni éditeur, ni acheteur. J'ai raconté ma mésaventure à un autre professeur (je crois que c'était Philarète Chasles). Il m'a dit : « Mon cher Monsieur ! En fait d'Histoire Universelle les Français ne connaissent que le *Discours de Bossuet sur l'Histoire Universelle*, qui est un tissu de propos de sacristie et d'erreurs d'antichambre royale. Selon ce discours Dieu le père n'a fabriqué l'histoire de tous les peuples avant l'ère chrétienne que pour se faire la main, afin d'arriver par différents essais, plus mal réussis les uns que les autres, à engendrer son propre fils par une vierge qui était juive. » J'ai proposé à un éditeur très connu la traduction d'un *Précis d'Histoire Universelle, par Weber*. Il m'a fait la même réponse. Il a ajouté que les historiens allemands, faisant l'éloge de Luther et de la *Réforme*, ne trouveraient pas de lecteurs à l'Université de France.

Quand j'ai publié ma *Guerre des Paysans*, Thiers, Mignet et Louis Blanc, les trois historiens les plus célèbres de la Révolution française, ne revenaient pas de leur étonnement ! Ils ne savaient pas un traître mot de cette Révolution radicale, l'avant-courière de la Révolution de 89 ! Et quant aux *Anabaptistes*, les Français de la seconde République et du second Empire n'en connaissaient que l'histoire du *Prophète* par Scribe et Meyerbeer, qui en est une ignoble parodie. Les Anabaptistes sont les collectivistes-communistes du moyen âge et leur histoire, à la fois sanglante et dramatique, est une des plus instructives de l'Histoire Universelle. Les collectivistes de cette époque ressemblent, comme deux gouttes d'eau, à ceux d'aujourd'hui. Ils ont d'abord dévoré la Bourgeoisie, qui longtemps avait été leur complice, et ils ont fini par se dévorer eux-mêmes les uns les autres. Leur cruelle défaite a fait rentrer la moitié de l'Allemagne réformée, de même que les Huguenots en France, dans le giron du catholicisme. Parlerai-je de la philologie? Je n'ai jamais connu un élève français de l'Université sachant parfaitement l'anglais ou l'allemand, à moins que ses parents ne fussent ou Allemands ou Anglais. L'étude de l'hébreu, obligatoire en Allemagne pour tous les candidats protestants, de même que celle de la *Bible* qui est, comme dit Herder, « la moelle divine de tous les hommes forts et bienfaisants de l'histoire » est lettre morte pour l'Université de France. Il est vrai

Après avoir établi un *Tribunal Spirituel accessoire* adjoint à celui de la presse, composé de six juges élus par la librairie et les sociétés scientifiques, dont les fonctions consistent à faire un rapport succinct au *Tribunal Spirituel* principal sur toutes les œuvres intellectuelles qui paraissent et qui lui ont été dénoncées comme contraires à la morale, aux mœurs, à la pudeur, à la décence, à l'honneur et à l'honnêteté des lettres, et dont les auteurs prévenus sont soumis aux mêmes peines que ceux de la Presse.

Voici la Réforme radicale que je proposerai à mon pays, ainsi qu'à tous les pays civilisés.

Il est bien entendu que cette Réforme ne pourra se faire ni même se penser, qu'après l'établissement d'un Culte idéal et surtout qù'après l'abolition de nos armées permanentes et la paix générale assurée entre toutes les nations civilisées, par l'établissement d'un Tribunal d'arbitrage suprême, pour régler pacifiquement tous les conflits qui pourraient surgir entre les différentes nations, ce qui diminuerait le budget militaire des deux tiers.

qu'on y étudie bien les mathématiques pour faire des soldats et des ingénieurs. Mais sans la philosophie, qui est l'étude de la connaissance de Dieu et de l'homme, il n'y a ni honneur, ni honnêteté, ni devoir, ni sacrifice, ni vertu, ni justice.

Inutile de citer des exemples de nos jours. Ils abondent dans l'histoire.

CONSERVATOIRE NATIONAL UNIVERSEL POUR TOUS LES ARTS. — COURONNEMENT PUBLIC TOUS LES CINQ ANS POUR TOUS LES ARTISTES DE GÉNIE.

Un budget de cent millions, s'il le faut de deux cents millions, sera voté et destiné à subvenir aux frais nationaux d'un *Conservatoire Universel National* pour la culture de tous les Arts. Ce Conservatoire sera divisé en diverses sections.

La première section sera celle *du Verbe*, comprenant: la Poésie, l'Éloquence et l'Art littéraire [1].

La seconde section est celle de la Musique instrumentale.

La troisième, celle du Chant.

La quatrième, celle de l'Art dramatique, vers et prose.

La cinquième, celle de la Peinture.

La sixième, celle de la Sculpture, et la septième, celle de l'Architecture.

Enfin la huitième celle des Arts et Métiers.

---

[1] Il est bien entendu que sous le mot *Éloquence* nous ne comprenons pas celle des avocats, plaidant le pour et le contre selon leur ambition et leur intérêt. C'est le plus grand fléau d'un pays. Ce sont les Sophistes qui ont été la cause de la ruine de la Grèce, et les Avocats de celle de Rome. Villemain, dans ses *Conférences*, nous a laissé à ce sujet des pages admirables de profondeur et de justesse. L'Éloquence dont il est question ici est celle des prêtres et des prêtresses, qu'on appelle sacrée. Nous reviendrons à ce sujet dans la loi sur l'Université.

Dans toutes les écoles primaires, les enfants apprendront à chanter, à dessiner et à déclamer.

Les enfants des deux sexes étant arrivés, les filles à l'âge de douze ans et les garçons de treize ans, ayant donné des preuves évidentes de dispositions pour un art particulier, soit pour la Poésie, soit pour la Musique, le Chant, etc., étant d'une complexion saine et forte, seront réclamés par l'État pour être élevés dans le *Conservatoire National* dans les différentes sections, selon leurs dispositions naturelles, tous réservés à l'art. Ils seront préservés de toute contamination, surtout ceux destinés aux fonctions de prêtres, de chanteurs et d'artistes dramatiques. La voix humaine exige une pureté parfaite de mœurs. La voix d'un enfant vicieux mue avant l'âge et se perd; la moindre médecine contenant du poison, détruit les fibres du larynx et les couvre de glaires pour la vie.

Parmi ces élèves on fera un choix de premier ordre d'hommes et de femmes, destinés au Culte et à l'Art. Leurs fonctions sont *Nationales*. Ils sont les prêtres et les prêtresses de Dieu et de la patrie, c'est-à-dire de la Loi divine dans la nature, de la raison et de la vérité.

En cette qualité ils ont un maximum d'appointements, et de larges pensions, eux et leurs femmes, pour le cas où ils perdront les facultés de servir l'État et pour toute leur vieillesse. Mais ils ne sont pas libres de refuser le service. Ils ne peuvent s'expatrier pour gagner plus d'argent à l'étranger, que sur une permission expresse du Chef de l'État et du Directeur en chef du *Conservatoire*. Sans cette permission ils seront coupables de trahison nationale, condamnés à l'exil éternel et à la mort civile, eux et leur famille [1].

---

[1] Les grands artistes, surtout les belles voix de ténor et de soprano, annoncent une constitution de santé admirable. Ces individus, s'ils ont reçu une instruction sérieuse et s'ils sont soustraits à la vanité morbifère d'une scène de courtisanes, sont très souvent doués de sagesse, d'ordre et de toutes les vertus civiques. Après avoir donné des preuves de talent, d'ordre et de vertu, ils peuvent arriver aux plus hautes fonctions de l'Etat. David a été un grand ténor et un grand musicien, avant d'être un grand roi. Samuel, le

Il sera formé un corps de *Vestalats*, composé de jeunes gens avant vingt ans et de jeunes filles avant dix-huit ans, de la section de la musique et du chant, qui serviront de musiciens et de chanteurs pour toutes les grandes cérémonies du *Culte idéal*, pour la province ainsi que pour Paris. Une stricte surveillance sera établie pour maintenir la pureté de la chasteté dans ce corps. La moindre violation entraîne l'expulsion et la personne expulsée, si elle n'est pas solvable, sera condamnée au travail forcé jusqu'à l'extinction des frais de son éducation et de son entretien dans le corps, et si elle s'expatrie, elle sera considérée comme déserteur et condamnée à la perte de ses droits civils et politiques.

Jusqu'à ce qu'on ait trouvé une forme particulière pour l'architecture d'un Temple destiné au Culte idéal, les services religieux peuvent avoir lieu dans n'importe quelle grande salle destinée et agencée à cet effet, selon la parole de *l'Écriture* disant, au nom de Dieu, au peuple : « Point n'est besoin de me construire des autels. Partout où tu sanctifieras mon nom je viendrai te bénir ! » Ces salles peuvent servir en même temps pour de grands concerts de musique et des représentations dramatiques.

Personne, avant le mariage, ne peut monter sur la scène, en qualité d'acteur et d'actrice, ou en qualité de chanteur ou chanteuse, ni même dans une chaire, en qualité de prédicateur et de prédicatrice, car d'après ma loi de Réforme, *les femmes mariées et vertueuses sont admises aux fonctions de prêtresses et peuvent monter en chaire.*

Un Comité de mœurs jugera ceux qui auront forfait à la chasteté et à la vertu. Nul artiste adultère, homme ou femme, ne peut figurer parmi les prêtres et les prêtresses de l'art. Ce crime encourt les mêmes peines que celles de la prostitution. La personne convaincue de ce crime sera condamnée en outre à la restitution de tous les frais de son éducation et de tous les appointements

plus grand prophète, a chanté devant Dieu. Les grands pontifes ont tous eu de belles voix. Une large poitrine annonce un front haut, et c'est l'esprit inné dans l'homme qui forme le corps.

qu'elle a touchés, et en cas d'insolvabilité, au travail forcé jusqu'à l'extinction de la dette.

Il y aura dans chaque quartier d'une grande ville un édifice pour le Culte national et un autre pour les représentations théâtrales et artistiques.

De plus, un théâtre central pour les essais des pièces nouvelles en vers et en prose ou en musique.

Un *Aréopage* de douze membres, choisis dans les sommités de l'art, des lettres et de la science, sera nommé pour juger en premier lieu toutes les œuvres d'art qui lui seront présentées.

Toute œuvre d'art en vers, en prose ou en musique qui lui sera soumise, sera imprimée aux frais de l'État au nombre d'exemplaires voulus, mais en *placards*, pour être lue ou chantée devant ce Jury par les artistes dramatiques et musicaux du Conservatoire. Toute œuvre acceptée préalablement par ce Jury, sera représentée au bout d'un mois, en présence de toute l'aristocratie intellectuelle et scientifique de la Cité.

Dès qu'une œuvre d'art est acceptée comme chef-d'œuvre de premier ordre, *elle sera représentée sur tous les théâtres du pays, dont pas un ne peut être une spéculation particulière.* L'argent qu'elle rapporte entre dans la caisse de l'Etat.

A défaut d'œuvre de génie de premier ordre, ce Jury peut accepter des œuvres de mérite de second ordre, par des hommes de talent et d'esprit, qui sont les doublures des hommes de génie. Pour toute œuvre d'art acceptée et représentée, l'État doit une pension viagère à l'auteur, reversible sur la tête de sa veuve.

Le roman ou un chef-d'œuvre d'histoire ou de science jouiront du même privilège.

Cette proclamation de chef-d'œuvre de premier et de second ordre s'étend également à la peinture, à la sculpture et aux inventions de toutes sortes, reconnues d'utilité publique et de gloire nationale.

Voici maintenant la Réforme principale (j'allais dire le clou) de ma Réforme.

Tous les cinq ans il y aura un Couronnement public, pour tous les artistes de génie de tous les, Arts !

Ces couronnements seront les Fêtes Nationales de la République. Il n'y en aura pas d'autres! Elles dureront sept jours.

Au milieu d'un champ immense, pouvant contenir des milliers et des milliers de spectateurs, on élèvera un *Capitole*, autour duquel, dans de vastes tribunes, siègeront le Parlement, le Sénat, toutes les Académies, toute la magistrature, tous les généraux de l'armée et amiraux de la marine, tous en costumes! Le chef de l'État, en présence de cette grande et noble assemblée, couronnera l'auteur d'une œuvre de génie. Un orateur désigné à cet effet fera sa courte biographie au peuple.

S'il y a plusieurs œuvres de génie, les auteurs seront couronnés l'un après l'autre. Cette couronne qui sera d'or massif leur appartient. Ils ont droit d'en porter l'emblème partout, même en ville, sur leur coiffure !

Quant aux auteurs d'œuvres d'art de talent et d'esprit, venant directement après le génie, ils seront *laurés*, par une couronne de laurier qu'ils recevront également des mains du Chef de l'État, mais non sur le Capitole. Ils ont également le droit d'en porter l'emblème sur leur coiffure.

Les artistes couronnés, outre une pension viagère à laquelle ils ont droit, reversible sur leurs veuves, feront partie de droit du Sénat.

Quant aux Lauréats également pensionnés, mais dans une moindre proportion, ils feront partie de droit de l'Académie Française dont le nombre de membres est illimité.

Voici maintenant les cérémonies de cette Fête Nationale.

Le jour du couronnement il y aura une procession gigantesque dont toutes les sections défileront devant le nouveau couronné et l'assemblée des tribunes.

En tête de la procession figureront tous les étudiants

de mes *Cinq Universités Nouvelles*, en costumes et avec leurs différentes bannières[1].

Cette procession sera suivie des enfants de toutes les écoles, qui partis de la cité ont fait la haie tout le long de la procession des étudiants; ces enfants porteront en collier la médaille du couronné.

Chaque section est précédée d'une bande de musiciens et de chanteurs, des artistes du Conservatoire.

Première section. Tous les lauréats portant des branches de laurier.

Deuxième section. Toutes les rosières de France depuis cinq ans, avec leurs parrains et marraines, et si elles sont mariées, avec leurs maris dans leurs habits de noce.

Troisième section. Tous les prix de vertu, hommes et femmes, décernés par l'Académie depuis cinq ans, dans des chars couronnés de fleurs pour les vieillards.

Quatrième section. Tous les militaires décorés depuis cinq ans, précédés de la musique militaire et suivis d'enfants de troupe.

Cinquième section. Tous les domestiques et employés, hommes et femmes, qui depuis quinze ans sont restés dans la même maison, accompagnés de leurs patrons et de leurs patronnes, soit à pied, soit en voiture ouverte.

Sixième section. Tous les jeunes couples mariés depuis cinq ans, dont le mari avait vingt-deux ans et la femme dix-huit ans, en leurs habits de noce et accompagnés de leurs enfants.

Septième section. Tous les vieillards, hommes et femmes de quatre-vingts ans, n'ayant jamais subi de condamnation, dans les chars enrubannés.

Huitième section. Tous les prêtres et toutes les prêtresses de tous les Cultes, en costumes.

Chacune de ces sections, précédée d'une bande de musiciens et suivie d'un chœur de chanteurs, chantant des hymnes nationaux, mis en musique par les Lauréats de l'Art musical.

---

[1] Voir plus loin mon chapitre sur les Universités.

Et si le couronné est un compositeur, par le couronné lui-même.

Le lendemain il y aura un grand festin donné aux Couronnés et aux Lauréats par le chef de l'Etat et toutes les sommités du Parlement, de la Magistrature et de l'Armée qui ont assisté au couronnement, accompagnés de leurs femmes. Ce festin sera servi par les rosières et les jeunes couples qui ont assisté à la procession.

Le festin sera suivi d'un bal et, pendant sa durée, les musiciens et les chœurs du Conservatoire joueront et chanteront tour à tour des hymnes nationaux.

Le troisième jour il y aura le festin des Prix de vertu. Tous les Prix de vertu depuis cinq ans, réunis à la même table, seront servis par les Académiciens en costumes, leurs femmes et leurs enfants.

Le quatrième jour, c'est le festin des domestiques et des employés, qui ont assisté à la procession. Ils seront servis par leurs patrons et leurs patronnes en costumes de domestiques et d'employés.

Le cinquième jour, c'est le festin des vieilles gens, servis par les rosières et les jeunes couples de la procession.

Le sixième jour, ce sera le festin des rosières et des jeunes couples, servis par les domestiques et les Prix de vertu valides.

Le septième jour, c'est le jour de repos, destiné au Culte idéal de la Nation.

Tous les membres de la procession, acteurs et spectateurs, assisteront au service religieux, y compris tous les enfants des écoles.

Pendant tous ces jours de fêtes il y aura deux représentations *gratuites* dans tous les théâtres, où l'on représentera les Drames, les Comédies et les Opéras *couronnés et laurés*.

Le soir il y aura un bal universel pour les citoyens et les citoyennes qui ont joué un rôle dans les fêtes.

Pendant toute la durée de ces fêtes, il y aura une grande foire ; non seulement pour les bêtes du choix, mais pour toutes les denrées. Il y aura en même temps une exposition pour tous les produits du pays, n'importe de quel genre, faits par des ouvriers et vendus par eux, sans compter toutes sortes de jeux et de courses qui auront lieu pendant ces fêtes

Une milice particulière, composée de cinq cents citoyens, sera établie pour faire des patrouilles jour et nuit. Tout voleur pris en flagrant délit sera fusillé sur place.

Cette *Fête Nationale aura lieu tous les cinq ans.*

La vertu et le vice, n'étant pas héréditaires, la gloire de l'homme est ascendante, mais non descendante. Elle remonte de l'homme à ses père et mère, mais elle ne descend pas sur ses enfants! Les parents d'un homme de génie ou de talent, ou simplement de bien, ont sûrement fait leur devoir et si par extraordinaire ils ne l'ont pas fait, leur passé est connu et la gloire de leur fils ne remonte pas sur eux. Mais les enfants d'un homme de génie ou d'esprit peuvent être des crétins et des malfaiteurs, et leur avenir est inconnu. Les parents d'un homme de génie doivent donc hériter de sa gloire et doivent être pensionnés et honorés comme leur fils. Mais les enfants ne doivent hériter de cette gloire, que lorsqu'ils auront prouvé qu'ils en sont dignes. En ce cas l'Etat leur doit une récompense, en les préférant pour des fonctions publiques, qui n'exigent pas de grands talents, car d'ordinaire, les fils des grands hommes sont de grandes médiocrités. On dit bien que noblesse *oblige*, mais la plupart du temps elle *afflige !*

Revenons à la propriété littéraire. Avec un *Tribunal Spirituel* contre l'exploitation des vices et la matérialisation de l'esprit; avec le couronnement et le pensionnement de toute œuvre de génie et de talent, de toute œuvre enfin d'utilité publique, il reste peu de place pour la propriété littéraire proprement dite. L'auteur, ne pouvant pas aliéner son œuvre spirituelle en toute propriété à un éditeur, ni la laisser en héritage à ses enfants, *la propriété littéraire et artistique est naturellement restreinte à la vie de l'auteur.* Durant sa vie il reste le propriétaire exclusif de son œuvre. Il peut la changer, la détruire, mais dès sa mort l'œuvre tombe dans le domaine public. Seulement, si par hasard, où par un oubli inconcevable, cette œuvre n'a pas été appréciée à sa juste valeur pendant la vie de l'auteur, la société doit une pension à la veuve, et ses enfants seront élevés aux frais de l'Etat. *Mais ni Dieu ni le Verbe ne seront jamais une propriété. Ce qui est éternel est partout et n'appartient à personne !*

VI

L'UNIVERSITÉ.

L'humanité entière ne fait qu'un seul corps humain; non seulement l'humanité vivante, mais tous les humains qui ont vécu, avec ceux qui vivent et qui vivront. Pas un mortel n'a pensé et travaillé en vain. On a dit avec raison que les morts sont les racines des vivants et que, comme dans un arbre, la racine humaine monte, devient tronc, branche, fleur, fruit, puis retombe et redevient racine.

L'humanité a besoin de toutes ses pensées, de toutes ses sciences. Il y a toujours eu des hommes qui ont entrevu la vérité absolue et qui ont connu les lois de la nature, sans pouvoir les analyser empiriquement. D'autres se sont efforcés de prouver mathématiquement ce que leurs prédécesseurs ont su et proclamé par intuition.

La science, à mesure qu'elle avance, marche de l'analyse à la synthèse et procède du connu à l'inconnu. Elle n'a jamais eu d'autre but que de prouver l'identité et l'unité de la loi primitive. Sciemment ou inconsciemment, même en niant, elle s'est toujours avancée plus près vers ce but. Et quel que soit ce but, il n'y a pas de science sans le passé; il n'y a pas de société sans les aïeux, il n'y a pas d'humanité sans l'ensemble de toutes les pensées humaines, depuis la création du monde! Quiconque ne connaît pas le passé, ne connaîtra jamais le présent et regardera l'avenir avec des yeux sans rétine et sans pupille, car de même que le présent est le fils logique du passé, de même l'avenir sera l'enfant engendré du présent. La science n'a pas d'autre but que de découvrir les lois de la vie et de la société humaine dans le passé, afin d'y régler les actions du présent, pour créer un avenir meilleur.

C'est l'*Université*, et le nom est adapté à la chose, qui représente dans son ensemble l'humanité entière. C'est l'Université qui est chargée d'enseigner toutes les sciences du passé de tous les humains, d'en découvrir les lois, afin de préparer tous les progrès dont l'avenir est susceptible. La vie d'un homme ne suffit pas pour s'approprier toutes les branches de cette science universelle.

L'Université, c'est la synthèse ou plutôt le centre d'où les rayons divergent dans tous les sens.

Il suffit qu'un homme se mette sous un de ces rayons, pour s'agrandir et toucher à l'axe central, afin d'en recevoir le feu réchauffant et éclairant. L'Université ne représente pas seulement toutes les langues dans lesquelles des mortels ont pensé et écrit, mais toutes les pensées sur toutes les branches de la science humaine. D'elle doivent sortir les sciences spéciales, puisque les hommes universels, les hommes *synthèses*, les grands philosophes, en un mot, sont et ont toujours été très rares. Aucun spécialiste ne doit exister sans avoir bu dans la source centrale de la loi unitaire, universelle et identique. La science spéciale n'a pas d'autre but que de découvrir dans les moindres détails des êtres la même *Loi Une*. Que cette science s'appelle mathématique, physique, géométrie, médecine, géologie, etc., elle n'arrivera jamais à une autre fin. Ou elle sent intuitivement la vérité des choses, ou elle la détaille par analyses dans les corps mêmes.

L'Université d'une nation n'a donc d'autre but que de représenter la vérité de la loi du monde, dans son passé, dans son présent et dans son avenir.

Elle ne peut donc pas être une spéculation, ni pour les enseignants, ni pour les enseignés. Toute question d'argent l'avilit. Il faut qu'elle soit libre comme la loi

de Dieu même. Sans liberté, il n'y a pas de science !
L'homme a le devoir de chercher la vérité, mais il a le
droit de se tromper, pourvu que son erreur soit de bonne
foi, et n'ait pas une arrière-pensée d'exploitation et de
domination égoïste. Sans liberté il n'y a ni homme, ni
humanité ! L'homme n'a été créé que pour la liberté,
dût-il par cette liberté se précipiter dans des malheurs
sans fin. La liberté est plus précieuse que la prospérité.

Inutile de critiquer en détail l'Université actuelle de
France : une création du premier Empire, le règne le plus
ignorant et le plus malfaisant du monde. Elle est pourrie
depuis la base jusqu'au sommet. Vouloir la régénérer par
des réformes de détail, autant couvrir de tapis frais les
murs d'une maison gangrenée de salpêtre, que la Bible
appelle « la lèpre des maisons », et qu'il faut démolir de
fond en comble.

Une Université sans philosophie est un corps sans
âme, un jour sans soleil, une maison sans fondations
que le premier coup de vent renverse. La philosophie,
c'est la science pivotale de l'humanité.

Toutes les autres sciences, à commencer par l'histoire,
ne servent qu'à prouver, ou qu'à infirmer les maximes
de la philosophie.

Voici pourquoi. La philosophie seule, représente la loi
de Dieu dans la vie humaine ; seule, elle enseigne à
l'homme son devoir, c'est-à-dire le parti qu'il doit
prendre dans les différentes occurrences de la vie. Elle
lui enseigne par le passé que ce devoir seul conduit au
bonheur, non seulement au contentement de soi, mais
à la félicité des autres. On a beau avoir étudié la physique, les mathématiques, la médecine, la géographie,
la géologie, etc., au moindre obstacle de la vie, voire
sans obstacle, en présence des deux voies libres entre
lesquelles il faut opter pour les transactions de tous les
jours, nulle autre science que la philosophie, renfermant
en elle la théologie, car elle enseigne toutes les religions
du passé ; nulle autre science ne vous dit : « Prenez ce
chemin et évitez l'autre. Faites ceci et ne faites pas
cela »

La religion qui, dans sa naissance, était la fille de la philosophie, en est devenue la matricide, chez tous les peuples de la terre, puisque loin de reposer sur la Loi de Dieu, incarnée dans toute la nature, elle ne repose que sur le miracle, c'est-à-dire sur la violation de cette loi, puisqu'au lieu de s'appuyer sur la raison, qui est l'essence divine dans l'homme, elle ne s'appuie que sur la foi aveuglante des prêtres aveugles; puisqu'elle prêche le pardon des vices, des crimes même irréparables, par un Dieu arbitraire, despotique, capricieux, en dehors de toute loi de justice immuable, pouvant détacher les effets de leurs causes et faire qu'une chose faite ne le soit plus. Encore si ce Dieu créé par des criminels et des vicieux, pardonnait aux victimes de l'injustice et de l'iniquité. Encore s'il prenait fait et cause pour les volés et les assassinés en rendant aux uns le bien volé et aux autres la vie (puisqu'il peut tout faire et défaire)! Mais non! Il pardonne aux voleurs et aux assassins, moyennant dons et *épices* à ses prêtres. La religion donc ne suffit nullement pour maintenir l'homme dans le chemin droit du devoir et pour lui apprendre que nul vice, nul crime n'est jamais pardonné; que la Loi de Dieu, qui est celle de la nature, punit ce crime, jusqu'à la quatrième génération, comme pour les maladies héréditaires; que jamais effet n'est détaché de sa cause et qu'il n'y a pas d'autre moyen de vivre heureux que d'être juste et de ne jamais faire à son prochain ce qu'on ne voudrait pas qu'il vous fût fait à vous même !

La vraie philosophie ne fut jamais une science abstraite. C'est l'essence même de la vie. L'histoire ne doit être étudiée que sous le point de vue d'apprendre, par les faits du passé, la logique inexorable des causes et des effets, afin, quand il s'agit d'un acte du présent, d'opter pour des causes, ne produisant que de bons effets.

L'histoire nous prouve que jamais mauvaise action n'a disparu, sans enfanter des effets désastreux dans l'avenir et qu'une action de devoir produit toujours, non seulement un effet salutaire, mais qu'outre cet effet, il crée autour de soi une espèce d'auréole; véritable guide lumineux d'où s'irradie la félicité intérieure de celui qui la possède.

Or, l'Université de France sans philosophie, puisqu'elle est *Positiviste ou Athée ou Darwiniste* (à quelques professeurs près sans influence, précisément parce qu'ils sont *Déistes* et qu'ils n'ont pas assez de génie pour fonder une école en dehors d'elle, aimant mieux faire le plongeon pour conserver leurs appointements), est devenue un temple de marchands de livres et de soupe. C'est une église, où des prêtres ignorants exploitent les enfants des citoyens, auxquels ils crèvent les yeux, et qu'ils empêchent de marcher sans béquilles soi-disant universitaires, afin qu'ils ne s'aperçoivent plus de leur assujettissement et qu'ils ne puissent plus se révolter contre les exploiteurs, dont la grande majorité est elle-même aveugle et percluse de science et de génie.

La plupart des professeurs, dans leurs conférences, au lieu d'enseigner une science certaine, longuement préparée, à leurs élèves, ne pérorent que pour s'exercer à la parole, afin de devenir académicien, député, sénateur et ministre. Le professeur n'existe pas pour l'élève, mais l'élève pour le professeur.

Aussi la seule chose que cette Université enseigne, *c'est l'art de parler*, c'est-à-dire l'art de faire semblant de savoir quelque chose, ou plutôt l'art de mentir. C'est le seul art qu'une Université ne doit jamais enseigner. Elle n'enseigne que la vérité. Libre à chacun de la dire comme il pourra, comme bon lui semblera.

Jamais depuis son existence, l'Académie de France n'a créé ni couronné un chef-d'œuvre. Cela lui est impossible. Non seulement un chef-d'œuvre ne se soumettra pas à son choix, mais même soumis, l'Académie ne le verrait pas. Une compagnie d'hommes réunissent leurs défauts, jamais leurs qualités! Il faut être soi-même un maître, ne craignant ni rival ni critique, pour saluer un génie naissant. La médiocrité ne couronne d'autres œuvres que celles qu'elle aurait pu faire elle-même [1].

----

[1] C'est pour cette raison qu'en 1847, après avoir publié ma *Guerre des paysans*, je n'ai pas suivi les avis de M. Mignet,

L'influence de l'Académie sur les lettres a été ou nulle ou détestable. De la langue française, fleuve rapide, limpide, sapide, roulant ses flots tumultueux, tantôt entre des rocs escarpés et boisés, tantôt entre de verdoyantes plaines et portant sur son dos les vaisseaux de commerce et de guerre, avec autant de grâce que la petite nacelle de plaisir et d'amour, elle a fait un banal canal, aux eaux endormies sans saveur, sans vigueur et sans profondeur, n'ayant d'autre remous que celui des écluses et coulant ennuyeusement entre deux rangées de peupliers, toujours les mêmes, toujours les mêmes, toujours les mêmes ! Par son ignorance totale des langues étrangères, antiques et modernes, elle a expulsé du français plus de trois mille mots, indispensables, irremplacables, que la langue anglaise a religieusement conservés et dont ils font la richesse et l'originalité [1].

Une Université est un univers en raccourci, un Muséum où sont déposées les Archives universelles de l'humanité entière, avec toutes ses étapes de progrès et de recul. Or, l'histoire de ce progrès ne nous est connue que par les œuvres de génie poétiques, historiques et littéraires que les différentes nations de la terre ont produites, car il n'y a pas un seul effet matériel, qui ne soit le résultat d'une cause spirituelle, comme il n'y a pas un seul mouvement du corps, qui ne soit le résultat de la volonté de l'âme. Aussi, n'y a t-il pas un seul peuple sur la terre, pas même sauvage, qui n'ait senti et re-

qui me conseilla de la présenter à l'Académie pour le concours du prix d'histoire. Par la même raison, je n'ai pas suivi les conseils de M. et Mᵐᵉ Ancelot qui voulurent bien présenter ma *Couronne* pour concourir aux prix de vertu. J'aurais douté de mon talent, si l'Académie avait couronné un de mes livres, me rappelant toujours la Xénie de Schiller, disant en vers : « Prenez les Académiciens, un à un, vous trouverez un homme charmant, même quelquefois un savant. Prenez-les comme corps, c'est une immense médiocrité collective ! »

[1] Sous le titre : *Cinq mille mots* inhérents à la langue française et qui manquent au dictionnaire, j'ai publié quatre fascicules de nouveaux mots logiquement dérivés de ceux qui existent. Je me suis arrêté au mot *Alsace*. Ce n'est pas la volonté qui m'a manqué pour poursuivre ce travail gigantesque, mais l'argent ! Tôt ou tard je trouverai un successeur !

connu une force supérieure et autonome, créatrice de toutes les existences et d'où émane la liberté de la volonté de l'homme.

Les matérialistes athées disent bien qu'ils ne voient pas Dieu. Mais voient-ils leur âme ou plutôt la volonté qui sort d'elle, et qu'ils ne peuvent nier? L'horloge, si elle pouvait parler, reconnaîtrait-elle la main qui l'a créée, et qui lui a donné la vie pour cent heures, comme le Créateur a donné la vie à l'homme pour cent ans? Nul ne pourrait nier le jour pendant la nuit, si le jour n'existait pas. De même, si Dieu n'existait pas, on ne pourrait le nier. C'est l'esprit dans l'homme qui nie, et cet esprit est une essence spirituelle, que le Créateur dépose dans chaque être, en dose plus ou moins forte ou faible. Celui qui nie Dieu ne le voit pas, parce que sa dose spirituelle n'est pas assez forte pour le voir. C'est un homme déshérité, inférieur à ses semblables, plus dosés et mieux voyants. C'est pourquoi jamais athée n'a produit, ni ne saurait produire un vrai chef-d'œuvre! (Pardon de cette digression.)

Il faut donc que toute Université, non seulement enseigne l'histoire de toutes les nations, qui ont contribué au progrès universel par la pratique de la vertu et de la justice, ainsi que de celles (souvent les mêmes) qui ont entravé ce progrès par leurs vices et leurs iniquités; mais encore et surtout qu'elle fasse étudier et qu'elle explique toutes les œuvres spirituelles de tous les grands penseurs, qui sont sortis du sein de ces nations, et les langues dans lesquelles ces génies ont pensé et écrit.

En dehors de l'enseignement de cette histoire universelle, l'Université, en vertu de ses principes philosophiques, doit pénétrer les causes spirituelles de tous ces faits matériels, car partout, dans toute l'histoire humaine, les principes de vérité sur Dieu et la nature appliqués à la vie nationale, ont produit la prospérité, la paix et la durée de cette nation. Et partout les erreurs spirituelles ont enfanté des horreurs matérielles. A cette étude on a donné le titre de *Philosophie de l'histoire*, et c'est Voltaire qui en est le créateur. En effet, c'est lui le premier de tous les philosophes, qui a publié une philosophie de l'histoire, depuis Charlemagne jusqu'à Louis XIV, sous le titre, beaucoup trop modeste, même impropre : *Essai sur les mœurs et l'esprit des peuples.*

Or, l'Université de France a décapité l'histoire de l'humanité, en excluant de ses études l'histoire biblique de l'Ancien Testament, de ses poètes, de ses prophètes et surtout de son grand Législateur, Moïse, dont les lois civilisatrices ont été conservées par le Christianisme et le Mahométisme.

Tous les principes de morale et de vertu des Chrétiens viennent des Juifs ! Tous leurs vices et toutes leurs iniquités sociales viennent des Grecs et des Romains ! Pas un élève de l'Université française ne connait un traître mot de la Bible, qu'il considère comme lettre morte pour le progrès humain.

Tous les philosophes, tous les législateurs, tous les poètes de l'humanité, depuis Zoroastre, Confucius, Platon, Aristote, Socrate, Plutarque, à travers l'histoire de la pensée humaine jusqu'à Descartes, Kant et Hegel réuniraient leurs génies, ils ne trouveraient pas pour synthétiser l'idée de Dieu, un mot comme le *Yéhovah* de Moïse, qui veut dire, l'*Être qui fut, est et sera toujours le même !* En même temps, l'Être-Justice immuable, qui ne change, ni ne viole jamais sa Loi ! Des millions de volumes qui ont été écrits depuis, n'ont pu rien ajouter de *Nouveau* qui fût *Vrai !*

Nous verrons tout à l'heure les conséquences politiques et sociales dans l'histoire des nations, qui découlent de *la Philosophie de l'histoire.* Les Français d'aujourd'hui, les uns catholiques, pour cette philosophie se tiennent à celle de Bossuet; les autres, véritables théophobes, entrent en rage dès qu'ils sentent de loin le mot de Dieu. Quoi d'étonnant ! L'histoire des hommes du passé ne les intéresse pas, puisqu'ils se croient sortis des singes et malheureusement il n'y a pas de Moïse pour les singes, qui, soit dit en passant, sont bien bêtes d'être restés singes après avoir créé l'homme, fût-ce un athée !

La Philosophie de l'histoire ne saurait exister pour des

positivistes et des matérialistes, car le but principal en
est de prouver par l'histoire, que, comme je l'ai déjà dit,
les mêmes causes spirituelles ont toujours produit et produiront toujours les mêmes effets matériels ; que, grâce
aux mêmes principes, soit pour le bien, soit pour le mal,
soit pour la vérité, soit pour l'erreur, le présent ressem-
blera au passé et l'avenir au présent. C'est donc avant
tout une science réelle et pratique, on peut dire une
science nationale. Le grand Schiller, qui était professeur
d'histoire à Iéna (à raison de mille francs par an) a
essayé de synthétiser cette philosophie en une seule ligne
que voici : « *L'histoire des hommes est le Tribunal de Dieu
sur terre.* »

Mais pour les athées niant Dieu, l'histoire des hommes n'a plus aucun intérêt, surtout l'histoire la plus
ancienne et la plus véridique, celle du peuple de Dieu,
écrite exclusivement pour prouver la Justice de Dieu dans
l'histoire des nations [1].

---

[1] Paul Albert, un universitaire de renom, d'ailleurs, homme
de talent et d'esprit, a publié quatre volumes sur la poésie universelle, et ses études commencent par Homère. C'est stupéfiant
d'ignorance ! Moïse n'était donc pas un grand poète ? Je défie n'importe quel universitaire de trouver chez toutes les nations du
monde, et pour le fond et pour la forme, deux chants pareils au
Chant de Victoire, après l'engloutissement des Egyptiens dans la
Mer Rouge, et au *Chant du Cygne* de Moïse ! (Surtout comme j'ai
rétabli ce dernier Chant selon la logique et le véritable principe de
Moïse dans ma traduction du *Deutéronome*, traduction littérale selon le génie de la langue. Je défie tous les savants du monde de me
trouver en défaut pour une seule ligne). L'Hymne de Déborah n'est
donc pas de la poésie, ni celle d'Hanna, mère de Samuel, qui, la
première dans l'histoire, a glorifié le *Droit* aux dépens de la *Force?*
Et David n'est donc pas un grand poète? Qui donc chez les païens
et même chez les chrétiens a chanté comme lui les merveilles de
la nature? Il est vrai qu'il les chante pour la glorification du Créateur. Où sont donc les chants des Grecs et des Romains que les
chrétiens chantent dans leurs églises depuis des siècles, comme *les
Psaumes* de David? Il est vrai d'ajouter qu'ils ont chanté les
mêmes *Psaumes* pour brûler des milliers de Juifs, ses descen-
dants. Un des plus célèbres élèves de l'*Ecole Normale*, grand critique, a publié dernièrement sur la femme un article dans le *Radi-
cal*, dans lequel il dit que, sur la première page de la Bible, Dieu a
dit : « *Je mettrai une inimitié entre toi et l'homme.* » On voit bien
qu'il n'a jamais ouvert un page de la Bible, pas même la première,
quand il était à l'école et depuis qu'il en est sorti.

Voici maintenant les principaux linéaments de ma Réforme, car il est impossible d'entrer dans tous les détails.

Cinq Universités d'une égale valeur seront instituées dans cinq régions de la France, dans de petites villes, entourées d'une belle nature et susceptibles de tous les agrandissements possibles, indispensables pour les édifices universitaires (car il faut que l'étudiant reste toujours en communication avec la nature). Ces Universités indépendantes, pouvant recevoir des dons, se gérant elles-mêmes, ne peuvent pas être établies dans une grande ville. Il est à remarquer que depuis l'établissement, de plusieurs Universités allemandes dans les capitales de Berlin, de Vienne et de Munich, aucun véritable grand homme d'aucune Faculté n'en est sorti. Les quelques professeurs remarquables qu'elles possédaient, y ont été appelés d'Universités provinciales, établies dans des petites villes, telles que Heidelberg, Guettingue, Koenigsberg et autres. De même les grandes Universités anglaises sont de petites localités. L'Université de Londres n'a rien produit. Les brasseries à filles de Paris nous viennent de Munich et de Vienne. Elles ont été créées par les étudiants qui n'étudient pas. L'étudiant, d'ailleurs, qui doit passer six ans à l'Université, de dix-sept ans à vingt-trois ans, doit être soustrait à toute question politique militante, contraire aux études sérieuses. D'après notre système, il n'est du reste pas électeur avant vingt-cinq ans et marié. Il peut être marié même pendant le temps de ses études et il ne fera son année de service militaire, qu'après l'âge de vingt-trois ans.

Voici maintenant les différentes Facultés à établir dans chaque Université.

1re Faculté : Philosophie. Étude de tous les grands penseurs et philosophes de l'humanité. Sous cette rubrique sont compris les cours d'histoire et de géographie universelles, ainsi que *la Philosophie de l'histoire*. Il est impossible d'étudier l'histoire des humains, et les faits matériels qu'elle nous transmet, sans un guide spirituel bien défini. En d'autres termes, il est impossible d'expliquer les effets de l'histoire sans remonter aux causes.

Tous les étudiants des autres Facultés sont tenus à suivre ces cours, qui forment l'âme, et sont l'axe pivotal de l'Université.

Une section spéciale sera instituée dans cette Faculté sous le titre : *Philosophie du Droit*. C'est une annexe indispensable à *la Philosophie de l'histoire*. En effet, en étudiant l'histoire des nations et remontant aux causes spirituelles des faits matériels, il faut absolument remonter aux lois, qui ont fait les mœurs de chaque nation car, comme nous l'avons répété plusieurs fois, *ce sont les lois qui font les mœurs*, en d'autres termes, il faut entrer par l'étude dans l'esprit du Droit national de chaque peuple. Cette étude s'appelle *Philosophie du Droit*, et cette Philosophie du droit est intimement liée à la Philosophie de l'histoire.

Nul avocat, nul magistrat, nul fonctionnaire supérieur ne pourrait être nommé sans avoir fait ces deux études et sans en avoir obtenu le diplôme de docteur.

2º Faculté : Philologie ancienne pour toutes les langues qui ont produit de grands penseurs, dont la parole et les écrits ont contribué aux progrès universels de l'humanité. Il est inutile de dire que la langue hébraïque y tiendra le même rôle que le grec et le latin. L'étude de l'histoire et de la législation du peuple le plus ancien de la terre, et qui a produit un homme tel que Moïse, le plus grand génie des humains, dont la législation, dans ses principaux linéaments, sert encore de base à toutes les nations civilisées, et dont l'étude, d'ailleurs, est une partie intégrale de *la philosophie de l'histoire*. LE DROIT DE MOÏSE est bien plus important à étudier que le Droit romain, qui n'est que le droit des avocats et des chicaniers [1].

---

[1] Bien entendu, en séparant les lois de Moïse et ses principes fondamentaux de ceux qu'Esra et ses disciples de la *Grande Synagogue* ont ajoutés dans le Pentateuque actuel, dont ils sont les rédacteurs pour le second Temple ; séparation que j'ai établie, moi le premier, dans mes *Cinq Livres de Moïse*, textes à l'appui, d'une

D'ailleurs, l'étude de ce droit fait également corps avec la Philosophie du Droit et de l'histoire. Il en est une partie intégrale, le foyer central même, car l'étude de la Philosophie du Droit est forcément une étude de comparaison entre les différentes législations des peuples de l'histoire. Montesquieu dans son *Esprit des Lois* peut servir de modèle pour cette science. En Allemagne, David Michaélis a créé un chef-d'œuvre de ce genre sous le titre : LE DROIT DE MOÏSE. Mais ces études ne seront jamais complètes, si on n'y englobe pas tous les Droits, le Droit chinois et persan aussi bien que le Droit grec, les différents Codes des Romains, le Droit du Coran, le Droit des Germains anciens (selon Tacite), ainsi que le Droit impérial teutonique et finalement le Droit moderne du Code Napoléon.

Dans cette Faculté, il y aura une seconde section pour la Philologie des langues modernes, ainsi que pour l'étude de tous les grands hommes qui ont pensé et écrit dans ces langues. Et ce ne sont pas de petites leçons intermittentes qu'on donnera, mais des cours réguliers de plusieurs heures tous les jours.

Point n'est besoin de parler correctement et sans accent une langue étrangère, mais il faut que tout étudiant qui suit ces cours, sache traduire de première vue une page écrite, en vers ou en prose, dans cette langue et sache en même temps répondre dans la même langue à toutes les questions qu'on lui fera.

Une Faculté principale de toute Université, c'est la Théologie, c'est-à-dire l'origine et l'histoire de toutes les religions de la terre, avec toutes leurs guerres, leurs réformes et leurs transformations, depuis la religion des Chinois, jusqu'aux religions des différentes nations actuelles.

A chacune de ces Universités, il y aura un Séminaire

manière irréfragable et irréfutable, et sans laquelle, comme je l'ai prouvé dans le *Préavis*, le Pentateuque, tel qu'il existe, ne serait qu'une série de contradictions indignes de n'importe quel auteur, à plus forte raison, d'un génie de premier ordre à nul autre pareil, tel que Moïse!

particulier pour les Israëlites, les Catholiques, les Protestants, ainsi que pour le *Culte idéal* dont j'ai tracé les principes fondamentaux et où ses chefs spirituels enseigneront leur religion à leurs élèves. Mais nul curé, nul rabbin, nul pasteur ne pourra être nommé sans avoir suivi les Cours de la Théologie Universelle! *Il n'y aura pas d'autres Séminaires en dehors de ces Universités.*

La Faculté des Mathématiques contiendra l'arithmétique, l'algèbre, la géométrie, la trigonométrie, la géologie, l'astronomie, ainsi que toute science secondaire qui rentre dans ce domaine.

Les écoles militaires, telles que l'école Polytechnique et l'école de Saint-Cyr, seront transférées, chacune dans une ville d'Université. Les élèves des mathématiques sont tenus à suivre les Cours d'histoire, de géographie Universelles et de la Philosophie de l'histoire, mais les docteurs ès-philosophie, ès-histoire, philologie, théologie et médecine ne seront nullement tenus à suivre les Cours de mathématiques. Les mathématiques exigent des aptitudes particulières, qui n'ont aucun rapport, ni avec l'imagination, ni avec l'inspiration. Tout y est mesuré, et pour ainsi dire limité.

Rarement un grand mathématicien est un homme de principes spirituels, encore moins de caractère, *qui vient de l'âme libre et non des combinaisons algébriques restreintes.*

Le grand Pascal lui-même, grand mathématicien, a fini par *s'abêtir* (l'expression est de lui-même), sous la foi aveugle, pour ainsi dire mathématique. Il faut des ingénieurs, des artilleurs et des arpenteurs, *mais jamais grand inventeur n'est sorti d'une école de mathématiques universitaires!*

D'ailleurs, les élèves militaires devraient être tenus à suivre les Cours de philologie moderne d'une Université. Nul militaire ne devrait être promu officier sans savoir deux langues modernes, surtout l'allemand et l'anglais, non pas superficiellement mais à fond.

Il y aura naturellement encore une Faculté de chimie, de minéralogie et de botanique.

La grande difficulté d'une Université réformée c'est la Faculté de médecine. Il est de fait que depuis Molière et Lesage, la science médicale, loin de progresser pour le bien de l'humanité, a reculé. Elle est devenue une affaire de réclame et de mode, une question de renommée et de lucre.

La plupart de nos médecins ne cherchent pas à guérir, mais à se faire une réputation (on pourrait dire comme les généraux par le nombre des morts) pour s'enrichir. On a beaucoup raillé l'eau chaude de *Sangrádo*, mais de nos jours les vieillards, (c'est-à-dire, ceux qui ont échappé aux médecins) ne se rappellent-ils pas les différentes modes de guérison qui ont successivement envahi la société et qui, après quelques années, ont disparu pour faire place à d'autres modes également disparues, parce qu'elles ne guérissaient pas.

C'était d'abord la saignée. On saignait tout le monde, surtout les femmes enceintes, (on m'a saigné deux fois en une journée, j'avais la rougeole, le médecin l'ignorait et j'ai failli y rester). Puis, sont venues les sangsues pour toutes les maladies. Puis, le bromure de potassium également pour toutes les maladies. Récemment on mettait tout le monde au lait. Il n'y avait pas assez de vaches ; mode également abandonnée. *Heureusement il y a encore de glorieuses, exceptions*. On se plaint qu'il n'y ait pas assez de médecins. Il faut croire qu'il y en a beaucoup trop, puisqu'il y en a cinquante-cinq qui ont quitté la médecine pour la politique en se faisant élire députés. Le *Talmud* déjà n'aimait pas les médecins politiques. Il dit : « *Ne reste pas dans une ville dont le chef est un médecin.* »

Depuis quelque temps la médecine a une tendance à se spécialiser pour les différents organes du corps humain. Est-ce un progrès? Un bon médecin doit connaître et pouvoir soigner tous les organes. Depuis Moïse qui prétend que toute maladie vient du sang corrompu du corps, tous les véritables grands médecins, qui ont laissé des œuvres remarquables, s'inscrivent en faux contre les médecins spécialistes! Rien du corps humain ne doit être étranger à un bon médecin. Mais l'Université peut faire une section particulière pour chacun de ces arts, et nul ne doit pouvoir exercer une spécialité de ce genre, sans un diplôme particulier de la Faculté.

La médecine est un art extrêmement difficile. Il faut des aptitudes extraordinaires d'initiative et d'intuition pour devenir un bon médecin. Il faut, non seulement que l'élève en médecine suive assidûment les cours d'anatomie, de thérapeutique, d'hygiène etc., il faut encore qu'il ait étudié la Chimie, la Physique, la Minéralogie, la Botanique et par-dessus tout la Psychologie! Si donc l'élève des autres Facultés, entrant à l'âge de dix-sept ans, les quitte à vingt-trois ans, l'étudiant en médecine ne doit quitter la sienne qu'à l'âge de vingt-cinq ans. Il y a plus. Pour éviter la médiocrité en médecine, si dangereuse et mortelle pour le public, il faudrait qu'au bout de la première année, il y eût un examen sévère pour tous les élèves en médecine et que tous ceux reconnus n'avoir pas les aptitudes nécessaires pour devenir bons médecins, fussent carrément refusés et exclus de cette science. Libre à eux de suivre une autre Faculté, mais où ils ne tueront personne.

On établira dans chaque ville universitaire deux grands hôpitaux construits en pleine campagne, à un quart ou à une demi lieue éloignée de la ville. Ces hôpitaux seront mobiles, construits en planches comme les chalets de la Suisse et susceptibles d'être transportés avec tous leurs accessoires et *appartenances*.

Il n'y aurait, d'ailleurs, pas de mal qu'il y eût dix hôpitaux, véritables foyers d'infections, de moins à Paris !

Les élèves qui ont obtenu le grade de bachelier ès-médecine serviront, tour à tour, d'internes dans ces hôpitaux pendant un mois. En quittant l'hôpital pour faire place à d'autres élèves, ils rendront compte à leurs professeurs de leurs travaux et de leurs observations.

Il n'y aura pas de Faculté spéciale des lettres françaises. Nul étudiant ne peut être immatriculé, sa à savoir parler et écrire correctement le français. Quant à nos grands hommes de l'histoire, à nos grands philosophes, poètes et écrivains de génie, ainsi qu'à nos grands inventeurs et hommes d'État, ils sont une partie intégrante de la *Philosophie de l'histoire universelle*, qu'on peut, d'ailleurs, diviser en sections.

Voici maintenant les différents grades universitaires.

L'étudiant reçoit pour son premier grade le titre de Bachelier avec l'énonciation de la Faculté. Ainsi on est Bachelier ès-Philosophie, ès-Philologie, ès-Mathématiques, ès-Médecine, etc. Nul n'obtiendra le grade de bachelier sans savoir à fond, outre le français, deux langues étrangères vivantes. Seul moyen d'en diminuer le nombre. Il y aura, d'ailleurs, un baccalauréat spécial pour chaque science, comme je l'ai indiqué. Exiger d'un homme d'avoir une teinture de toutes les sciences, c'est, comme l'a déjà dit le Talmud, créer des savants qui ressemblent à une boîte d'épices de toutes les sortes, entremêlées et renversées, et qui n'est absolument bonne à rien.

Ce titre suffit pour être admis à concourir pour des fonctions publiques, mais le titulaire ne peut être professeur, ni fonder une école. Il suffit pourtant pour entrer à l'armée comme officier, à condition qu'il possède les autres titres réclamés par la loi.

Au second degré, l'étudiant reçoit le diplôme de docteur de chaque Faculté. Docteur ès-Philosophie, ès-Médecine, ès-Philologie, etc., etc., etc. Muni de ce titre, le titulaire peut pratiquer sa science ; il peut fonder une école, à condition qu'il n'y ait ni internat, ni pensionnat dirigé par lui (comme nous le verrons tout à l'heure).

Le troisième degré donne le titre de Maître. Maître ès-Philosophie, ès-Médecine, etc. Il faut être Maître pour professer à l'Université.

Nul Professeur ne peut improviser sa leçon. Elle doit être écrite et lue à haute voix. Les étudiants rangés sur des banquettes à pupitres, ayant à leur disposition de l'encre et du papier, peuvent prendre note, séance tenante, des passages saillants de la leçon qui leur pa-

raissent utiles. Ces notes seront remises au professeur après la leçon ; il les rendra à la prochaine leçon
avec ses observations, s'il juge à propos d'y ajouter.

Au quatrième degré, on est Grand Maître, après
quelques années de professorat. Les Grands Maîtres de
toutes les Facultés formeront le *Conseil Supérieur* de
l'Université présidé par le Recteur, sous le titre de
Primat élu par eux.

Les académies seront abolies. L'Académie de médecine de nos jours est devenue une véritable officine de
réclames individuelles dangereuses au plus haut degré.
Chaque membre monte à la tribune pour y exposer le
boniment de sa panacée, sûr qu'il est que tous les
journaux produiront gratuitement l'efficacité de son
nouveau remède *et sans qu'il ait passé par l'épreuve de
l'Académie.*

Les victimes de ces indignes réclames sont innombrables.

Il n'y aura pas d'autre Académie de médecine que le
Conseil Supérieur. Quant à l'Académie des *sciences
morales et politiques*, qui pourrait s'appeler DES OURS
politiques, point n'est besoin de la tuer. Elle n'a jamais
vécu.

J'ai déjà indiqué une partie de la Réforme de l'Académie Française. J'y reviendrai. Il suffit de répéter que
le nombre de ses membres n'est pas limité et que tous les
grands Maîtres de l'Université en feront partie de droit.
Je n'en finirais pas, si je devais entrer dans tous les
détails. Il y aura une vaste salle pouvant contenir un
millier de personnes, servant en même temps de Biblio-
thèque, de Cercle et de Réfectoire pour les dîners col-
lectifs.

Tous les soirs, professeurs et étudiants pourront se
réunir dans ce *Cercle*, pour échanger leurs idées, en
prenant une consommation, et tous les mois on y fera
un grand dîner auquel tous les professeurs prendront
part.

Aucun professeur de l'Université ne pourra avoir, ni
internat, ni pensionnat, mais professeurs et étudiants

pourront former une société coopérative pour avoir les aliments purs non falsifiés et même les vêtements aux prix de revient, et dont les bénéfices, ne pouvant dépasser cinq pour cent, tomberont dans la caisse universitaire.

Et l'argent? me demandera-t-on. Où prendra-t-on les millions que coûtera l'établissement de ces Universités?

Voici ma réponse. Toute Université, étant une personne civile, pourra faire un emprunt de plusieurs millions, dont elle payera d'abord les intérêts de trois pour cent, en réservant une somme annuelle pour l'amortissement de la dette.

Ces intérêts seront garantis pour quatre-vingt-dix ans.

Tout étudiant, sauf les boursiers doués de facultés *extraordinaires*, paiera cent francs, prix d'immatriculation.

Tout diplôme universitaire, même celui de bachelier, signé par le *Primat* de l'Université, sera frappé d'un impôt de trois cents francs.

Outre cet impôt, tout membre de l'Université, même après en être sorti, paiera annuellement une petite somme de compagnonnage.

Il n'y aura aucun monopole pour les livres dont se sert l'Université. Le *Conseil Supérieur* des Grands Maîtres peut les changer, quand il le jugera opportun et utile pour le progrès des études. Pour les livres adoptés, l'éditeur versera cinquante centimes pour chaque exemplaire vendu à un étudiant.

J'ai déjà cité la société coopérative.

Chaque Université, du reste complètement indépendante du ministre de l'instruction publique, peut recevoir des dons et des legs.

J'ajoute que chaque Université aura sa police spéciale, nommée par le Primat, et un tribunal d'honneur composé de trois Grands-Maîtres élus à cet effet.

Les étudiants ne pourront pas se grouper en différents

corps, soit pour des promenades, soit pour des conciliabules, sans la permission expresse du Primat, et nul étudiant ne pourra s'affilier à une société extra-universitaire, sans autorisation signée par le Primat.

Toute contestation, tout litige entre étudiants seront portés devant le *Tribunal d'honneur*, qui prononcera son jugement en vingt-quatre heures.

Le duel est rigoureusement interdit. Tout étudiant qui s'est battu en duel, sera relégué et déclaré indigne d'exercer des fonctions publiques.

A la grande porte de chaque Université, il y aura deux grandes tablettes, l'une blanche, l'autre noire. Sur l'initiative du Conseil Supérieur, pour toute action héroïque, pour tout acte méritoire, le nom de l'étudiant sera inscrit, en lettres d'or, sur la tablette blanche de la porte. Il y restera huit jours.

Par contre, pour tout forfait à l'honneur, pour toute action indigne, toute tentative contre les mœurs, le nom de l'étudiant sera inscrit, en lettres blanches, mais seulement pour vingt-quatre heures, sur la tablette noire. De plus il sera relégué, mais il peut entrer dans une autre Université. En cas de récidive, il sera expulsé de toute Université et déclaré indigne d'exercer des fonctions publiques.

Si le Primat et le Conseil Supérieur le jugent à propos, les étudiants pourront, pendant deux heures par semaine, être exercés dans l'art militaire. Et si le gouvernement consent à mettre une garnison dans chaque ville universitaire, les étudiants pourront, tour à tour, faire leur service d'une année militaire, tout en poursuivant leurs études. Pendant les études ordinaires, les étudiants, sauf ceux des écoles militaires, ne se distingueront de leurs concitoyens par aucun signe extérieur d'habillement. Mais ils auront un costume particulier pour sortir en groupes, toutes et quantes fois le Primat et le Conseil Supérieur jugeront à propos de les faire sortir en corps.

Aux fêtes Nationales de couronnement, décrites dans un autre chapitre, ils défileront en costume devant le chef de l'État et les citoyens couronnés!

VII

TROIS PETITES LOIS QUI DEVIENDRONT GRANDES.

En attendant la loi sur les médecins, auxquels, chose monstrueuse! la société donne le pouvoir, moyennant un certificat très peu contrôlé, d'assassiner volontairement ou involontairement leurs clients, sans encourir une sérieuse responsabilité, et sur les pharmaciens qui, moyennant la peine dérisoire de six mois de prison, peuvent empoisonner leurs pratiques, citons en quelques lignes les lois et les mœurs de notre époque, qui sous le nom de progrès ont mis des centaines de mille de citoyens honnêtes, parfois le salut de toute une nation, dans les mains de quelques individus, qui peuvent être des crétins, ou des gredins, ou les deux à la fois, et dont la responsabilité est une impure dérision.

Dans l'antiquité, tout général en chef acceptant la défense de son pays, ne revenait jamais d'une bataille que vainqueur ou mort. Quand il ne périssait pas dans la mêlée de la bataille, il s'empoisonnait. Le bouclier dans l'antiquité, étant l'emblème du vrai soldat, le dicton populaire était : « *dessus, ou dessous* ». La vérité est que tout général en chef, qui revient d'une bataille perdue vivant ou sans être blessé à mort, est un lâche ou un traître, et comme je viens de le dire, crétin ou gredin.

La *Convention* de 93 n'a vaincu l'Europe que parce qu'elle était de cet avis. Le général Custine, après avoir levé le siège de Mayence, traduit devant le *Comité du*

Salut public, pérorait pendant un quart d'heure pour prouver qu'il avait fait tout son devoir[1].

Lorsque Robespierre, l'interrompant, lui dit : « Êtes-vous mort ? Non ! Vous n'avez donc pas fait votre devoir ? » Et Custine fut bel et bien guillotiné comme il l'avait mérité. On ne lui fit même pas l'honneur de le fusiller. C'est que, d'après l'avis de tous les grands hommes d'Etat et de guerre, le succès des batailles ne dépend pas du nombre des guerriers, mais de la qualité, du courage et du génie du commandant en chef. Ce que Plutarque exprime en une ligne, en disant : « Une armée de cerfs commandée par un lion vaincra toujours une armée de lions commandée par un cerf. »

Quand Agésilas allait livrer sa principale bataille, on lui fit observer que l'armée ennemie était plus forte de plusieurs phalanges : « Et pour combien de phalanges me comptez-vous donc ? répondit-il. » Et il gagna la bataille.

Qu'on compare maintenant ces mœurs guerrières aux nôtres. Je ne parle pas de Bazaine, les cent soixante-quinze mille (175,000) capitulards de Metz, dont pas un n'a brûlé la cervelle à Bazaine et à Changarnier, et qui ont livré leurs drapeaux, leurs canons, et leurs épées à l'ennemi sans coup férir, étaient-ils des soldats français dignes de ce nom ?

Mais que dire d'un tribunal qui discute pendant un mois pour savoir si Bazaine était coupable, lui, qui aurait dû être fusillé, après une heure de délibération ; tribunal qui, après la condamnation péniblement obtenue par la voix du peuple, est allé l'échine courbée, demander la grâce du traître au chef de l'Etat, et qui, chose odieusement infâme ! l'a accordée. Ce ne sont pas des hommes *d'État,* mais des hommes *d'étain,* qu'on plie, d'un tour de main, et qu'on jette au rebut.

Et les autres donc, Trochu, Ducrot, Chanzy, qui le jour de la bataille avait une bronchite, Aurelles de Pa-

---

[1] Nos généraux battus de 1870, au lieu de discours, ont publié de gros volumes, mais qui ne valent guère plus que la péroraison de Custine.

ladine, Bourbaky ? Ils ont tous mérité la mort. Si on
avait tué Trochu cinq fois au lieu d'une, il ne l'aurait
pas volé.

Voici maintenant trois classes d'hommes qui tiennent dans leurs mains la vie de millions de leurs concitoyens : savoir : les mécaniciens, les aiguilleurs des
chemins de fer, et les capitaines des bateaux à vapeur,
dont la responsabilité est dérisoirement illusoire, pour
lesquels notre société a des monceaux d'indulgences et
qui la plupart du temps, par les accidents mortels qu'ils
ne préviennent pas ou même qu'ils provoquent, mérite-
raient tous la mort.

Nos petits neveux s'étonneront avec raison qu'un
homme comme un mécanicien de chemin de fer, dont
la moindre négligence met en danger la vie de centaines
de mille hommes, ait été appointé comme un simple
mercenaire, comme un simple ouvrier manuel, dont le
travail n'a d'importance que pour un entrepreneur particulier. Un mécanicien de chemin de fer bien expérimenté qui remplit consciencieusement son devoir rend
plus de services au pays qu'un député et mérite au moins
les mêmes appointements.

Dix mille francs par an, ne seraient pas de trop, avec
une pension de la moitié de son salaire, après vingt-cinq
ans de service, reversibles sur la tête de sa veuve. De
même un aiguilleur vigilant et consciencieux est plus
utile à la société qu'un secrétaire d'ambassade. On dirait que ces frais deviendraient trop dispendieux pour les
compagnies de chemins de fer, dont les dividendes diminueraient de moitié. Mais les chemins de fer n'ont pas
été inventés pour les actionnaires, mais pour le public.
Il est donc inconcevable qu'on sacrifie la sécurité et la
vie de milliers et de milliers de citoyens pour remplir
les caisses des capitalistes, dont chaque pièce d'or représente la vie d'un citoyen.

Mais une fois le choix des employés fait, et leurs émoluments élevés à la hauteur de leur responsabilité, il
ne peut être question d'aucune indulgence, d'aucune
mollesse, d'aucune pitié à leur égard, et tout mécani-

cien, tout aiguilleur dont la malveillance ou la négligence a causé la mort d'un seul de sos concitoyens, quand lui est sorti de l'accident sain et sauf, doit être condamné à mort, sans merci, ni miséricorde.

Il est de notoriété publique que, depuis que la guerre a éclaté entre les compagnies et leurs employés, certains de ces derniers se sont vengés sur elles par des accidents prémédités, en se disant : Elles ne veulent pas nous payer, elles économisent des centaines de mille francs sur nos salaires, nous allons leur faire des dégâts pour des millions, et peu importe la vie des voyageurs ! Il y a même un infâme roman intitulé : « *La Bête humaine* » qui prétend représenter la vie réelle, dans lequel une espèce de roulure, dédaignée par un gars mécanicien d'un train, afin de se venger sur une rivale qui se trouve dans le même train, le fait dérailler par de grosses pierres qu'elle met sur les rails, au risque de tuer trois cents voyageurs, il est vrai, au risque également de se tuer elle-même.

Tous les critiques littéraires de Paris ont cité cette scène avec de pompeux éloges, en la déclarant la création d'un homme de génie.

Quoi d'étonnant que quelques lecteurs, en même temps employés de chemin de fer, n'aient pas l'idée d'imiter cette brute infecte, qui a le nom d'une fleur?

Nos juges frappent ces prévaricateurs subalternes, plus dangereux qu'une bande de Schinderhans, d'un mois, de deux mois, de six mois de prison, de deux ans au plus fort, quand le crime est trop probable, non sans les recommander au ministre de la justice qui leur rend la liberté au bout d'un an.

Contre ces aberrations, ces avachissements et ces apeurements, il n'y a qu'une seule chose à souhaiter : c'est que tous ces magistrats et ces ministres se trouvent dans le même train.

Voyons maintenant les capitaines.

Depuis vingt ans il y a plus de cent mille hommes noyés, engloutis, eux et leur fortune dans la mer, par la négligence des capitaines de vaisseaux. Ces capitaines,

triés sur le volet, du moins en le supposant, méritent certainement autant d'appointements qu'un amiral. Ils doivent être à leur poste jour et nuit; ils devraient avoir leur
famille avec eux dans le même vaisseau, et les seconds
qui les remplacent pendant leur sommeil, ne devraient
être choisis que parmi des hommes aussi capables et
aussi vigilants qu'eux. Comment, d'ailleurs, aucune
marine n'a-t-elle pensé à faire une loi ordonnant à tout
vapeur de stopper et de ne marcher qu'au pas pendant
un temps de brume et de brouillard, qui empêche de
voir à deux pas devant soi sur la mer? Ce qu'il y a de
surprenant encore, c'est que la plupart des abordages
qui ont coûté des milliers de vies, ont eu lieu en plein
jour et par des temps magnifiques. Il est certain que
dans des accidents pareils aucun des deux commandants de ces vaisseaux n'a fait son devoir. Il n'était pas
à son poste ou il était ivre, ou il dormait, et celui qui le
remplaçait était un incapable, payé au rabais. Toutes
les soi-disant enquêtes que les marins font entre eux,
sont des comédies dérisoires. Les deux capitaines des
deux vaisseaux qui se sont abordés et qui ont fait le
malheur des centaines de voyageurs qui leur étaient
confiés, *doivent être fusillés tous les deux, s'ils sont sortis
sains et saufs de l'accident !*
Si depuis trente ans on avait fusillé plusieurs capitaines de vaisseaux abordés et éventrés, et qui se sont
sauvés, en prononçant de longs discours, prouvant qu'il
y avait force majeure, les accidents en pleine mer auraient diminué de deux tiers. Mais les loups ne dévorent que des moutons de Panurge et ne se mangent pas
entre eux !

VIII

LOI SUR LES MÉDECINS.

J'ai déjà fait observer, et je le répète, que nos arrière-
petits-neveux ne comprendront pas qu'il y ait eu une
société, dans laquelle un homme, moyennant un chif-
fon de papier signé par un autre homme, avait le droit
de vie ou de mort sur ses concitoyens, sans contrôle ni
responsabilité, que cet homme s'appelât médecin, chirurgien ou pharmacien.

Allons tout de suite aux objections dont pas une ne
tient debout devant la justice et la raison. On dit que le
malade n'appelle pour médecin que l'homme dans l'honnêteté duquel il a une confiance entière, et qu'il est bien
libre de risquer sa santé et sa vie. Mais l'homme qui se
met dans un chemin de fer ou dans un bateau à vapeur,
a également une confiance entière dans les capacités
et l'honnêteté du mécanicien et du capitaine, et par-dessus ces employés, dans les compagnies qui exploitent
ces moyens de transport. Cela n'empêche pas la société
d'avoir pris des mesures de contrôle, et pour les em-
ployeurs et pour les employés, et d'avoir édicté des lois
de sérieuse responsabilité. Ceux qui sont morts par un
accident de chemin de fer ou de vapeur, ne peuvent plus
se plaindre personnellement contre l'erreur du mécanicien ou de l'aiguilleur, pas plus que ceux qui sont
morts par l'erreur volontaire ou involontaire d'un médecin, et pourtant la société les condamne à payer des
indemnités aux ayants droit, en rendant responsables

ceux qui les ont autorisés à remplir ces fonctions. Pourquoi donc alors, n'y a-t-il aucun recours contre l'homicide d'un médecin et ceux qui l'ont autorisé à remplir ses fonctions? (Je me sers à dessein de ces mêmes expressions.) Vous voulez donc, m'a-t-on répondu, transformer les médecins en fonctionnaires publics; les soumettre à un contrôle et les rendre responsables de leurs erreurs et de leur incapacité? Mais c'est un attentat à la liberté individuelle. Tout le monde a le droit d'étudier et de pratiquer la médecine, pourvu qu'on ait un diplôme en due forme, signé et parafé par une Faculté de médecine. Ceci demande une réponse plus étendue et plus longuement argumentée.

Nul ne niera que la santé publique ne soit une nécessité sociale, plus urgente et plus indispensable que l'instruction publique. La santé est le seul vrai bonheur de l'homme. Sans elle toute instruction est vaine et ne sert à rien. Et puisque nous sommes sur ce chapitre, répétons quelques lignes du docteur Huffeland. « Il est inconcevable, dit ce célèbre médecin, qu'avant même d'apprendre à l'enfant à lire et à écrire, on ne lui enseigne l'organisation de son corps et de ses organes, afin de lui apprendre, dès son enfance, à conserver la santé et à éviter tous les excès qui peuvent le rendre malheureux pour toute la vie. »

Or, le maître d'école n'est-il pas un fonctionnaire public? N'a-t-on pas décrété l'instruction obligatoire et même gratuite, ce qui est une faute, comme nous le prouverons plus loin. N'y a-t-il pas, à côté de ces maîtres d'école fonctionnaires, des centaines d'individus avec le brevet supérieur et ayant toute liberté d'enseigner, s'ils trouvent des élèves? Cela ne les empêche pas d'être sous le contrôle de l'État.

Et les agents de change? N'en a-t-on pas limité le nombre sous le contrôle de l'État, pour assurer la fortune des clients dont ils ont toute la confiance? La santé publique vaut-elle moins que la fortune? Et pourtant là encore, à côté de ces agents fonctionnaires, il y en a d'autres libres, qu'on appelle coulissiers, mais toujours contrôlés et responsables. Je pourrais encore citer bien d'autres exemples, mais point n'est besoin. Il doit en être absolument de même de la médecine et des médecins.

Voici maintenant ma loi. Je ne prétends nullement arriver du premier jet à la perfection. Il me suffit de tracer les linéaments et les principes fondamentaux de la loi.

Un impôt progressif, sous le titre : *Impôt de santé,* sera établi sur tous les citoyens et sur toutes les citoyennes de France, dès leur naissance (les parents contribuables et imposables payeront pour leurs enfants), les pauvres naturellement exceptés. Cet impôt ne sera pas moindre d'un franc par tête et ne dépassera pas cent francs, toujours par tête.

Moyennant cet impôt, tout Français, de n'importe quelle condition, de quel sexe et de quel âge, a le droit de réclamer les soins d'un médecin institué dans son voisinage, non pas une fois par semaine, mais tous les jours, et de recevoir les médicaments prescrits au prix de revient, avec une petite majoration, sous le contrôle de l'État.

Essayons maintenant de donner un aperçu pour la mise à exécution de ce nouveau système et commençons par Paris.

Cinq médecins, dont un médecin-chirurgien, seront nommés par la Faculté et installés dans chaque quartier. Chacun de ces médecins desservira un certain nombre de rues de ce quartier, où il occupera un logement gratuit. Inutile d'ajouter qu'il faut qu'il soit marié, puisque d'après mon Code, aucun célibataire ne peut exercer la médecine, excepté comme Interne dans un hôpital, sous la surveillance d'un chef.

Ses appointements seront au minimum de dix mille francs par an et qui peuvent être augmentés jusqu'à vingt mille francs, selon le nombre de ses enfants et les cures heureuses constatées par qui de droit.

Sur ces cinq médecins, il y en a un, à tour de rôle, qui peut être réclamé pendant toute la nuit.

Au-dessus de ces cinq médecins il y aura un médecin-inspecteur nommé par la Faculté, mais qui ne peut pas exercer la médecine pendant tout le temps de son Inspectorat.

Chaque médecin appelé au chevet d'un malade et prescrivant une ordonnance, qu'il laissera au malade pour être envoyée à la pharmacie, prendra copie de cette ordonnance sur une feuille volante, en ayant soin de mettre en tête le genre de maladie du client, son sexe, son état et son âge. Cette copie sera envoyée par le médecin, le jour même, à l'inspecteur, sans frais de poste.

L'inspecteur, à son tour, qui passera en revue les ordonnances envoyées, au moindre doute de correction, ira lui-même voir le malade et fera ses observations au médecin. En cas d'erreurs graves, il enverra l'ordonnance, accompagnée d'un rapport succinct, au Grand Conseil Universitaire, composé de dix-huit grands maîtres dont trois siégeront à tour de rôle par semaine et qui, pour des cas graves, pourront convoquer tout le Conseil, le Primat en tête.

Chacun de ces médecins de quartier, pour des cas douteux et pour couvrir sa responsabilité, peut réclamer la présence d'un confrère du même quartier. Le malade, à son tour, est libre de récuser un médecin et d'avoir recours à un autre, même en dehors du quartier, mais à ses frais; et quel que soit le médecin qu'il réclame, fût-ce une première célébrité et le payât-il à n'importe quel prix, l'ordonnance prescrite sera envoyée en double à l'inspecteur, sous la responsabilité du docteur, à moins que le malade lui-même, ou le conseil de famille en cas de minorité, ne dégage le médecin, mais par écrit, de toute responsabilité. Il est bien entendu que tout malade est libre d'affranchir n'importe quel médecin de cette responsabilité, mais il faut que ce soit écrit et signé en toute connaissance de cause et, au cas que le malade n'ait plus toute sa raison, par ses parents les plus proches et les plus intéressés.

Il est bien entendu encore que ce dégagement même

par écrit est nul et non avenu, quand il s'agit d'un crime, comme l'avortement.

Tout médecin, quel qu'il soit, qui a commis ce crime doit être condamné aux travaux forcés, et si la mort s'ensuit, il doit être condamné à mort sans pouvoir être gracié.

Aucun chirurgien ne peut faire une opération, sans la présence et le consentement d'un autre chirurgien diplômé, et nommé par la Faculté. Un rapport de l'opération sera envoyé le jour même à l'inspecteur.

La visite d'un médecin réclamé d'un quartier à l'autre sera taxée par l'État.

Il y aura également cinq pharmaciens dans chaque quartier nommés par la Faculté, qui recevront leurs médicaments de la pharmacie Centrale, instituée et contrôlée par l'État. Ils seront tenus de livrer ces médicaments au prix de revient, avec majoration de deux pour cent pour la préparation et la manipulation. Une de ces pharmacies, à tour de rôle, restera ouverte la nuit.

Un pharmacien et un médecin révoqués par le grand Conseil de l'Université ne pourront plus exercer leurs fonctions en France. S'il y a homicide involontaire, ils seront condamnés à payer des indemnités par état aux ayants droit, et s'ils sont insolvables, ils seront condamnés au travail forcé, jusqu'à l'extinction de la dette. En cas d'empoisonnement prémédité par l'un ou par l'autre, ils seront condamnés à mort.

Dans les départements, à la campagne, il y aura un médecin et un pharmacien pour mille âmes et un inspecteur dans chaque chef-lieu de canton. S'il faut plusieurs villages pour arriver à ce chiffre, le médecin demeurera dans le centre et il aura, outre ses émoluments fixés par l'État, le logement, une voiture et un cheval gratis.

Nous avons déjà dit que les grands hôpitaux devraient être installés à quelques kilomètres des Universités. Moins il y a d'hôpitaux au centre des grandes villes, moins il y aura de maladies contagieuses; mais en tout cas il faut que le médecin en chef d'un hôpital, nommé par le Grand Conseil de la Faculté Universitaire, soit directement, soit par concours, demeure dans l'hôpital même, ou dans le voisinage le plus proche, de manière à pouvoir être appelé à toute heure par les internes pour les cas graves ou extraordinaires.

Il est impossible d'entrer dans tous les détails de cette Révolution sociale (car c'est une Révolution). Il me suffit d'en avoir indiqué les principes fondamentaux, savoir :

1° La certitude pour chaque citoyen, moyennant un petit impôt, d'avoir à sa disposition le médecin et la médecine pour chaque cas de maladie (et d'avoir un hôpital pour les pauvres sans domicile).

2° De pouvoir consulter un homme de science, même avant d'être malade, pour se préserver des maladies contagieuses ou dont il craint d'être attaqué.

3° La responsabilité absolue du médecin et du pharmacien vis-à-vis des malades, qu'ils ne peuvent pas refuser.

Enfin, 4° la nomination des médecins et des pharmaciens en qualité de fonctionnaires publics, avec une pension de retraite pour l'âge et les maladies qui pourront les empêcher de continuer leurs fonctions.

Tout ne sera pas fait comme je viens de l'indiquer. Beaucoup reste à faire. Mais il faut absolument que quelque chose soit fait.

IX

LOI SUR LA FRAUDE ET LES FRAUDEURS.

Si la justice existait pour le peuple et non le peuple pour la justice, une seule ligne suffirait contre toute fraude et contre tout fraudeur, contre toute falsification et tout falsificateur, savoir : « *Tu lui feras comme il a pensé faire à son prochain.* » Et cette loi peut s'appliquer aussi bien à tous les faussaires, à un faux témoin, à un diffamateur, à un faux monnayeur, ou à un falsificateur d'aliments et de médicaments.

Voilà un homme qui a fabriqué de la fausse monnaie, ou qui a fraudé la douane, ou l'octroi. Il a frustré l'État et volé ses concitoyens. On n'a qu'à estimer le montant de son vol et à le condamner à payer le double, et s'il n'est pas solvable, au travail forcé pendant toute sa vie. Si cela ne suffit pas, on peut condamner ses héritiers, auxquels il a voulu léguer le produit de son vol, au même travail jusqu'à l'extinction de la dette.

Les fils, comme a dit Moïse, ne doivent jamais mourir pour un crime capital de leurs pères, mais ils sont responsables pour tout vol ; autrement, les pères voleraient pour leur progéniture, même au risque d'une détention et d'un travail à perpétuité.

Voilà un autre homme qui a falsifié des aliments, falsification non dangereuse pour la santé, pratiquée seulement dans un but de gain illicite. Voyons combien de temps il a pratiqué cette adultération et à quelle somme se monte le tort qu'il a fait à ses clients, et condam-

nons-le à payer le double de la somme volée et à restituer aux clients approximativement la somme qu'il leur
a volée, avec travail forcé jusqu'à l'extinction de la dette.

S'agit-il d'une sophistication dangereuse pour la santé!
Le coupable sera enfermé, et nourri du même aliment
falsifié, au moins aussi longtemps qu'il a pratiqué cette
manœuvre homicide, dût-il en mourir au bout de quelque
temps, et s'il est prouvé qu'il a empoisonné un de ses
clients, il faut qu'il meure par le même poison.

On a beaucoup blâmé la loi de Moïse qui dit : « Œil
pour œil et dent pour dent ». C'est une des lois les plus
admirables et des plus égalitaires du grand législateur.

D'abord, Moïse, lui-même, comme je l'ai prouvé, texte
à l'appui, dans *Mes Cinq livres de Moïse*, dans une
phrase de cette loi qu'il répète trois fois, admet une indemnité par le juge pour un de ces cas, mais à condition
que la victime y consente, car d'après le système général
de Moïse, la justice doit toujours se mettre à la place du
citoyen lésé, blessé ou tué. Si donc un citoyen auquel
un malfaiteur a crevé un œil, ou coupé une main, refuse
une indemnité, et qu'il la refuse absolument, la loi exige
que sans distinction on fasse au malfaiteur ce qu'il a fait
à son frère : « Et facieris ei quemadmodum præsumpsit
facere fratri suo. » *Deutéronome*, chap. XIX, v. 19. Puis
encore, *Léviticus*, chap. XXIV, v. 20 : « *Secundum quod
fecit sic flat ei.* » En bon français : *Comme il cuidait faire
à son frère, ainsi lui soit fait!* »

Quand on pense que du temps de Philippe le Bel un
gentilhomme tuant un manant, ne payait que trente
livres d'amende, il faut admirer la loi de Moïse, qui
n'admet aucune exception, car la phrase pour la bles-
sure faite à un esclave, y a été ajoutée par l'école
d'Esra : Moïse n'admet aucun esclavage. Dans ce même
chapitre, il dit : « *Tu auras les mêmes lois et les mêmes
statuts pour l'étranger comme pour toi* », et selon sa loi
formelle tout esclave étranger qui touchait le sol de la
Palestine était affranchi; loi, que la Révolution française
lui a prise, en se l'appropriant. On y reviendra tôt ou
tard, car nul argent ne peut remplacer certaines bles-

sures et mutilations corporelles, et c'est le seul moyen de prévenir ces horribles crimes, selon les paroles mêmes de Moïse, disant : « *Tu extirperas ce mal de ton milieu, afin que les autres entendent et ne fassent plus pareille horrible chose dans ton Intérieur. Mais à condition que tu n'aies aucune pitié du criminel.* »

FIN DE LA DEUXIÈME PARTIE

PARIS. — Impr. PAUL DUPONT, 4, rue du Bouloi (Cl.) 205.12.94.